Ellert & Richter Zeitgeschichte

Ellert & Richter Zeitgeschichte

Hermann Glaser

Wie Hitler den deutschen Geist zerstörte

Kulturpolitik im Dritten Reich

Autobiographische Vorbemerkung

Seit der Zeit, in den dreißiger und vierziger Jahren des letzten Jahrhunderts, da meine Eltern mir, dem Heranwachsenden, den Blick für das verbrecherische Regime der Nationalsozialisten öffneten – ein keineswegs ungefährliches Unterfangen, denn die im Besonderen fanatisierte Jugend sollte auch weltanschaulich abweichende oder oppositionell eingestellte Angehörige der eigenen Familie denunzieren –, hat mich die Beschäftigung mit dem Dritten Reich nicht mehr losgelassen. Später, nach dem Studium, hat diese Betroffenheit eine Reihe meiner Bücher sowie viele Vorträge, Aufsätze und Beiträge in Anthologien bestimmt.[1] Unter Bezug auf die nationalsozialistische Kulturpolitik, die eine Politik der Beseitigung von Kultur war, zieht das hier vorliegende Buch eine Quintessenz aus diesen Überlegungen (auch im Selbstzitat und unter Berücksichtigung der sich immer mehr erweiternden und vertiefenden Erforschung des Dritten Reiches).

Zentrale Frage war und ist für mich: Wie konnte es dazu kommen, dass eine überwältigende Mehrheit der Deutschen den Weg der Menschlichkeit verließ und Staatsverbrechern zujubelte, sich mit ihnen identifi-

zierte und in Adolf Hitler einen politischen Messias
begrüßte? Obwohl doch schon vor 1933 seine von der
„Banalität des Bösen"[2] bestimmten Absichten klar
erkennbar waren und sofort nach der Machtübernahme die furchtbare, schließlich bis zur Massenvernichtung der Juden und anderer Minderheiten wie Oppo-
sitioneller führende Realität des Rassenwahns offen-
bar wurde. Warum rief die Zerstörung des deutschen
Geistes – von Philosophie, Moral, Kunst und Kultur –
nicht nur keine wesentlichen abwehrenden Reaktionen hervor, sondern wurde im Gegenteil mithilfe
unzähliger Lehrer, Professoren, Künstler und Intellektueller aller Bereiche so total vollzogen?

Als Zeitzeuge wie bei den Recherchen zu meinen
publizistischen Arbeiten stieß ich immer wieder auf
weit zurückreichende Wurzeln der deutschen kulturellen Perversion. Ich bin überzeugt, dass man ohne
Kenntnis der Genealogie des NS-Ungeistes, also ohne
Rückschau auf die geradezu unübersehbare Menge
von Zeugnissen, welche diesen Irrweg markieren, das,
was ab 1933 geschah, nicht verstehen kann (so es
überhaupt verstehbar ist).[3] Was Hitler und seine Funktionäre den Deutschen suggerierten und, soweit noch
Widerstand sich regte, oktroyierten, war in diesen
bereits lange angelegt; von einem gewissen Zeitpunkt
an war es fatal-folgerichtig, dass Führer und Geführte sich fanden: in einem gemeinsamen Verlust humaner Identität, der als Durchbruch zu einer neuen völkischen Gemeinschaft gepriesen wurde. Es war das
Ende eines Weges, der vom Bildungsbürger über den
Untertan zum „Volksgenossen" führte. Ich sehe, nach
der Beschäftigung mit der Geistes- und Kulturgeschichte des neunzehnten und zwanzigsten Jahrhun-

derts, als Grund für eine solche Entwicklung das Über-
handnehmen der „Spießer-Ideologie". Auch persönlich
hatte ich im Dritten Reich diese abgründige Mentalität
im Kreise der Verwandten und Bekannten, bei Nachbarn und Lehrern, bei den meisten Mitmenschen, mit
denen ich in Kontakt kam, erlebt.

Die so genannten „Agenturen der Gesellschaft"
(Familie, Schule, Universität, Kirche, Verwaltung, Par-
teien, Verbände, Vereine, Industrie und Wirtschaft,
Aristokratie, Militär) waren mit ihren ideologischen
Verfälschungen, klischeehaften Vereinfachungen und
nationalistischen Umdeutungen deutscher Geistestradi-
tionen ungemein erfolgreich gewesen – ungeachtet der
Tatsache, dass, vor allem seit der Aufklärung, die Deutschen etwa in der Dichtung, der Musik, der bildenden
Kunst und der Philosophie wertvolle, humanistisch-
progressive Beiträge zur Weltkultur geleistet hatten.
Das nationale Unglück beruhte auf der Tatsache, dass
die Elemente der deutschen Kultur verkehrt, ins Gegenteil gekehrt und dabei nominal beibehalten wurden. Es
blieben Wortkadaver, die ihres Wahrheitsgehalts
beraubt waren und nun mit Ressentiments ausgestopft
wurden. Kultur wurde zur Fassade, der Logos (das Wort,
die sinnvolle Rede und die Vernunft überhaupt) zerstört
und durch einen wirren Mythos ersetzt, der selbst
bereits eine Fehlinterpretation des Begriffs Mythos darstellte. Dieser Vorgang der Verdrängung von Geist, Vernunft und Wahrheit schuf seelische Haltungen, die
einer psychopathologischen Deutung bedürfen; wir
treffen auf eine Ansammlung von Komplexen, die zu
Wahnideen der verschiedensten Art führten.

Wenn der Ausgangspunkt meiner Deutung nationalsozialistischer Kulturzerstörung, nämlich die über

Jahrzehnte hinweg andauernde und seit 1870/71 sich immer mehr steigernde Fehlentwicklung des Bildungsbürgertums mit der in ihrem Gefolge das gesamte gesellschaftliche Leben überlagernden, das Bestehende bejahenden und die subversiven Potenziale klassischer Werke neutralisierenden „affirmativen Kultur" (Herbert Marcuse) hier nur in geraffter Form aufgezeigt wird, dann hat dies damit zu tun, dass es sich im ersten Teil dieses Buches nicht um eine komplette Wiederauflage meines 1964 veröffentlichten, dann in vielen Neuauflagen verbreiteten Buches *Spießer-Ideologie* handeln kann.[4] Auch bedürfte die überwältigende Fülle der Belege für die – Kultur und Bildung gleichermaßen erfassende – Perversion, welche die totale Ästhetisierung der Barbarei im Dritten Reich vorbereitete, einer Darstellung geradezu enzyklopädischen Umfangs. Ausführliche Literaturangaben ermöglichen es jedoch jedem Einzelnen, dem Irrweg, auf den der deutsche Geist gebracht wurde, nachzuspüren.

Was nach den bitteren historischen Erfahrungen unabdingbar bleibt, ist die Erinnerung an den von den meisten der damals lebenden Deutschen mit zu verantwortenden Kulturverlust im Dritten Reich wach zu halten; er kann durch kein Pochen auf die deutsche „Leitkultur" überdeckt, geschweige denn ungeschehen gemacht werden. Nur wenn wir uns zur Trauerarbeit immer wieder aufraffen, kann man an die Zukunft einer Hoffnung glauben, die 1945 begann und den unverfälschten Leistungen des deutschen Geistes wieder Geltung verschaffte.[5] Erst als man den ideologischen Schutt wegräumte und wieder zu den Quellen[6] vorstoßen konnte, rückte die Ausbildung der Staatsnation zur Kulturnation in den Bereich des Möglichen. Bereits zwei Tage nach dem Ende des Zweiten Weltkrieges versuchte Thomas Mann in einer Rundfunkansprache aus dem amerikanischen Exil kulturellen Trost zu spenden: „Nie war deutsche Würde eine bloße Sache der Macht. Deutsch war es einmal und mag es wieder werden, der Macht Achtung, Bewunderung abzugewinnen, durch den menschlichen Beitrag, den freien Geist."[7]

Dass jedoch heute, Jahrzehnte nach dem Zusammenbruch des NS-Regimes, der Schoß immer noch fruchtbar ist, „aus dem das kroch"[8], ist höchst bedrückend. So ist es allein schon wegen des weiter bestehenden Rechtsextremismus angebracht, die Konturen der nationalsozialistischen Unkultur und Unkulturpolitik aufzuzeigen und nachzuzeichnen, damit das damit gegebene Menetekel „lesbar" bleibt. Falsche, die Möglichkeiten des Menschen als Kulturwesen zerstörende Entwicklungen beginnen meist schleichend; ehe sie unabwendbar werden, gibt es viele Möglichkeiten der Abkehr und Umkehr. Die in die Irre führenden Wegweiser umzudrehen, bedeutet freilich „schwierige Arbeit":

... ungeduldig
im namen der zufriedenen
verzweifeln

geduldig
im namen der verzweifelten
an der verzweiflung zweifeln

ungeduldig geduldig
im namen der unbelehrbaren
lehren[9]

Ich habe diese Verse von Hans Magnus Enzensberger immer als Aufgabe empfunden.

Der deutsche Sonderweg

Affirmative Kultur und ihre Abgründe

Auf dem Parteitag am 13. September 1936 in Nürnberg erklärte Adolf Hitler unter großem Beifall: „Das ist das Wunder unserer Zeit, daß ihr mich gefunden habt. Daß ihr mich gefunden habt unter so viel Millionen! Und daß ich euch gefunden habe, das ist Deutschlands Glück!"[10] In pathetischer, pseudosakraler Sprache sprach er etwas an und aus, was zu den gleichermaßen ungeheuren wie ungeheuerlichen Erfahrungen deutscher Geschichte gehört: die Identifikation der überwältigenden Mehrheit des Volkes mit dem Nationalsozialismus und seinem „Führer".

Will man die große Resonanz, welche die nationalsozialistische Unkultur(-politik) bei den Deutschen fand, begreifen, muss man der Genealogie der Zerstörung des deutschen Geistes nachgehen. Das „Wunder" des Dritten Reiches, die fatale Vereinigung von Führer und Geführten, fand auf einem längst geistig verwüsteten Terrain statt. Der deutsche Geist und die ihm immanente Sittlichkeit waren in der Bevölkerung und ihren so genannten Eliten bereits vor 1933 nicht mehr substanziell verankert. Stattdessen wurde nur der Anschein von Kultur – der Mythos, einem Volk der Dichter und Denker, vor allem auch großer Tonschöpfer und Maler anzugehören – aufrechterhalten und mit allen Mitteln bedient. Das neunzehnte und beginnende zwanzigste Jahrhundert haben die Rieselfelder geschaffen, auf denen die Giftblüten der nationalsozialistischen Kulturverfälschung erblühen konnten.

Seit den Befreiungskriegen 1813/14 hatten die für die „offizielle" Kultur Verantwortlichen in steigendem Maße dafür gesorgt, dass die westlichen Ideen der Freiheit, Gleichheit und Brüderlichkeit in demokratischer Ausformung in Deutschland nicht Fuß fassen konnten; die liberalen Bestrebungen scheiterten vor allem in der missglückten Revolution von 1848. Als die deutsche Kulturnation die Kleinstaaterei überwunden hatte, wurde sie unter preußischer Hegemonie nach dem Sieg über Frankreich 1870/71 zu einer Staatsnation zusammengeschweißt, die nicht mehr die Kraft, den Mut und die Fähigkeit aufbrachte, den „deutschen Sonderweg" zu verlassen.

Die These vom „deutschen Sonderweg" besagt, dass in Deutschland die wirtschaftliche und die gesellschaftliche Entwicklung auseinander liefen. Der Kapitalismus hatte sich durchgesetzt und das Bürgertum die ökonomisch entscheidende Stellung errungen. Der säkularisierte Glaube des Bürgertums an die Bedeutung der Kunst und der ästhetischen Erziehung des Menschen hat den Künstlern Autonomie verschafft, sie zum Beispiel aus feudalen, höfischen Banden befreit. Es erfolgte die Verbürgerlichung der Künste im neunzehnten Jahrhundert; Musik, Theater, Malerei, Literatur erhielten gesellschaftliche Funktionen mit der Vorgabe ethischer Orientierung. Im Gegensatz zu England gelang es dem Bürgertum jedoch nicht, auch die politische Macht zu erringen. Vor allem die Demokratisierung wurde nicht vorangetrieben. Stattdessen konnten sich die traditionellen Eliten behaupten. Der deutsche Liberalismus hatte mit seinem konstitutionell-monarchistischen und später national-liberalen Flügel den demokratisch-parlamentarischen Gedanken zugunsten eines ständisch orientierten Konservativismus verwässert.[11] Nach Georg Lucácz hat es im Zweiten Reich überhaupt nur noch „absterbende letzte Mohikaner der deutschen Demokratie" gegeben.[12]

Zunächst, so Herbert Marcuse, hatten die aufsteigenden bürgerlichen Gruppen ihre Forderung nach einer neuen gesellschaftlichen Freiheit durch die allgemeine Menschenvernunft begründet und dem Glauben an die gottgesetzte Ewigkeit einer hemmenden Ordnung ihren Glauben an den Fortschritt, an eine bessere Zukunft entgegengehalten. Da die Bürger jedoch die Vernunft und die Freiheit klassenspezifisch auf sich selbst bezogen, setzten sie sich zur Gesamtgesellschaft, die im zunehmenden Maße durch die Arbeiterschaft bestimmt war, in Gegensatz. Auf das klassenkämpferische Konzept eines Karl Marx und Friedrich Engels reagierten sie mit sozialdarwinistischer Repression, die mit der Fassade einer nur noch geglaubten, aber nicht mehr tätigen Kultur abgedeckt wurde. Diese „affirmative Kultur" diente nicht nur kollektiver Heuchelei, sondern war auch Suggestion, mit deren Hilfe man die Selbstzweifel (angesichts des Abfalls von den einst hoch geschätzten Idealen) zu beruhigen versuchte. Die affirmative Kultur ist in ihren Grundzügen idealistisch, wird aber idolisiert.

„Auf die Not des isolierten Individuums antwortet sie
mit der allgemeinen Menschlichkeit, auf das leibliche
Elend mit der Schönheit der Seele, auf die äußere
Knechtschaft mit der inneren Freiheit, auf den brutalen Egoismus mit dem Tugendreich der Pflicht. Hatten
zur Zeit des kämpferischen Aufstiegs der neuen
Gesellschaft alle diese Ideen einen fortschrittlichen,
über die erreichte Organisation des Daseins hinaus-
weisenden Charakter, so treten sie in steigendem Maße
mit der sich stabilisierenden Herrschaft des Bürgertums in den Dienst der Niederhaltung unzufriedener
Massen und der bloßen rechtfertigenden Selbsterhe-
bung: sie verdecken die leibliche und psychische Verkümmerung des Individuums."[13]

Die Bildungsgüter waren vor Reflexion tabuisiert,
dafür expansivem Feiern preisgegeben; die kulturellen
Gedenktage wurden meist nationalpolitisch miss-
braucht. Ob Albrecht Dürer, Martin Luther, Friedrich
Schiller oder Ludwig van Beethoven – man sah in
ihnen weniger die bedeutenden Künstler, viel mehr die
großen Deutschen, die Deutschesten der Deutschen,
die Führer auf dem Weg zu einer einheitlichen Nation.
„Das gleiche gilt für die weitverzweigte Feiertätigkeit,
die sich an germanisch-mittelalterlichen Monumenten
oder Gedenktagen entzündete und in Proklamationen
nationaler Größe kulminierte. Als diese Feiertätigkeit
in der Reichsgründung von 1871 endlich ihr Ziel
erreichte, wurde sie nicht etwa schwächer, sondern
nahm im Zuge der Legitimierung der Hohenzollerndynastie und des Zweiten Reiches, der Vorbereitung
und Verteidigung deutscher Weltgeltung und Welt-
mission eher noch zu, ja erlebte im sogenannten ‚Dritten Reich', das als Selbstbeweihräucherung deutschen

Wesens und deutscher Größe über die Bühne ging, erst ihre groteske Bekrönung."[14] Die im neunzehnten Jahrhundert, vor allem in seiner zweiten Hälfte, entstandenen Denkmäler beziehungsweise nationalen Monumente – etwa die Walhalla, die Befreiungshalle, die Bavaria, das Hermannsdenkmal, das Niederwalddenkmal, das Deutsche Eck, das Völkerschlachtdenkmal, die Bismarckdenkmäler – oder die für die Stabilisierung der nationalen Identität herangezogenen historischen Orte (wie etwa die Wartburg), wurden zu Wallfahrtsstätten der Nation, in denen staatlich verordnete Vaterlandsliebe zu praktizieren war; ihre Symbolik und Emblematik bedienten sich mit Pathos aus dem Fundus einer vermeintlich gemeinsamen Geschichte und Mythologie.[15]

Mit hochmütigem „Sedanlächeln" (Benedetto Croce in Anspielung auf den deutschen Sieg über Frankreich bei Sedan am 2. September 1870) demonstrierte man ein dem Westen überlegenes Kulturbewusstsein. „Wir haben ja unsere Kultur, heißt es dann, denn wir haben ja unsere ‚Klassiker'; das Fundament ist nicht nur da, nein, auch der Bau steht schon auf ihm gegründet – wir selbst sind dieser Bau. Dabei greift der Philister an die eigene Stirn." Der Philister – so nannten schon die Romantiker den engstirnigen Verächter avantgardistischer Kunst und Literatur – hause „in den Werken unserer großen Dichter und Musiker wie ein Gewürm, welches lebe, indem es zerstört, bewundert, indem es frißt, anbetet, indem es verdaut".[16] In seinen *Unzeitgemäßen Betrachtungen* geißelte Friedrich Nietzsche den Rückzug auf die Position des „Es ist erreicht"; „es darf nicht mehr gesucht werden; das ist die Philisterlosung". Man fühlte sich in der Hierarchie

„Sedanlächeln": Wilhelm II., deutscher Kaiser von 1888 bis 1918, mit seinen Söhnen auf dem Weg zur Neujahrsparade im Jahr 1914

der Kulturen ganz oben stehend und verachtete die westliche Zivilisation (auch wenn man diese insgeheim als Rivalin fürchtete). Den Irrtum, dass die „deutsche Kultur nämlich in diesem Kampfe [1871] gesiegt habe", bezeichnete Nietzsche als einen höchst verderblichen Wahn, weil er imstande sei, „unseren Sieg in eine völlige Niederlage zu verwandeln: in die Niederlage, ja Exstirpation des deutschen Geistes zugunsten des deutschen Reiches". Insgesamt kann ein prophetisches Epigramm von Franz Grillparzer aus dem Jahr 1848 das Scheitern bürgerlich-demokratischer und liberaler Hoffnungen in den Epochen der Restauration, des Wilhelminismus, der Weimarer Republik und schließlich des Nationalsozialismus zusammenfassen: „Der Weg der neuern Bildung geht von der Humanität durch Nationalität zur Bestialität."

Irrweg des Bildungsbürgertums

Seit dem achtzehnten Jahrhundert, vor allem seit dessen zweiter Hälfte, ist eine von den Zeitgenossen als solche wahrgenommene soziale Gruppierung in Erscheinung getreten, die sich aus verschiedenen Berufen (akademisch qualifizierten Beamten, Pfarrern, Ärzten, Richtern, Anwälten, Journalisten, später auch Naturwissenschaftlern, Ingenieuren und so weiter) zusammensetzte und deren Angehörige sich zwar nach Einkommen wie nach Klassenlage (Selbstständige, Beamte, Angestellte) unterschieden, aber dennoch trotz vielfältiger interner Differenzierung etwas sie prägendes Verbindendes und zugleich von anderen abgrenzendes Gemeinsames hatten: anerkannte Bildung. In Ausdrücken wie „gebildete Stände", „Gebildete" und dergleichen seit der zweiten Hälfte des achtzehnten Jahrhunderts schwingen viele der Konnotationen des späteren Bildungsbürger-Begriffs mit.[17] „Wo kam die schönste Bildung her / und wenn sie nicht vom Bürger wär?" heißt es in Goethes *Zahmen Xenien*.[18] Im Gegensatz zu den in Frankreich mit der Revolution vehement durchbrechenden Autonomiebestrebungen des „dritten Standes" waren die gebildeten Stände im achtzehnten und frühen neunzehnten Jahrhundert in Deutschland auf den Staat als Gestalter und Bewahrer der gesellschaftlichen Ordnung fixiert, freilich darum bemüht, den Obrigkeitsstaat zu überwinden. Im Laufe des neunzehnten Jahrhunderts verstärkte sich die liberale Komponente. Liberalismus, so der Grundsatzartikel „Liberal" im *Rotteck-Welckerschen Staats-Lexikon* (1840), sei die Zeitströmung, die

mit Naturgewalt „verlebte Formen und verjährte Fes-
seln" breche.[19]

Das wirtschaftlich gut situierte Bildungsbürgertum
konnte in der ersten Hälfte des neunzehnten Jahrhunderts vor allem deshalb innerhalb des Liberalismus
eine zentrale Position erringen, weil es besser als alle
anderen Sozialgruppen in der Lage war, die recht-
lichen, politischen, sozialen und kulturellen Gleich-
heitsansprüche der Zeit auf die Idee des Nationalstaats
zu beziehen.[20] Die Vorstellung von einer nationalen
Sendung ging dabei der Gründung des deutschen
Staates 1871 und dem Aufstieg Deutschlands in die
Reihen der europäischen Großmächte lange voraus.
Doch war es keineswegs so, dass der Gedanke einer
deutschen Identität von Anfang an in Opposition zu
einer universellen weltbürgerlichen Wertorientierung
stand; er transzendierte auf allgemeingültige europäische Ideale. Aber mit seinem zunehmenden Absolut-
heitsanspruch ruinierte der Mythos von der Nation
das im Kern weltoffene, tolerante Bildungsbürgertum.
„Trotz mancherlei Widersprüche erhoben die Ideologen der Gründerzeit auf das sogenannte ‚Vermächtnis
der Klassiker' Anspruch: Die als ‚Advokaten der
Nation' auftretenden Geschichtswissenschaftler, Literaturhistoriker, Philosophen und Dichter wußten die
‚kulturelle Identität' der Deutschen so lange umzudeu-
ten, so häufig zu ‚bearbeiten', bis diese Identität den
Anforderungen der neuen ökonomischen Infrastruktur
sowie der gegebenen politischen Zielsetzung entsprach. Deutscher zu sein hieß in diesem Deutschland,
nicht mehr sich um die Menschheit im Ganzen zu
kümmern, sondern die Jugend auf den Schutz des
neugebildeten Status quo vorzubereiten, damit die

nun vom Staat mit neuem Bedeutungsinhalt versehene deutsche Kulturidentität erhalten blieb."[21]

Das berechtigte Selbst-Bewusstsein des Bildungsbürgers begann sich im Vakuum des Untertans aufzulösen: Wo ICH war, wurde ES; der Bürger als Individuum, befähigt zu vernunftbestimmtem Denken und Handeln, wich einem außengesteuerten Typus, der nach oben buckelte und nach unten trat. Die große kulturhistorische und damit gesamtgeschichtliche Hoffnung, dass nämlich der gebildete Bürger, der bürgerliche Gebildete die deutsche Gesellschaft bestimmen und den Fortschritt zu einem demokratischen wie sozialen Staatswesen bewirken könne, scheiterte. Der das Bildungsbürgertum prägende realutopische Entwurf einer humaneren Welt – „edel sei der Mensch, hilfreich und gut" (Johann Wolfgang Goethe) – erstarrte in der saturierten, durch Überheblichkeit geprägten Bejahung des Bestehenden. Die rasche materielle Expansion nach dem gewonnenen Krieg gegen Frankreich 1870/71 förderte „eine Kunst von Emporkömmlingen, die sich weniger für die persönliche Vertiefung im Kunstwerk mit gemütbewegender Intimität interessieren als für die Renommage mit durch Geld erworbener Fürstlichkeit".[22]

Der Naturalismus vollzog dann eine Abrechnung mit der Gründerzeit; hinter Prunk und Glanz wurde die soziale Misere deutlich. „Das Aktuelle sollte wieder im Mittelpunkt stehen, die großen Zeitprobleme, denen die offizielle Kunst bisher mit genialischer Verachtung aus dem Wege gegangen war, um die Erhabenheit ihrer Ziele nicht mit der Prosa des alltäglichen Lebens zu vermengen. Darum wurde alles, was den Anschein des ‚Klassischen' hatte, selbst Größen wie

Goethe und Schiller, mit einer Hemdsärmeligkeit
angerempelt, die ohnegleichen ist. Die Hauptzielschei-
be dieser Kritik waren natürlich die siebziger Jahre,
die ‚Gründerzeit‘, deren idealistisches Epigonentum
als Rückfall in einen abgelebten und völlig entleerten
Klassizismus verurteilt wurde.“[23] Thomas Nipperdey
kennzeichnet die Moderne daher geradezu als ein
Kind des Bürgertums; damit soll das „Klischee“ vom
„spießigen, gegen alles Neue verstockten Bürger“
zurechtgerückt werden. Die Bürger hätten die Kunst
für ihr Leben gebraucht; sie wollten modern sein, voll
Stolz und voll Angst; sie hätten den Aufbruch ins
zwanzigste Jahrhundert ermöglicht.[24]

Das Bildungsbürgertum, das gegen sich selbst
revoltiert – der spießbürgerlichen Saturiertheit die
Vision des neuen Menschen entgegensetzend, zerris-
sen von apokalyptischer Angst wie visionärer Hoffnung – fand im Expressionismus besondere Ausprä-
gung: Himmelsstürmer, denen die Sterne das nächste
Ziel waren. Äquilibristen, die querdachten und in die
beobachtende Gelassenheit abhoben. Und dann gab es
die vielen, die von Weltendzeitstimmung heimgesucht
wurden, die den Zerfall von Struktur und Existenz,
Wesen und Sinn, Leib und Seele, Sprache und Geist,
Bindung und Ordnung, Form und Tradition, Gesellschaft und Staat beschworen. „Menschheitswerdung“
und „Menschheitsdämmerung“ sind die Pole, zwischen denen die Dichter dieser aufgewühlten (Vor-
kriegs-)Zeit sich hin- und hergerissen fühlen. Im revo-
lutionären Aufbäumen gegen die Agonie des Bildungsbürgertums sind dessen frühe idealistische,
durch Sturm und Drang und die demokratischen Frei-
heitsbewegungen geprägten Bestände bewahrt. Die

Masse des Bildungsbürgertums begnügte sich jedoch mit den Hülsen der ihrer Essenz beraubten Bildungsgüter. Gegenüber Originalität, Spontaneität, Wahrhaftigkeit dominierten Routine, Klischee und Kulturlüge.

Der Typus des Spießers

Kulturgeschichtliche Prozesse verlaufen selten linear zielgerichtet; ihre Mäander bieten viele überraschende Ansichten und Aussichten. Sind so auch die verschiedenen Einzelabschnitte des deutschen Sonderwegs in ihren Erscheinungsformen mehrdeutig und widersprüchlich – vom Ende her gesehen ergibt sich dennoch eine ziemlich eindeutige fatale Entwicklung: Die Phänomene kultureller Fehlentwicklung im neunzehnten und zwanzigsten Jahrhundert sind bestimmt vom Typus des Kleinbürgers, des Spießers, der aus dem Bürger- beziehungsweise Bildungsbürgertum hervorgeht. Er zeigt eine Mentalitätsstruktur aus Handlungsfurcht, Versteinerung, Pedanterie, Geiz und Intoleranz – eine Rückentwicklung aus den ursprünglich vorherrschenden „gutbürgerlichen" Tugenden der Beharrlichkeit, der Ordentlichkeit, der Sparsamkeit, des Sicherheitsbedürfnisses und des Eigenbewusstseins.[25]

„Spießer" beziehungsweise „Kleinbürger" ist in diesem Zusammenhang nicht soziologisch, Beruf, Lebensstandard oder Einkommensverhältnisse betreffend, zu verstehen; der Begriff charakterisiert eine psychologische und anthropologische Situation, ein mittelmäßiges und provinzielles, fanatisches und brutales, engstirniges und mit Ressentiments aufgeladenes, auch pseudo-feinsinniges und „innerliches" Men-

talitätsmuster. „Ein Spießer ist ein Mensch, der sich in
der Enge des ihm gegebenen Rahmens wohl fühlt, sich
in einem festgefügten Gehäuse konventioneller
Lebensformen, Anschauungen und Wertmaßstäbe
sicher weiß und selbstgerecht darin beharrt. Wir kennen alle den Spießbürger – wir müssen offen zuzuge-
ben lernen, daß es auch den Spießproletarier gibt; die
Kritiker der proletarischen Bewegung aber müssen lernen, daß der Spießproletarier noch lange kein Bürger
ist, und mehr: daß der Spießer – mag er einem als
Typus sympathisch sein oder nicht – eine Größe ist,
mit der wir überall zu rechnen haben."[26] Der „Barbar
mit Halbbildung" ist anfällig für jede Botschaft, welche die ihm eigenen Minderwertigkeitsgefühle zu
kompensieren vermag, „ein Mensch der Redensarten,
der nicht mehr von sich aus denkt, der vorfabrizierte
Wahrheiten und damit tote Wahrheiten wiederholt,
Wahrheiten, die er von anderen übernommen hat.
Kurz, der Kleinbürger ist der geführte Mensch".[27]

Der Typus des unpolitischen Deutschen mit seinem
kulturell kleinbürgerlichen Mentalitätsmuster wird
zwar in seiner Gefährlichkeit von dem Historiker Thomas Nipperdey insofern relativiert, als er auch in
anderen Ländern anzutreffen sei, aber dann in seiner
speziellen deutschen Fatalität treffend charakterisiert:
ein Typus, der sich den Trivialisierungen der Kultur,
vor allem dem Vulgäridealismus und der Vulgärro-
mantik zuwendet, eine Mischung aus „Karl May,
Ganghofer, Gartenlaube und Marlitt, Goldschnittlyrik,
Festgesängen und Schulbuchrhetorik, Plüsch und
Kitsch der Wohnungseinrichtungen, Sentimentalität
und Brutalität im Mitmenschlichen, Unterdrückung
und Aggression, Vorurteil und Intoleranz, Ressenti-

ment und Heuchelei, Fanatismus und Feigheit, Pathos und Mittelmaß, Engstirnigkeit und Provinzialismus, viktorianischer Sexualmoral und geheimer, ja sadistischer Lust, aus hypertropher Männlichkeit und Stammtischpatriotismus, aus verkommenem Innerlichkeitsgerede und vulgärem Intellektuellenhaß".[28]

Das doppelte Weimar

Als Symbolort für das in seinem Gegenteil endende Bildungsbürgertum, für die Perversion der um den Fortschritt der Humanität sich bemühenden deutschen Kulturnation in die durch die Verachtung der Humanität bestimmte deutsche Staatsnation, kann man Weimar begreifen, den Wirkungsort Goethes und Schillers.

Zum einen hat sich die Weimarer Republik nach der Revolution von 1918 durch das demokratische Verfassungswerk mit dem originären, dem Humanitätsideal nachstrebenden Geist des klassischen Weimar identifiziert, in ihm die Verankerung des nun endlich zum Durchbruch gekommenen republikanischen Ethos gesehen. Am 6. Februar 1919 traten die 423 gewählten Abgeordneten zu ihrer konstituierenden Sitzung im Weimarer Nationaltheater zusammen. Ausschlaggebend für die Wahl dieses Ortes war der erklärte Wille der neuen politischen Führung des Reiches, sich von der militaristischen Tradition Preußens abzuwenden und an das geistige Erbe der Klassik beziehungsweise des deutschen Idealismus anzuknüpfen. Als eine der wenigen möglichen Gegenmaßnahmen zum militärischen und wirtschaftlichen „Diktat" des Versailler Vertrages empfunden, sollte die

Beschwörung des Geistes von Weimar auch den Sie-
germächten deutlich ins Bewusstsein rufen, dass es
neben dem zu Boden gerungenen militanten kaiser-
lichen Deutschland auch ein Land der Dichter und
Denker gebe, dessen kulturelle Leistung das ganze
Abendland bereichert habe.[29]

Zum anderen, und das machte von Anfang an die
Gefährdung der Weimarer Republik deutlich, musste
man der in vielem noch nach dem Muster des Hono-
ratioren-Parlaments zusammengesetzten Nationalversammlung (eine Ansammlung von Persönlichkeiten
mit ausgeprägter geistiger Subtilität) Schutz bieten
gegenüber der Straße, auf der die Massen, mit wenig
Verständnis für eine Staatskonstruktion idealistischer
Prägung, zur Verwirklichung ihres eigenen revolutio-
nären Konzepts sich formierten. Obwohl es bislang in
Weimar politisch ruhig geblieben war, hielt es die
Reichsregierung doch für notwendig, die Umgebung
der Stadt Weimar von zuverlässigen Truppeneinheiten
absperren zu lassen. Der beabsichtigte Volksstaat wurde so „von oben" militärisch vor dem Volk geschützt
und durch revolutionäre Aggression „von unten"
bedrängt.

Nicht ein durch den Geist von Weimar, sondern ein
durch militantes Führertum bestimmtes Persönlich-
keitsbild fand die Zustimmung der Massen. Nicht dem
Aufbau eines die Freiheitsrechte des Einzelnen garan-
tierenden Staatsgebildes galt die Sehnsucht der Mehrheit der Bevölkerung, sondern diese war bestimmt von
der Bereitschaft, sich politischen Bewegungen, die
autoritäre Stärke bekundeten, zu unterwerfen. Von
Anfang an fehlten der Republik die Republikaner.[30] So
war es symptomatisch, dass 1925 der reaktionär-kon-

servative Heerführer Paul von Hindenburg, ein Relikt
aus dem Kaiserreich, Nachfolger des verstorbenen
ersten Reichspräsidenten Friedrich Ebert, eines Repräsentanten des demokratisch-republikanischen Staats-
bewusstseins, wurde.

Groß waren die Angst vor dem „Kulturbolsche-
wismus" und die Aversion gegenüber der kulturellen
Moderne. „Wenn es um die Künste geht, dann spricht
man eine gemeinsame Sprache. Das antimoderne Ressentiment der Gebildeten formuliert, wenn es der
Volkstümlichkeit die Entwurzelung, der Einheit die
Zersetzung, der Schönheit die Entartung gegenüber-
stellt, griffige Antithesen, die von den Nationalsozialisten adaptiert und propagiert werden."[31] Auch hier-
für konnte Weimar ein symbolischer Ort sein. Das
„Herzstück" der deutschen Kultur war zwar von den
Repräsentanten der Weimarer Republik „zurückideali-
siert" worden, in Wirklichkeit hatte es sich längst in
einen repräsentativen Ort für die Selbstaufgabe des
deutschen Bildungsbürgertums verwandelt. Die Stadt
galt inzwischen als „Hochburg echten Deutschtums".
Mit dem nationalistischen und antisemitischen Literaturhistoriker Adolf Bartels[32] und Elisabeth Förster-
Nietzsche, der Schwester Friedrich Nietzsches, die das
Werk ihres Bruders als Archiv-Verwalterin systema-
tisch aufs Nationalistische und Rassistische hin ver-
fälschte, war sie zu einem Zentrum des Antisemitismus und der völkischen Überheblichkeit geworden.
Nach einem Besuch bei ihr in Weimar schrieb der
Schriftsteller und Diplomat Harry Graf Kessler, ein
intimer Kenner der lokalen Verhältnisse, am 7. August
1932 in sein Tagebuch: „Kurz, diese ganze Schicht des
intellektuellen Deutschland, das in der mehr goethi-

schen, romantischen Periode seine Wurzeln hat, ist ganz Nazi-verseucht, ohne zu wissen, warum."[33]

Signifikant war auch, dass 1925 das von Walter Gropius gegründete Bauhaus unter dem Druck rechtsextremistischer Gruppen im Landtag aus Weimar vertrieben wurde; (es konnte in Dessau eine neue Heimstätte finden). So war es von einer gewissen Konsequenz, dass 1937 die SS auf dem nahe gelegenen Ettersberg das Konzentrationslager Buchenwald einrichtete – der Reichsführer SS Heinrich Himmler selbst hatte ihm den Namen gegeben. Im selben Jahr eröffnete der Reichsjugendführer Baldur von Schirach[34] die Weimarer Festspiele der Hitlerjugend, welche die von Bartels gegründeten Schiller-Festspiele fortsetzten, mit den Worten: „Jugend Adolf Hitlers! Du handelst im Sinne des Mannes, dem du dienst, wenn du den Inhalt all dessen, was der Begriff Weimar und Goethe umschließt, in dich aufnimmst und in deinem treuen und tapferen Herzen einschließt, damit du immer weißt, worum es geht, wenn du für Deutschland kämpfen mußt."[35]

Spießer-Ideologie

Kultur als Fassade

Die Rezeptionsgeschichte der deutschen Klassik zeigt, dass ihre herausragendsten Vertreter den Ausstellungsstücken eines Wachsfigurenkabinetts glichen; deren Kanonisierung zum literarischen und weltanschaulichen Über-Ich der Deutschen bedeutete zugleich die Ausgrenzung vieler konkurrierender und rivalisierender Strömungen und Bewegungen. Das Bürgertum verwendete Bildung als Machtinstrument im Kampf gegen Weltanschauungen und Minderheiten. Der Vor-Schein der Idee, der den Weg der Gesellschaft zur spirituellen Autonomie und Emanzipation erhellen sollte, erwies sich als Fata Morgana geflügelter Worte, die lediglich Rhetorik verhieß. Der Zitatenschatz des deutschen Volkes ähnelte einem Mausoleum mit eingesargten Dichtern und Denkern.[36]

„Altmeister Goethe" war neben Schiller einer der „hohlen Gipsköpfe", die (um einen Ausspruch des Kulturhistorikers Egon Friedell zu gebrauchen[37]) der deutsche Bürger seit der Mitte des neunzehnten Jahrhunderts voll Andacht auf seine Konsole stellte; nicht um

Wahrnehmung seiner humanen und humanitären Botschaft ging es dem Spießer, sondern um dekorative Beweihräucherung und affirmatives Ritual. Man blickte zu Goethe auf; so gehörte seine Büste auch zum Inventar eines vorbildlichen Hausstandes.[38] Darüber hinaus wurde er zum nationalen Götzen, in dessen Namen man sich stolz ein Volk der „Dichter und Denker" nannte. Hermann Hesse hat ein solches Goethebild später im *Steppenwolf* beschrieben: „Einen charaktervollen, genial frisierten Greis mit schön modelliertem Gesicht, in welchem weder das berühmte Feuerauge fehlt noch der Zug von leicht hofmännisch übertünchter Einsamkeit und Tragik."[39]

Das neunzehnte Jahrhundert hat aus dem universalen Menschen Goethe einen nationalen Geistesheroen gemacht. Im Verlauf dieses Prozesses wurden die wichtigsten Züge des goethischen Werkes – das Humanitätsstreben, der Vorrang der Idee bei allem Wirklichkeitsbezug, sein Kosmopolitismus – ins Kraftvoll-Brutale, schließlich Rassisch-Völkische verbogen.[40] Was klassisches Menschentum beinhaltete, welche sittlichen und idealen Ziele es sich setzte, war der offiziellen Interpretation des neunzehnten Jahrhunderts, wie sie sich in den Literaturgeschichten, Schulbüchern und Festreden manifestierte, kaum zugänglich. Ihr Goethe war „erzdeutsch" und „faustisch"; an den *Faust* klammerte man sich besonders, weil man hier das höchste Symbol seiner selbst: „stets strebend bemüht", tatkräftig und landrodend zu erkennen glaubte („faustisches" Zweiflertum und Schuldbewusstsein wurden im Zeichen nationalen Aufbruchs wegretuschiert).[41]

Zudem erfuhr der Gedanke der Kalokagathie (der Harmonie von Seele und Leib, des erwünschten

Zusammenklangs einer schönen Seele mit einem schönen Körper), von der Klassik aus der Aufklärung übernommen und weiterentwickelt, schon bald im neunzehnten Jahrhundert eine zu stark, bald allein aufs Körperliche bezogene Auslegung. Verhängnisvoll unterstützt wurde eine solche Fehlinterpretation durch die Weltanschauung der Turnerbewegung[42], die sich um das lateinische Wort „Mens sana in corpore sano!" kristallisierte und über Schule, Turnverein, Studentenverbindung und Festvortrag tief ins Bewusstsein vor allem der akademischen Jugend drang. Dabei handelte es sich um eine besonders bösartige Fälschung; denn Juvenal, von dem das Wort stammt, hatte nie den Unsinn behaupten wollen, dass nur in einem gesunden Körper eine gesunde Seele wohne. Man solle – meinte er –, wenn ein Kind geboren werde, zu den Göttern beten, damit diese es ermöglichten, dass sowohl Geist wie Körper bedacht würden. „Orandum est ut sit mens sana in corpore sano!"[43] Stattdessen wurde nun ein schöner Körper als Beweis für „moralische Sauberkeit" empfunden.

Die Verherrlichung des Leibes und der muskulösen Nacktheit fand ihr Gegenstück in der Ablehnung des „hässlichen" Körpers sowie des „Hässlichen" in der Kunst schlechthin. „Hässlich" war alles, was der Vorstellung von polierter Glattheit, seichter Problemlosigkeit und oberflächlich-optimistischer Lebenshaltung nicht entsprach. Für das kleinbürgerliche Bewusstsein war Kunst vor allem Requisit des Wohnens (Schmücke-dein-Heim-Kunst): Die Bilder über Kanapee und Ehebett sollten bürgerlicher Ruhe und sittsamer Lust dienen. Jede Gefährdung solchen ästhetischen Kuhglücks durch Maler oder Dichter, welche die „andere", die dunkle Seite des Lebens darstellten oder in ihre Darstellung einbezogen, wurde als geradezu persönliche Beleidigung empfunden und mit geifernder Leidenschaft bekämpft. „Ich meine, man wird den Mut haben müssen ..., kaltblütig von der öffentlichen Verbreitung in jeder Form alles auszuschließen, was sich der Maske der Kunst bedient", forderte 1912 Heinrich Claß, der Vorsitzende des Alldeutschen Verbandes (ein 1894 gegründeter überparteilicher Verein, der einen aggressiven Nationalismus propagierte). „Reine" Kunst wolle man und nicht Bilder, die „kranken Neigungen frönten".[44] Claß hielt den Kaiser, nicht nur in diesem Punkt, für zu schwach, zu wenig konservativ, obwohl doch Wilhelm II. wie auch sein Hofstaat in Fragen des trivialen, pompös-historistischen Geschmacks allen vorangingen und kategorisch wie programmatisch jede „Rinnsteinkunst" ablehnten.

Hoch-Sprache

Begriffliche Leere ist das charakteristische Merkmal der „offiziellen" Sprache des neunzehnten und zwanzigsten Jahrhunderts. Die Ursprünge entkernter Pathetik liegen in den Redefiguren der epigonalen (nachahmenden) Romantik und Klassik. Vor allem fühlte sich die politische „Hoch-Sprache" Friedrich Schiller verpflichtet, während sie in Wirklichkeit die Sprache Schillers missbrauchte. „Wie das Auge des Volkes das festliche Gepränge liebt, mit dem mächtige Herrscher sich umgeben, so liebt seine Seele den Glanz und die Pracht der Schillerschen Sprache, die Majestät seines Ausdrucks, das von Gold und Purpur strahlende Gewand der Herrschaft im Reiche des Geistes."[45]

Schiller, dieser klarsichtige Denker und Dichter, erlitt das Schicksal, zum Idol des nationalen Bürgertums erkoren zu werden: Er wurde zum „Moraltrompeter" (so die Kritik Nietzsches) und zum Vorkämpfer nationaler Einheit uminterpretiert (in der Gestalt eines patriotischen Burschenschaftlers) – das waren Teilaspekte dieser Fehldeutung. Der Mann, der seinem von ständigen Zweifeln, leidvollem Pessimismus und schweren Krankheiten heimgesuchten Geist ein Werk der Humanität abgerungen hatte, der in dem Vorwort zu den *Horen* gesagt hatte, dass es ein „armseliges kleinliches Ideal" sei, für nur eine Nation zu schreiben (einem philosophischen Geist erscheine diese Grenze als durchaus unerträglich), wurde auf den Sockel der nationalen Beweihräucherung gestellt. Das schillersche Pathos wurde „entidealisiert"; es war nun nicht mehr Gewand des Gedankens, Erhöhung des Gedachten, Gesehenen, Erlebten, Erfühlten, sondern, sich selbst überlassen, unverbindlicher, willkürlicher Wortrausch; Gestalt und Gehalt standen nicht mehr in echter, unauswechselbarer Verbindung. Klischees und Phrasen dominierten, man bewegte sich Sinn-los im Gehäuse der Worte.

Die Reden des Schillerjahres 1859 – der hundertste Geburtstag des Dichters wurde als „Siegesfest des deutschen Geistes" gefeiert – markieren die erste Etappe dieser Entwicklung. Die für die begriffliche Entleerung von Sprache charakteristischste Festrede hielt damals der Jurist und Publizist Gabriel Riesser[46] – interessant auch deshalb, weil Riesser Jude war; das dokumentiert auf eine eindringliche Weise, wie echtdeutsch, selbst im Sprachlich-Negativen, der jüdische Intellektuelle empfand, das heißt, wie vollständig inte-

griert er war. Riesser war zudem ein gegen Obrigkeits-
und Polizeistaat kämpfender liberaler Geist; seine
Rede ist somit ein Beispiel dafür, dass man zu dieser
Zeit demokratisch denken, fühlen und handeln konnte und dennoch statt der logisch-klaren, menschlich
bescheidenen Sprache der Aufklärung und Klassik die
hochtrabende und schwülstige Sprache des Kleinbürgertums benutzte.

Riessers Schillerrede begann mit den Worten: „Lassen Sie den Widerhall tausendstimmigen Jubels, der in
den eben verhallten Klängen an Ihr Ohr gedrungen, in
Ihrer Seele fortbrausen; die edle Tonschöpfung, der
Verherrlichung des Andenkens eines großen Menschen gewidmet, hat nie einen würdigeren Gegen-
stand gefunden, hat nie eine höhere, allgemeinere
Feststimmung verkündet als in diesem Augenblick."
Die Rede umfasst ungefähr fünftausend Worte, darunter etwa einhundertfünfzig Steigerungsformen in
Form grammatikalischer Superlative oder Komparati-
ve. Unberücksichtigt in dieser Zahl sind die vielen
inhaltlichen Superlative wie etwa: „mächtiges Rau-
schen", „hohes Tönen", „gewaltiger Genius" und dergleichen; allein das Wort „hohe" beziehungsweise
„hoch" taucht sechzigmal auf; ähnlich oft „edel". Für
Riesser war in Schiller die „höchste und edelste Bildung erschienen", die „schönste Blüte, die süßeste
Frucht; in ihm lebten die zartesten und tiefsten Emp-
findungen, das reinste Geistige, die höchsten Mächte
und die ursprünglichsten und kindlichsten Gefühle"
(und dies alles in einem Satz!).

Metaphorik, Syntax und Topik der national-bür-
gerlichen Rhetorik des neunzehnten und zwanzigsten
Jahrhunderts sind damit illustriert: ein Schwulst an

Bildern, eine Zerstörung der Begriffskerne, so dass leere Worthülsen verbleiben, eine Fülle falscher, schiefer oder unnötiger Genitive, um hochtrabende Feierlichkeit bemühte Inversionen, eine Häufung synonymer Worte. Von den Tagen der Befreiungskriege bis herab zu Hitler lassen sich – abgesehen von der zunehmenden Häufigkeit der Erscheinungen – kaum wesentliche Unterschiede, immerhin einige Variationen innerhalb des offiziellen Sprach„guts" feststellen.

Unpolitische Romantik

Das Bildungsbürgertum, das sich von den originären Idealen der Aufklärung und Klassik schon weit entfernt hatte, überantwortete sich einer epigonalen Romantik, die sich vor allem deshalb als deutsches Verhängnis erwies, weil sie dem Nationalmythos kritiklos Vorschub leistete. Während auf der einen Seite bedenkenloser Fortschrittsglaube und rücksichtsloser Pragmatismus die Realität des Tages bestimmten, genoss man auf der anderen das „Romantische", weil es von dieser Welt entrückte; man wäre, vom Gefühl her, lieber verfließender Träumer denn kantiger homo faber gewesen. Aber das Realitätsprinzip war stärker. So gerieten schließlich die Saturierten wie die Ruhelosen, die Stabilen wie die Nervösen in den Sog eines Krieges, der in den Laboratorien der Moderne mit hoher Perfektion vorbereitet worden war. Der Erste Weltkrieg zeigte, dass der Kultur keine zähmende Kraft mehr innewohnte.[47]

Die Romantik wurde durch die „offizielle" Kultur(politik) vor allem dahin gehend umgedeutet, dass man apolitisches Verhalten, die Flucht vor der Wirk-

lichkeit, den Traum von einer reinen und schönen
Welt als besondere Kennzeichen deutscher Innerlichkeit propagierte: Politik verderbe den Charakter, der
Verzicht auf politisches und soziales Engagement sei
gerade das wesentliche Merkmal von Kultur, konstitu-
iere ihre Reinheit. Man kann jedoch die Wesenszüge
der Romantik, die Hinneigung zum Märchen, zum
Unbewussten, Imaginären, Unheimlichen, Geheimnis-
vollen, Kindertümlichen und Naturhaften, das Fern-
weh und die Sehnsucht nur richtig verstehen, wenn
man sie unter dem Gesichtspunkt der Paradoxie und
Universalität sieht (Zentralbegriffe romantischer
Ästhetik); als einen Versuch, Widersprüchliches zu
vereinen – Gefühl und Geist, Herz und Intellekt, Sentimentalität und Ironie, Tag und Nacht, Realität und
Surrealität, Frömmigkeit und Nihilismus, nationale
Literatur und Weltliteratur. Indem man Einzelzüge
isolierte, zerstörte man das Gleichgewicht dieses dia-
lektischen Weltbildes vollständig; Gefühl, Subjekti-
vismus, Irrationalismus wurden überlastig.

Thomas Mann nannte es später einen Irrtum deutscher Bürgerlichkeit, zu glauben, man könne ein
unpolitischer Kulturmensch sein. Sein persönliches
Bekenntnis zur Demokratie gehe aus einer Einsicht
hervor, die seiner deutsch-bürgerlichen geistigen Herkunft und Erziehung ursprünglich fremd war, „der
Einsicht, daß das Politische und Soziale ein Teilgebiet
des Menschlichen ausmacht, daß es der Totalität des
humanen Problems angehört, vom Geiste in sie einzu-
beziehen ist, und daß diese Totalität eine gefährliche,
die Kultur gefährdende Lücke aufweist, wenn es ihr an
dem politischen, dem sozialen Elemente gebricht".[48]
An anderer Stelle spricht Mann von der Gefahr natio-

nalistischer „Philologen-Ideologie": „Germanisten-Romantik und Nordgläubigkeit aus akademisch-professoraler Sphäre, die in einem Idiom von mystischem Biedersinn und verstiegener Abgeschmacktheit mit Vokabeln wie rassisch, völkisch, bündisch, heldisch auf die Deutschen" einredete und so von „verschwärmter Bildungsbarbarei" zeugte.[49]

In seiner Anthologie *Propheten des Nationalismus* mit Beiträgen über die Publizisten Friedrich Ludwig Jahn, Paul de Lagarde, Heinrich von Treitschke, Julius Langbehn, Houston Stewart Chamberlain, Walter Flex, Arthur Moeller van den Bruck, Dietrich Eckart, Ludwig Klages, Hans Blüher, Erwin Guido Kolbenheyer und Hans Grimm stellt Karl Schwedhelm fest, dass die Auffüllung der „Schreckenskammer der Gedanken" auch Folge einer tiefen, traumatisch bestimmten Sehnsucht nach „gesunden" Verhältnissen gewesen sei. An ihrem von der Realität isolierten Schreibtisch ordneten diese Denker die Welt, mit der sie selber nicht ins Reine kamen, neu nach ihrem Bilde: „Machtträume, Aggressionsverlangen, Herrenmenschentum verbanden sich dort zu dem makabren Evangelium einer politischen Erlösungsreligion. Wie alle Propheten brauchten sie als Gegenspieler eine dämonisierte Feindfigur, deren Vorhandensein das Ausmaß haßerfüllten Eiferns zu rechtfertigen hatte. Bezeichnenderweise gelten solche Angriffe kaum je einer realen Einzelperson, sondern mit Vorliebe Kollektiven: *den* Juden, *der* katholischen Kirche, *den* Freimaurern, *den* ‚Minderrassigen' oder – noch verschwommener – der ‚Verschwörung überstaatlicher Mächte'. Charakteristisch, aber dennoch erstaunlich ist die betonte Geistfeindlichkeit vieler dieser Autoren und Literaten."[50]

Mythos und Logos

Das neunzehnte und beginnende zwanzigste Jahrhundert waren durch die Auseinandersetzung um den Mythos sowie durch diejenige zwischen Mythos und Logos bestimmt; die faschistische und national-sozialistische Epoche dann durch die Unterdrückung des Logos durch den Mythos. Gegenüber dem Logos als zusammenfassender Bezeichnung für menschliche Vernunft bezeichnet Mythos jenseits von Ideologie eine Grundform menschlichen Erschließens der Wirklichkeit, die sich von der Wissenschaft radikal unterscheidet. „Mythos ist eine bildliche Sinndeutung der Wirklichkeit, die sie verständlich macht, nicht aber durch wissenschaftliche Begriffe und Theorien, sondern durch Appell an eine imaginäre Welt von göttlichen und halbgöttlichen Wesen, von historisch niemals existierenden Helden, von phantastischen Geschöpfen und Elementen. Die allgemeine Beseelung des Weltalls ist tragendes Prinzip des Mythos; die mythische Welt ist lebendig, und nichts geschieht in ihr kraft abstrakter Prinzipien oder unpersönlicher Gesetzmäßigkeiten. Deshalb erlebt der Mensch durch den Mythos die Wirklichkeit unmittelbar und wird mit ihr vertraut."[51]

Was man nicht wissen kann, kann man jedoch glauben. In diesem Sinne ist Mythos keineswegs nur ein sinnstiftendes Element des vorwissenschaftlichen Zeitalters; er ist generell sozusagen Kontrapunkt zur Wissenschaft; deren Fortschritt – ein Sieg der analytischen Vernunft – hat auch den Durchschnitts-Menschen höchst differenzierte Komplexität entdecken lassen; dabei ist jedoch das faustische Streben nach

Synthesis (einer Zusammenschau der Phänomene) immer mehr zurückgetreten. Komplementär dazu steigt das Bedürfnis, Komplexität nicht angstvoll hinnehmen zu müssen. Man möchte beruhigt werden durch glaubhafte, sinnvolle und sinnbildliche Deutungen des Da- und Soseins.

Im neunzehnten Jahrhundert, angesichts der irritierend-gewaltigen Entwicklungen in den Bereichen von Technik und Wissenschaft, hatte die Sehnsucht nach mythischen Deutungen wieder größere Bedeutung gewonnen. Diese verband sich mit intoleranter Aggressivität – tiefenpsychologisch wohl vor allem Ausdruck des Neides auf diejenigen, die jenseits des Mythos sich vielleicht doch im Stadium des Wissenden befinden; so ist mythischer Glaube oft mit dem allgemeinen Hass auf Modernität verknüpft. Diese sah man vor allem als Ausgeburt des Westens beziehungsweise westlicher Ideen und als verderbliche Erbschaft der Aufklärung, die es zumindest zu „korrigieren" galt. Man fand nicht den Anschluss an die eigene Geistesgeschichte; auch das größte demokratische Reformwerk im neunzehnten Jahrhundert, das des Freiherrn vom Stein, blieb in der Theorie stecken. Der „öffentliche Gebrauch der Vernunft", den Kant forderte, war in Deutschland nie in genügendem Maße zur Maxime erhoben worden. Der Leitgedanke der Aufklärung, dass man den Menschen zur Erkenntnis, zur Einsicht, zur Verständigkeit erziehen könne, verfiel der Ablehnung und Verhöhnung. War doch seit der epigonalen Romantik das deutsche Wesen auf „Gemüt" festgelegt und der Verstand als negativer Gegenpol dazu missachtet. „Intellektuell" war ein beliebtes Schimpfwort der Aufklärungsgegner, mit

dem sie den Versuch des Menschen, mündig zu werden, verspotteten.

Die Zivilisationsfeindschaft eines Jean-Jacques
Rousseau und der Antirationalisten war besonders in
Deutschland auf fruchtbaren Boden gefallen, da sie
die Möglichkeit bot, die individuellen wie kollektiven
Minderwertigkeitsgefühle zu kompensieren – fühlte
man sich doch gegenüber anderen Nationen als
„Habenichts". Dazu kam, dass viele deutsche Intellektuelle und Künstler auf den Schock der Industrialisierung mit Verdrängung und ästhetischen oder politischen Fluchtbewegungen reagierten.[52] In deren
Umkreis erfreute der Kleinbürger sich an erhabenen
Mythen wie den Nibelungen, träumte unter Eichen
von der Altvordern Herrlichkeit. Auf Herzinnigkeit hin
erzogen, wollte er nicht „kalte", sondern bunt-freudi-
ge Darstellungen der Natur; eine „Verbauerung" der
Kunst galt als wünschenswert. Wärme wollte man
haben – regionale Stallwärme: „Die irrende Seele der
Deutschen, welche sich künstlerisch jetzt in allen Erd-
und Himmelsgegenden umhertreibt, muß sich wieder
an den heimatlichen Boden binden; der holsteinische
Maler soll holsteinisch, der thüringische thüringisch,
der baierische baierisch malen."[53]

Die Literatur eines solchen einfachen Lebens hatte
weder mit der ländlichen Idylle von Aufklärung,
Sturm und Drang, Romantik, Klassik, Biedermeier,
Realismus etwas zu tun, die, der schillerschen Defini-
tion entsprechend, tiefgründig-sentimentalisch war
und aus der Ungeborgenheit erwuchs, noch mit der
echten Heimatliteratur, die aus lokaler Naturverbun-
denheit hervorging und humorvoll-kritisch die ländli-
che Umwelt zu schildern wusste. Stattdessen erklang

der Sehnsuchtsruf der eindimensionalen Heimat- und Bauernliteraten über die unendliche Heide und durch die erhabene Stille des Walddoms, hallte von Bergeszacken im Alpenglühen bis an das große weite Meer. Die Gestalten, die das Korn in die von den Ahnen ererbte Scholle senkten, waren stolz und trutzig; raues reines Blut brauste in ihren Adern; der Maiden Augen blitzten, und ihre Gestalten, vor allem ihre Busen, strafften sich vor Stolz, wenn der herb Geliebte aus dem welschen Tand-Land zu Käthe und Kate zurückfand. Alle schritten meist hinter dem Pflug, zusammen mit „der Ahnen langer Kette".[54]

Ein Teil der antimaterialistisch eingestellten Jugendbewegung huldigte einer verstiegenen antitechnischen Wald- und Wanderromantik.[55] Die Sozialisten, welche die Probleme der Industrialisierung vor allem und zwar leidvoll kannten, wurden verunglimpft und von politischer wie gesellschaftlicher Einflussnahme ausgeschlossen. Die so genannte „Lebensphilosophie", eine um 1900 in Deutschland modisch werdende Gegenbewegung zu Aufklärung und Rationalismus, übernahm Elemente des Rousseauismus, steigerte sie und verband sie mit völkischem Aristokratismus: Die geist- und gesichtslose Masse der städtischen Untermenschen habe sich von den eigentlichen Ursprüngen des Lebens völlig entfernt.

Den Höhepunkt der antirationalen Bewegung brachte die Zeit der Weimarer Republik: Die aus allerlei vertrackten Privatmythen und -zirkeln heraussickernden trüben Wasser verbanden sich zu einem mächtigen Strom. Als man 1924 Kants zweihundertsten Geburtstag feierte, erschien beim damaligen preußischen Kultusminister Carl Heinrich Becker in Berlin

eine Abordnung der Schlagenden Verbindungen an
der Königsberger Universität, welche die Erklärung
abgab: Wenn beim bevorstehenden Gedenktag der
Festredner sich einfallen lassen sollte, auf Kants Ausführungen *Zum ewigen Frieden* einzugehen, so könne
man nicht für Ruhe garantieren; man würde Störun-
gen veranlassen.[56] Der Geist sei der „Widersacher der
Seele", so formulierte 1929 der Philosoph und Psycho-
loge Ludwig Klages seine Lehre.[57] Es rieche, meinte
ein linksgerichteter Schriftsteller im „Mittelalter
1932", nach „Dumpfheit und Dummheit"; „es empfiehlt sich, Voltaire zu lesen. Es empfiehlt sich noch
mehr, Voltaire zu leben!"[58] Französische clarté als
Therapeutikum zu verschreiben, war freilich naiv: Die
Franzosen waren seit uralten Zeiten der „Erzfeind" der
Deutschen, besonders seit Napoleon (wobei der französische Chauvinismus dem deutschen voll ebenbürtig
war); außerdem waren die Franzosen „ihrem Wesen
nach auf den Verstand angewiesen, voll verblendeter
Eitelkeit und dummköpfiger Spitzfindigkeit"[59]; sie
besaßen angeblich nicht die Tiefe des deutschen
Gemütes; dem welschen Nachbarn fehlten beispiels-
weise „Sitte, Zucht und Achtung, besonders vor der
Ehe".[60] In Frankreich seien „ehrbare Gefühle zwischen
Mann und Frau unmöglich".[61] Deutsch seien Spekulation, Tiefe, Innerlichkeit, Ernst, Ehrfurcht, Häuslichkeit, Idealismus, Beständigkeit; französisch jedoch
exakte Wissenschaft, Oberflächlichkeit, Äußerlichkeit,
Leichtfertigkeit, Frivolität, Massengesellschaft, Gesel-
ligkeit, Materialismus, Wankelmut.[62] Die deutsche
Sprache sei edel, die französische ein „leichtes, frem-
des Geschwätz", ein „kleines Geschnatter und
Geschnarr". Deutsch sei das Führertum, französisch

die parlamentarische Demokratie. „In Paris", heißt es in Julius Langbehns *Rembrandt als Erzieher*, „ist das gute Blut verdorrt. Kein Wunder also, daß es einen Zola nach der Hauptstadt des Keltoromanentums zieht, nach dieser Stadt der Demimonde und der Demokratie; hier gesellt sich dem sittlichen der politische Krankheitsfall hinzu."[63] Den Franzosen solle man die Ideen von 1789 neidlos überlassen. Sie wären „Fleisch von ihrem Fleisch und Bein von ihrem Bein. Wir haben auch einen herrlichen Ersatz für sie: In den Ideen der Freiheitskriege!"[64] Giftige Dünste entströmten der Aufklärung als einer Sache des Westens, so Arthur Moeller van den Bruck; da sie vor allem aus Frankreich herüberwehten, müsse man als Konservativer eine geistige Westfront halten.[65]

In Heinrich Heine hatte man die Kombination all der Übel, die man in Widerspiegelung der eigenen Beschränktheit bekämpfen wollte – das „linksintellektuelle Antisymbol".[66] Dieser Dichter war universalistisch; er war ironisch; er hatte zwar Gefühl, aber auch Geist; er war liberal, gegen den Spießer eingestellt; er lebte in Frankreich. Solche Typen, die man gern mit dem skeptischen und ironischen Mephisto gleichsetzte, mussten der deutschen tiefgründigen „Faustseele" stets als fremd erscheinen. Der Hass auf Heine war besonders intensiv, weil dieser mit seiner Gemütsinnigkeit und häufig kitschanfälligen Sentimentalität durchaus zum deutschen kleinbürgerlichen Herzen sprach; man verstand nicht, was das bedeuten solle. „In Heine kämpft ein auffälliger Zwiespalt. Es ist, als ob ein Stück germanischen Geistes in ihm sich zuweilen zu idealeren Höhen aufschwingen wollte – bis ihn plötzlich der Jude an den Beinen wieder in den Sumpf herniederzieht, worin er sich dann mit Behagen wälzt und alles Ideale verhöhnt."[67] Der Ruhm eines Heine, meinte Heinrich von Treitschke, „war nur möglich in einem Geschlechte, das über seinen fremdbrüderlichen Träumen den uralten Gegensatz arischer und semitischer Empfindung leichtsinnig vergessen hatte".[68] Lyrik, deklarierte Adolf Bartels in seiner *Geschichte der deutschen Literatur* (1901/1902), einem der übelsten Machwerke der völkischen antisemitischen Bewegung, sei – mehr als jede andere Dichtungsgattung – Ausdruck des Volkscharakters und der Volksseele; so könne der Jude Heine unmöglich der größte deutsche Lyriker nach oder mit Goethe sein.

Der jüdische Satanas

Der Jude war für den Spießer der vorrangigste Sündenbock; auch eine Projektionsfläche für die Kompensation von Minderwertigkeitsgefühlen: Über ihn konnte man sich erheben und damit seine eigene Stärke demonstrieren. Die jahrhundertelange Ghettoexistenz hatte das Judentum dem allgemeinen Bewusstsein so entfremdet, dass Ideologen die bestehende Unwissenheit über diese Minderheit ausnutzen, das heißt das Vakuum der Unkenntnis mit Schauer- und Gräuelmärchen auffüllen konnten. Der Versuch der Juden, im Zuge ihrer durch die Aufklärung eingeleiteten Emanzipation Anschluss „nach oben" zu gewinnen, förderte in ihren Reihen die Parvenü-Mentalität; nicht weil die Juden „rassenmäßig" Parvenüs waren, sondern weil der Parvenütyp in aufstrebenden Schichten häufiger erscheint.[69] Die Antisemiten aber konnten daraus erneut „Gründe" für ihre Verhaltensweise beziehen.

Das Wort „Antisemitismus" war 1879 durch den Publizisten Wilhelm Marr[70] geprägt worden: eine pseudowissenschaftliche Etikette für die Bündelung lange bestehender antijüdischer Motive und Argumente, widersprüchlicher Mythen und rassistischer Hintertreppengerüchte. „Er hat damit einer sich aufgeklärt und wissenschaftsgläubig gebärdenden Zeit nur eine entsprechend vordergründige Rationalisierung der ideologisch und emotional, ja letztlich in einem bestimmten Sinne religiös begründeten und als solche vielfach manipulierten Ablehnung der Juden gegeben."[71] Der Mythos vom jüdischen Satanas wurde planmäßig von der geistigen Schicht erzeugt; er war keine wilde Frucht und kein Produkt der Gosse, wenn auch auf Gossenniveau. Er war dem Kalküldenken weltanschaulicher Schreibtischtäter entsprungen. Diese erhoben ihre individuelle Bosheit zur allgemeinen Norm und versuchten so, ein durch Ressentiments zusammengeschweißtes Volksganzes zu konstituieren, in dem sie die Führerrolle spielen konnten.

Für Richard Wagner war der jüdische Musiker durch eine grundsätzliche Unfähigkeit gekennzeichnet; die Kunst der Juden lasse gleichgültig und bleibe stets trivial; Herz und Seele könne sie nicht ansprechen.[72] Die jüdische Rasse hielt Wagner für den „geborenen Feind der reinen Menschheit und alles Edlen in ihr"; „daß namentlich wir Deutschen an ihnen zugrunde gehen werden, ist gewiß, und vielleicht bin ich der letzte Deutsche, der sich gegen den bereits alles beherrschenden ... Judaismus aufrechtzuerhalten wußte".[73]

Der sich als Kulturphilosoph betätigende Houston Stewart Chamberlain (der englische Schwiegersohn

Wagners) verachtete die Juden vor allem, weil sie eine Mischrasse, eine Rasse mit unreinem Blut seien: „... ein Bastardhund ist nicht selten sehr klug, jedoch niemals zuverlässig, sittlich ist er stets ein Lump." Alle Niedertracht sei im Völkchen der Juden verdichtet; die Fratze des Lasters und der Bosheit glotze schamlos aus jedem Judengesicht dem Germanen ins Antlitz.[74]

Man erkenne, meinte 1887 der Schriftsteller Theodor Fritsch in seinem *Antisemiten-Katechismus*, schon am verhältnismäßig tief liegenden Oberlid das „Sinnlich-Brütende oder Lauernde" der jüdischen Seele, besonders der jüdischen Ärzte. Juden könnten keine richtigen Soldaten sein, da ihnen der „heldenhafte Gliederbau" fehle; sie hätten zudem Plattfüße und feige Hasenherzen; sie seien keiner Gefühle und keiner Herzenswärme fähig, seien zynische Zersetzer und degenerierte Intellektuelle. In ihren Kaufhäusern böten sie nur minderwertige Ware an.[75] Da der Jude kein Germane sei, weder blond noch blauäugig, „des Langschädels entbehrend", habe er auch keine Moral: „Unsere deutschen Begriffe von Treue, Bescheidenheit, Hingebung, Aufopferung für eine Sache sind dem Juden unverständlich und fordern seinen Spott heraus. Ihm erscheint nur das als Tugend, was persönlichen Vorteil oder Genuß einbringt." Zehn Gebote der Selbsthilfe verkündete Fritsch – denn der Deutsche sollte wissen, dass er mit all seinen Mitdeutschen „ohne Unterschied des Glaubens oder der politischen Meinung einen gemeinsamen unversöhnlichen Widersacher hat: Er heißt Jude!"[76]

Heinrich von Treitschke war ein nationalstolzer, seriöser Historiker mit profunden Kenntnissen und trefflichen Einsichten. Seine Schrift *Ein Wort über unser Judentum* war nicht so plump wie die antisemitischen Traktätchen dieser Zeit, deren Schmutz und Rohheit er „durchaus nicht billigte". Sein Schmutz war feinkörniger: „Bis in die Kreise der höchsten Bildung hinauf, unter Männern, die jeden Gedanken kirchlicher Unduldsamkeit oder nationalen Hochmuts mit Abscheu von sich weisen würden, ertönt es heute wie aus einem Munde: Die Juden sind unser Unglück." Demgegenüber nannte der liberal-demokratische Historiker Theodor Mommsen den Antisemitismus den „eigentlichen Sitz des Wahnes, der jetzt die Massen erfasst hat, und sein rechter Prophet ist Herr von Treitschke". Treitschke war für Mommsen „Ausdruck der sittlichen Verrohung, die unsere Zivilisation in Frage stellt, und auf dem literarischen Gebiet ihr mächtigster Träger".[77]

Der Vorsitzende des Alldeutschen Verbandes, Heinrich Claß, empfand es als „unschätzbares Glück", als Student den „leidenschaftlichen Treitschke" gehört zu haben. Aussprüche wie das „perfide Albion" oder „Die Juden sind unser Unglück" blieben ihm zeitlebens „so etwas wie ein Evangelium". „Mir war Treitschke der Meister, der mein Leben bestimmte."[78] Claß und die „Alldeutschen" wollten Deutschland wieder Weltgeltung verschaffen. Auch mithilfe antisemitischer Hetze, die in ihren Forderungen die nationalsozialistische Judengesetzgebung in fast allen Einzelheiten vorwegnahm.

Paul Bötticher, der sich Paul de Lagarde nannte, war als fleißiger Professor (Orientalist) und als christlicher Vorkämpfer für eine evangelische Nationalkirche bekannt. In seinen *Deutschen Schriften* reagierte er verdrängte atavistische Hassgefühle in Form eines besonders bösartigen Antisemitismus ab: „Die Juden sind als Juden in jedem europäischen Staate Fremde, und als Fremde nichts anderes als Träger der Verwesung." Viele Deutsche seien zu feige, das jüdische Ungeziefer zu zertreten. „Mit Trichinen und Bazillen wird nicht verhandelt, Trichinen und Bazillen werden auch nicht ,erzogen', sie werden so rasch und gründlich wie möglich unschädlich gemacht."[79]

Karl Eugen Dühring war Nationalökonom und vor allem Philosoph; die „Liebe zur Weisheit" stand seinem wüsten Antisemitismus nicht im Wege; unter dem Einfluss von Arthur Graf von Gobineau[80] vertrat er einen rassisch-biologischen Standpunkt. *Der Ersatz der Religion durch Vollkommeneres und die Ausscheidung alles Judenthums durch den modernen Völkergeist* hieß eine seiner Schriften. Gegen die Juden gebe es nur eine einzige Politik: die der Einschränkung, Einpferchung und Abkapselung.[81]

Deutschnationalen Pfarrern und religiös orientierten nationalen und nationalistischen Publizisten und Politikern „ekelte vor dem verjudeten Neudeutschtum".[82] Der Hofprediger Adolf Stöcker gründete 1878 in Berlin die kleinbürgerliche Bewegung der Christlichsozialen Partei, die mit antisemitischen Parolen die christlich erzogenen Massen anzuziehen suchte. Die „Blutvergiftung" des deutschen Volkskörpers durch das Judentum müsse geheilt werden. Das Unbehagen an der wirtschaftlich kapitalistischen Situation dieser Zeit schob er den Juden in die Schuhe.[83] – In Österreich gab Georg Ritter von Schönerer seit 1890 *Unverfälschte deutsche Worte* in gleichnamiger Zeitschrift gegen die Juden von sich – ein deutschnationaler christlicher Streiter von „echtem Schrot und Korn"!

„Was der Jude glaubt, ist einerlei – / in der Rasse liegt die Schweinerei."[84] – 1897 wurde Karl Lueger Bürgermeister von Wien; er war zugleich der Führer der Christlichsozialen Partei Österreichs, die 1907 die stärkste Fraktion des österreichischen Abgeordnetenhauses wurde. Lueger hielt „höheres" Niveau als Schönerer – er war auf diese Weise noch einflussreicher und gefährlicher; seinen antisemitischen Grundsätzen blieben weite Teile des österreichischen Katholizismus und Klerus bis in die Tage des „Anschlusses" 1938 treu.[85]

Arisch-germanisches Abendland

Der Begriff „Abendland" – eine Nachbildung zu dem griechisch-lateinischen „Hesperia", ein westlich von Griechenland beziehungsweise Italien gelegenes Land – taucht seit dem 16. Jahrhundert gelegentlich in Schriften auf und wird dann im Sinne von „Okzident" (in occidente sole, in Richtung der untergehenden Sonne) verwendet. Ab der zweiten Hälfte des neunzehnten Jahrhunderts gewinnt er geistesgeschichtlich rasch an Bedeutung: als eine Bezeichnung für jenen Teil Europas, der sich seit dem Mittelalter in Abhebung vom Orient zu einem durch Antike und Christentum geprägten einheitlichen Kulturkreis formiert habe. Dass Europa über Jahrhunderte hinweg ein Kontinent der Widersprüche, Spannungen und kriegerischen Auseinandersetzungen gewesen ist, wird erst idealistisch, später ideologisch zugunsten von Konsistenz (Festigkeit, Beständigkeit, Widerspruchslosigkeit) ausgeblendet. Dem gewünschten Denksystem entspricht Zerrissenheit nicht; diese wird in der Roman-

Zeichnung nach einem Entwurf Wilhelms II. zu dem von ihm geprägten
Satz: „Völker Europas, wahret eure heiligsten Güter!" (1895)

tik zuerst mithilfe nach rückwärts gewandter Visionen
hinweggezaubert und dann durch weltanschauliche
Einseitigkeit verbannt.

Für den deutschen Dichter Friedrich von Harden-
berg, der sich Novalis nannte, liegt die Einheitlichkeit
Europas in seiner Christlichkeit. Mit Gefühlsüber-
schwang, mehr beschwörend denn argumentierend,
stellt er fest: „Es waren schöne, glänzende Zeiten, wo
Europa ein christliches Land war, wo *eine* Christenheit
diesen menschlich gestalteten Weltteil bewohnte; *ein*
großes gemeinschaftliches Interesse verband die entle-
gensten Provinzen dieses weiten geistlichen Reichs."[86]
Der naive Novalis mag dies reinen Herzens geglaubt
und daraus Hoffnung für die Zukunft geschöpft
haben; Legion sind jedoch die Intellektuellen, die aus
dem „christlichen Abendland" eine Ideologie machten,

die vor allem der Ausgrenzung der von ihnen abge-
lehnten Ideen und Phänomene diente. Liberale Offenheit, demokratische Streitkultur, ziviler Widerspruch
und Widerstand waren eben nicht „abendländisch".
Das ging Hand in Hand mit der Konstruktion einer
Antithese von „Kultur" und „Zivilisation" und erreichte mit dem Ersten Weltkrieg einen besonderen Höhepunkt. Thomas Mann gab dieser sich immer mehr
national und nationalistisch einengenden Grundströ-
mung prominentesten Ausdruck, vor allem in seinen
Betrachtungen eines Unpolitischen (1918), aber auch
in anderen Schriften: „Zivilisation und Kultur sind
nicht nur nicht ein und dasselbe, sondern sie sind
Gegensätze, sie bilden eine der vielfältigen Erscheinungsformen des ewigen Weltgegensatzes und Wider-
spiels von Geist und Natur. ... Kultur ist Geschlossen-
heit, Stil, Form, Haltung, Geschmack, ist irgendeine
gewisse geistige Organisation der Welt. ... Zivilisation
aber ist Vernunft, Aufklärung, Sänftigung, Sittigung,
Skeptisierung, Auflösung, – Geist."[87]

Schulen, Universitäten, auch die Kirchen und
andere gesellschaftliche Institutionen huldigten ebenfalls nur zu gern einer Vorstellung von Europa, bei der
alles, was ein „einheitliches" Bewusstsein hätte stören
können, ausgeschlossen war. Fließend war da der
Übergang zum Europabild faschistischer und nationalsozialistischer Intellektueller, welche die „Nation
Europa" als rassisches Bollwerk gegen den andrän-
genden Liberalismus, Marxismus, Sozialismus, Demo-
kratismus begriffen. (*Nation Europa* hieß nach 1945
noch eine neonazistische Zeitschrift.)

Oswald Spenglers Werk *Der Untergang des Abend-*
landes – der erste Band erschien 1918 in der Zeit der

deutschen Niederlage, der zweite Band 1922 – ist im Gegensatz zu den Werken der Abendland-Ideologen durch einen differenzierteren Denkansatz geprägt.[88] Es handelt sich, wie der Untertitel besagt, um „Umrisse einer Morphologie der Weltgeschichte", um die Gestalten und Formen sowie das Werden und Vergehen der Kulturen als Subjekte der Weltgeschichte. Sie seien mit Organismen vergleichbar; hätten etwa gleiche Lebensdauer und gleiche Ablaufgesetzlichkeit; sie erwiesen sich – und damit grenzt sich Spengler eindeutig von germanisch-nordisch-arischer Kulturmonomanie ab – von gleichem Rang. Nach den acht abgestorbenen Hochkulturen, der ägyptischen, babylonischen, indischen, chinesischen, griechischen, römischen, arabischen, mexikanischen, lebe heute nur noch die faustisch-abendländische (neben der aufsteigenden russischen Kultur); sie sei im Stadium des Alters, angezeigt durch Aufklärung – wobei Technokratie, Imperialismus und Sozialismus das Ende verzögern können.

In der völkisch-nationalistischen Traktätchenliteratur um die Jahrhundertwende und bei dem von Richard Wagner in gewaltigen Tonschöpfungen vermittelten Neo-Germanismus schoss jedoch vor allem der Mythos vom arisch-germanischen Abendland üppig ins Kraut.[89] Houston Stewart Chamberlain bekannte sich zu der „einfachen und klaren Erkenntnis", „daß unsere gesamte heutige Civilisation und Kultur das Werk einer bestimmten Menschenart ist: des Germanen". Der Arier – der Germane – sei zwar „lustig, lebenstoll, ehrgeizig, leichtsinnig", er trinke und spiele, er jage und rauche; plötzlich aber besinne er sich: Das große Rätsel des Daseins nehme ihn ganz gefangen, nicht jedoch als ein rationalistisches Problem, sondern als ein unmittelbares, zwingendes Lebensbedürfnis. „Nicht verstehen, sondern sein: das ist, wohin es ihn drängt ... Und damit er diesen Einklang finde, singt er selber hinaus, versucht es in allen Tönen, übt sich in allen Weisen; dann lauscht er andächtig. Nicht unbeantwortet bleibt sein Ruf: geheimnisvolle Stimmen vernimmt er; die ganze Natur belebt sich, überall regt sich in ihr das Menschenverwandte. Anbetend sinkt er auf die Knie, wähnt nicht, daß er weise sei, glaubt nicht, den Ursprung und den Endzweck der Welt zu kennen, ahnt aber eine höhere Bestimmung, entdeckt in sich den Keim zu unermeßlichen Geschicken, ,den Samen der Unsterblichkeit.‘“[90]

Der Alldeutsche Verband förderte den Germanenkult, der angesichts der vielen Lehrer, die diesem Verband angehörten, in den Schulen besondere Verbreitung fand. („Unsere deutsche Kultur bedeutet den idealen Kern menschlicher Denkart, und jeder Schritt, welcher für das Deutschtum errungen wird, gehört demnach der Menschheit als solcher und der Zukunft unseres Geschlechts.“[91]) Jede positive Eigenschaft wurde als Attribut des Germanentums in Anspruch genommen – die Anatomie wie die Moral, die Form des Schädels wie die Schönheit des Busens. Verübte ein „großer Völkischer" (wie Arthur Moeller van den Bruck) Selbstmord, so war selbst dies noch „ein germanischer Tod".[92]

Das Pendant zum Germanenmythos ist der Blutmythos. Was den Germanen oder Arier[93] vor allem auszeichne, sei die besondere Art seines Blutes. Vom sauberen, guten arischen Blut meinte Julius Lang-

behn, dass es aristokratisches Blut sei; es „ist von
allem menschlichen ‚Blut' dasjenige, welches am meisten sittliches ‚Gold' in sich hat"[94]. Bei den Rechts-
kreisen im Zweiten Reich und in der Weimarer Republik begann der „Bronnen unseres Blutes immer lauter
zu reden". „Das Blut in seiner Unverfälschtheit ist
wahrer Mittler zwischen Geist und Tat. In ihm lebt der
tiefste Sinn unserer Mythen, unserer Sagen und Märchen. In ihm sprechen die deutschen Wälder und Ströme."[95] Der „große Strom des Blutes floß in großer
Melodie dahin"[96], und selbst ein Mann wie Walther
Rathenau schwamm darin mit.[97]

Deutsche Sendung

Die Aufklärung war weltbürgerlich orientiert. Als der
Politiker und Schriftsteller Friedrich Karl von Moser
1765 den Terminus „Nationalgeist" einführte, musste
er sich an französische Wortschöpfungen anlehnen.
Patriot war für Christoph Martin Wieland ein Mann,
der sich mit „warmem Eifer zum gemeinsamen Nutzen
der Menschheit verwendet". Kants Gedanken *Zum
ewigen Frieden* appellierten an das Gewissen der Welt.
Nationalismus ist bei Johann Gottfried Herder, dem
die Stimmen der Völker zum gemeinsamen Konzert
der Menschheit zusammenklangen, ein negativer
Begriff. Schiller und Goethe sahen in der Nation nur
einen unvollkommenen Teil des Menschheitsganzen;
Goethe prägte das Wort „Weltliteratur". In der Pädagogik waren die Prinzipien weltbürgerlicher Erziehung lange Zeit wirksam, ehe sie vom deutschen Sen-
dungsglauben verdrängt wurden. Während die Aufklärung die nationale Zerrissenheit im tätigen Wirken

für die gesamte Welt zu überwinden hoffte, träumten die Vertreter des Irrationalismus von einem kommenden deutschen Reich.

Der immer stärker werdende Nationalismus fand seine Krönung im Begriff „deutsch", das als Adjektiv die beste aller Eigenschaften bedeutete und als Substantiv das Haupt-Wort schlechthin darstellte. Was deutsch war, blieb unübertroffen, was unübertroffen war, nannte man deutsch. Der Sturm und Drang und die Romantik hatten die deutsche Sprache, das deutsche Volkslied, die deutsche Gotik, den deutschen Wald, das deutsche Märchen in ihrer Eigenbedeutung entdeckt; sie waren sich jedoch – sieht man von einigen Exzessen ab – der Vielfalt und Vielstimmigkeit der Völker bewusst geblieben. Ab 1813 wurde in zunehmendem Maße die kosmopolitisch gesinnte deutsche Dichtung für die „nationalen Belange" in Anspruch genommen oder uminterpretiert. Deutsch war Wilhelm Tell (denn alle Schweizer waren letztlich deutsch), deutsch waren aber auch die Jungfrau von Orleans und Maria Stuart; deutsch waren vor allem Hermann und Dorothea[98], deutsch war Faust[99]. Da der Deutsche geboren wurde, um in der Welt der Seele zu leben („es gibt kein zivilisiertes Volk, welches sittlicher als das seinige"[100]), sollte die Jugend in der Schule durch die Dichterheroen den wahren deutschen Geist erkennen lernen.

Mit „deutschem Handschlag" begrüßte schon der „alte Kämpfer" Ludwig Jahn seine Mitstreiter.[101] Den „deutschen, deutschen Rhein" sollten die Franzosen nimmer haben; dort stand die „deutsche Wacht". War der „deutsche Mai" gekommen, so schlugen die „deutschen Bäume" aus; von den „deutschen Eichen" träumten bereits die Lieddichter der Befreiungskriege. („Wollt nimmer von uns weichen, / uns immer nahe sein, / treu wie die deutschen Eichen, / wie Mond und Sonnenschein."[102]) „Welche Nation kann solche Berggipfel aufweisen?" meinte Wilhelm Raabe 1860 angesichts des „deutschen Kyffhäuser".[103] Dem Volksdichter Ludwig Ganghofer glänzte eine „deutsche Sonne".[104] Ein „deutsches Pfingsten" wünschte die *Gartenlaube* ihren Lesern.[105]

Schon der Pädagoge Friedrich Fröbel (1782–1852), Pionier eines ganzheitlichen Denkens in der Pädagogik, warnte vor dem Deutschheitswahn: „Welches Volk hat wie das deutsche das Beiwort immer im Munde, welches seinen eigenen Charakter bezeichnet? ‚Deutsche Kraft', ‚deutsche Treue', ‚deutsche Liebe', ‚deutscher Ernst', ‚deutscher Gesang', ‚deutscher Wein', ‚deutsche Tiefe', ‚deutsche Gründlichkeit', ‚deutscher Fleiß', ‚deutsche Frauen', ‚deutsche Jungfrauen', ‚deutsche Männer' – welches Volk braucht solche Bezeichnungen außer das deutsche? ... Der Deutsche verlangt von sich ganz extra, daß er deutsch sein soll, als ob ihm freistünde, aus der Haut zu fahren, – grade wie er von seinen Männern extra verlangt ‚männlich', von seinen Weibern ‚weiblich', von seinen Kindern ‚kindlich', von seinen Jungfrauen ‚jungfräulich' zu sein. Der deutsche Geist steht gewissermaßen immer vor dem Spiegel und betrachtet sich selbst, und hat er sich hundertmal besehen und von seinen Vollkommenheiten überzeugt, so treibt ihn ein geheimer Zweifel, in welchem das innerste Geheimnis der Eitelkeit beruht, abermals davor. – Was ist dies alles anders als die Selbstquälerei eines Hypochonders, dem es an Bewegung fehlt, und dem nur durch Bewegung zu helfen ist?"[106]

Für Nietzsche, zu dessen Paradoxie es gehörte, das gefördert zu haben, was er ablehnte, hieß „gut deutsch sein" „sich entdeutschen". „Der also, welcher den Deutschen wohlwill, mag für seinen Teil zusehen, wie er immer mehr aus dem, was deutsch ist, hinauswachse. Die Wendung zum Undeutschen ist deshalb immer das Kennzeichen der Tüchtigen unseres Volkes gewesen."[107] Doch solche und ähnliche Versuche, das Volk vom Wahn des Nationalismus zu heilen, waren vergeblich. Mäßigung, Vernunft und Einsicht wurden hinweggespült – *Deutschland, Deutschland über alles.* Das „schlichte innige Lied" des Hoffmann von Fallersleben (1841) besang allerdings die Nation *und* die Freiheit („Einigkeit und Recht und Freiheit sind des Glückes Unterpfand, / blüh im Glanze dieses Glückes, blühe deutsches Vaterland"); als Nationalhymne seit der Weimarer Republik wurde es ambivalent interpretiert: Je nach Absicht konnte man die erste oder die dritte Strophe hervorheben (oder weglassen) beziehungsweise den Nationalismus der ersten Strophe mit dem Humanismus der dritten abschirmen.

Deutsches Christentum

Das neunzehnte Jahrhundert brachte für das Bürgertum einen zunehmenden religiösen Substanzverlust. „Gottvertrauen" war oft genug nur eine rhetorische Floskel. Dieser Mangel an Religiosität hatte nichts zu tun mit dem seit der Romantik immer stärker in Erscheinung tretenden verzweiflungsvollen Atheismus und Nihilismus; er erwuchs vielmehr aus einer inneren Gleichgültigkeit allen tiefer greifenden Lebensfragen gegenüber. Dem leisteten die Kirchen Vorschub, da sie,

soweit sie die Allianz von Thron und Altar eingingen,
in Saturiertheit und Indifferenz (etwa der sozialen Not
gegenüber) erstarrten.

Religiosität und Patriotismus wurden in der Zeit
der Befreiungskriege, im Zweiten Reich, in den antidemokratischen Kreisen der Weimarer Republik und
im Dritten Reich miteinander verbunden. Vor allem
der Religionsunterricht mit seiner zentralen Stellung
in der Schule des neunzehnten Jahrhunderts wurde zu
„einem Werkzeug der autoritären Politik des preußischen Staates".[108] Der nationale Sendungsglaube
konnte überhaupt nur seinen großen Einfluss gewinnen, weil er sich von vornherein religiös „ausstaffier-
te" und die Kirche ihn unter ihre Fittiche nahm. Die
Weihnacht war als Weihenacht deutsch; die Glocken
läuteten deutsch;[109] deutsch war die Kirche – Martin
Luther, die Potsdamer Garnisonkirche, der Choral von
Leuthen (der 1757 nach der glücklich gewonnenen
Schlacht der preußischen gegen die österreichischen
Truppen beim niederschlesischen Leuthen angestimm-
te Choral *Nun danket alle Gott*); deutsch war Christus;
deutsch war Gott.

Mit dem Nationalchristentum verbanden sich auch
rassistische Züge. Houston Stewart Chamberlain
machte aus Christus einen blonden Menschen mit
blauen Augen, einen aus dem arischen Galiläa stam-
menden nordischen Lichtbringer, denn die Juden als
besonders minderwertige Rasse könnten Christus
nicht hervorgebracht haben; der Germane sei der
mystischen Erlebnisse fähig, der Jude nicht.[110] Vor-
nehmlich der Deutsche war Arier, als Arier der beste
Patriot und als arischer Patriot der beste Christ; oder
umgekehrt. Da der Deutsche, meinte Julius Langbehn,

„seiner innersten Natur nach Kind ist, ist er seiner innersten Natur nach Christ; Ariertum ist Kindertum und ist Christentum; diese drei Lebensfaktoren decken sich"; echte Religiosität, „diese tief deutsche Eigenschaft", sei dem deutschen Wesen in „hohem und bis jetzt unübertroffenem Grade eigen".[111] Die Deutschen seien „ein Volk der Gesinnung, der Gemütlich- und Herzlichkeit", meinte der Pädagoge C. G. Seibert 1857, damit aber so recht „eigentlich ein Religionsvolk, das eigentlich theologische Volk der modernen Menschheit".[112] „Sprechen wir ruhig aus", schrieb 1934 der zu seiner Zeit ungemein populäre Naturphilosoph Wilhelm Bölsche, „in uns Deutschen lebt heute der tiefste religiöse Geist der Menschheit."[113]

Die Bibel wurde zur Arierbibel, das Kreuz erschien als eine Art Hakenkreuz; die Grenzen zwischen Heidentum und Christentum verwischten sich immer mehr; das Heidentum wurde als Christentum und das Christentum als ein verschwommenes Heidentum ausgegeben. Der deutsche Christ hatte einen nordischen Gott (eine Art Verbindung von Christus, Wotan, Thor): einen Hammergott, der für den Krieg, für den deutschen Krieg, eintrat und auf deutscher Seite mitkämpfte.[114] Schon die napoleonischen Kriege erschienen den Freiheitskämpfern als ein von Gott veranstaltetes Purgatorium, das in den Deutschen wieder den kriegerischen Sinn erweckt hätte. Als Otto von Bismarck die Emser Depesche so zurechtgestutzt hatte, dass ihr provokatorischer Charakter den Krieg mit Frankreich höchst wahrscheinlich machte, jubilierten die beim Reichskanzler in dieser Stunde anwesenden Generale Albrecht von Roon und Helmuth Graf von Moltke: „Sie hatten plötzlich die Lust zu essen und zu

trinken wiedergefunden und sprachen in heiterer Lau-
ne. Roon sagte: ‚Der alte Gott lebt noch und wird uns
nicht in Schande verkommen lassen.'"[115]

Gott kämpfte für den deutschen Raum und für
Deutschlands Weltgeltung; er war bei den Schlachten
in Leipzig und Königgrätz, bei Sedan und Langemarck
dabei; er war dabei im Lesebuch, in der Predigt, in der
Festrede und auf dem Koppelschloss der Soldaten. Bei
der Verabschiedung der am 27. Juli 1900 in Bremer-
haven zur Niederwerfung des chinesischen Boxerauf-
standes an Bord gehenden Truppen tönte Wilhelm II.:
„Bewahrt die alte preußische Tüchtigkeit, zeigt euch
als Christen im freudigen Ertragen eurer Leiden,
mögen Ehre und Ruhm euren Fahnen und Waffen folgen, gebt an Manneszucht und Disziplin aller Welt ein
Beispiel. Ihr wißt es wohl, ihr sollt fechten gegen
einen verschlagenen, tapferen, gut bewaffneten, grau-
samen Feind. Kommt ihr an ihn, so wißt: Pardon wird
nicht gegeben, Gefangene werden nicht gemacht. Wie
vor tausend Jahren die Hunnen unter König Etzel sich
einen Namen gemacht haben, der sie noch jetzt in
Überlieferung und Märchen gewaltig erscheinen läßt,
so muß der Name Deutscher in China auf tausend Jahre durch euch in einer Weise bestätigt werden, daß
niemals wieder ein Chinese es wagt, einen Deutschen
auch nur scheel anzusehen. Wahrt Manneszucht, der
Segen Gottes sei mit euch, die Gebete eines ganzen
Volkes, meine Wünsche begleiten euch, jeden einzelnen. Öffnet der Kultur den Weg ein für allemal! Nun
könnt ihr reisen! Adieu, Kameraden!"[116] (Das war
selbst seinem Staatssekretär Bernhard Fürst von
Bülow zu viel; vergeblich versuchte er, den Presse-
bericht über die Rede zu unterbinden.)

Deutsches Mädel – deutsche Mutter

Der Intimbereich des Spießers offenbart eine heillose innere Leere: Die Geliebte ist als „Mädel" Geschlechtstier, die deutsche Frau Gebärmaschine; über der Familie thront der Mann als Patriarch. Minderwertigkeitsgefühle schlagen in bramarbasierende Biermystik um; die Romantik der Horde entlastet von gesellschaftlicher und politischer Verantwortung. Die Triebe werden nicht absorbiert, geschweige denn sublimiert; sie wuchern im „Verbotenen". Am Idealtypus der Frau wie des Mannes und an den Beziehungen der Geschlechter zueinander lassen sich die Aspekte emotionaler Verwahrlosung und die daraus erwachsenden Komplexe mit ihren Neurosen und Psychosen ablesen. Die von Aufklärung, Sturm und Drang, Romantik und Klassik eingeleitete Emanzipation der Frau wird rückgängig gemacht, ihre Entwertung und Entpersönlichung zu einem Element der deutschen Ideologie. „Mädel" ist ein Stichwort für diesen Vorgang.

Das Bild des Gretchens (aus dem *Faust*) prägte das kollektive Bewusstsein. Goethe fühlte sich zu der Naivität eines solchen Wesens durchaus hingezogen, zugleich aber war diese Gestalt ein Protest gegen die geistige Verkümmerung der Frau, die – in Unbildung und „sauberer Häuslichkeit" festgehalten – zum leicht verführbaren Objekt gewissenloser Kavaliere wurde: Prototyp des Mädels, das den Mächten der „Sitte und Moral", in Wirklichkeit den gesellschaftlichen Tabus, ohnmächtig ausgeliefert ist.

Davon ist im späteren, ideologisierten Leitbild des Gretchens nichts mehr zu spüren: Es ist ein „sauberes Mädchen" in einem „sauberen Stübchen" mit einem

„schneeweißen Bettchen", vor dem Faust „heiliger
Wonnegraus" erfasst. „Gretchens Seele", meinte der
Germanist Heinrich Düntzer, der mit seinen Kommentaren zu deutschen Klassikern vor allem den Deutschunterricht an Schulen bestimmte, „erschließt sich dem
geliebten Manne in aller Herzensgüte, Reinheit und
Unschuld, ihre Liebe ist gleichsam der Duft aller ihrer
Tugenden."[117] Sie war nun nicht mehr Objekt des Mit-
leids, aus dem sich die Impulse für eine gesellschaftliche Umwandlung hätten ergeben können, sondern
Objekt „reiner Verehrung": Ein Jahrhundert der sor-
genden Gattinnen, treuen Mütter, frommen und keu-
schen Töchter (die zu lobpreisen zum Grundsatzpro-
gramm der meisten Zeitschriften gehörte) brach an, ein
Jahrhundert der Keuschheitsideologie, die nicht die
Reinheit als solche hoch schätzte, sondern die Reinheit
des „Mädels", die der Mann „genoss". Als holdselige
Geschöpfe, deren Reize man mit glühenden Blicken
verschlang, als Mädel mit dem Veilchenduft der Wangen, den Schwanenhänden, dem Lilienbusen, dem
lockigen Haar mit den flatternden Bändern, der freu-
detrunkenen Seele mit dem Gott der Träume darinnen,
waren sie in stummem Entzücken IHM ganz hingege-
ben. Dementsprechend war die Ehe Patriarchat: Gret-
chen nun unter der Haube. Über Dichtungen, in denen
die Ebenbürtigkeit der Frau, der Partnerschaftsgedan-
ke, das geistige Miteinander oder auch Gegeneinander
(auf gleicher Ebene) dargestellt wurden, ging man hinweg; Goethes *Wahlverwandtschaften*, sein *Wilhelm
Meister* oder die *Iphigenie* konnten so nie zu Hausbü-
chern der deutschen Seele werden.

Die Frau (deren „politische Bestrebungen als nicht
berechtigt und nützlich angesehen werden können")

hatte als Mutter ihre Kinder zu zukünftigen Helden zu erziehen: „Die Stärke der Frau ist der Instinkt – die deutsche Frau wird, wenn sie ihres Volkstums bewußt ist und stolz auf seine Geschichte, seine Größe, seine Taten, aus ihrem Instinkt den Kindern nach Stimmung und Gefühl ihr Vaterland so wert machen, daß sie, zum Denken erwacht, nichts anderes können, als es lieben."[118] Der „Mutterboden" des Deutsch-Kriegerischen erscheint in der autobiographischen Erzählung von Walter Flex *Der Wanderer zwischen zwei Welten* (1917, im Jahr seines eigenen Kriegstodes erschienen) auf besonders makaber-sentimentale Weise; das Buch war in der Weimarer Republik für Rechtskonservative und Nationalisten und dann im Dritten Reich für die Nationalsozialisten ein Kultbuch. Als der Ich-Erzähler die Mutter seines gefallenen Freundes besucht, ist deren wichtigste Sorge, ob dieser noch einen Sturmangriff habe mitmachen können. „Ich nickte mit dem Kopfe. ‚Ja, bei Warthi.' Da schloß sie die Augen und lehnte sich im Stuhle zurück. ‚Das war sein großer Wunsch', sagte sie langsam, als freue sie sich im Schmerze einer Erfüllung, um die sie lange gebangt hatte. Eine Mutter muß wohl um den tiefsten Wunsch ihres Kindes wissen. Und das muß ein tiefer Wunsch sein, um dessen Erfüllung sie noch nach seinem Tode bangt. O, ihr Mütter, ihr deutschen Mütter!"[119]

Blut und Eisen

Das Idol des Mädels war der Held. „Ich bin ein schwaches Maidli und Ihr ein starker Mann ... Sie schlang ihre Linke um mich und drückte mit ihrer Rechten das eiserne Kreuz an ihre Lippen, wie eine Gläubige, im

Drange der Gefahr, ihr Amulett."[120] In heroischen Illusionen wurde der Jüngling erzogen. Jahrzehntelang
hämmerten patriotische Erzieher, Dichter und Denker
ihr Stakkato von Vaterland, Nation, Heldentod und
heiligem Krieg in sein Bewusstsein und Unterbewusst-
sein. Der Kampf, bei dem das Blut in Strömen fließt,
galt als die eigentliche Bewährungsprobe des deutschen Charakters; er war ein Bad, dem der deutsche
Mensch (wie Siegfried dem Drachenblut) neugeboren
entstieg.

Schon seit Beginn des neunzehnten Jahrhunderts
(seit Ernst Moritz Arndt[121]) wurde eine Blutmystik
zelebriert, die teilweise christliche Elemente säkulari-
siert, teilweise einen folkloristischen, in allen primiti-
ven Völkern vorhandenen Blutaberglauben weltanschaulich aufwertet und politisch fruchtbar macht.
Der patriotische Blut- und Wundenkult des achtzehnten Jahrhunderts war süßlich, von sentimental-eroti-
schen Gefühlen durchdrungen. Bei Klopstock floss der
Jünglinge Blut fürs Vaterland, für Allvater Wotan; das
Blut „sprudelte und rauschte tief im Tal". Der blutige
Wortrausch setzte sich im Irrationalismus und im
Sturm und Drang fort. Der Jüngling gibt aus seiner
Seite „sein bestes Herzens Blut Dir [dem Vaterland]
jauchzend dar" (Johann Gottfried Herder). Bei den
Dichtern der deutschen Freiheitskriege 1813/14 kam
es zum wahren Blutgestammel; vor allem der schöne
blaue Rhein sollte gefärbt werden von der „Tyrannen
Rosse Blut, der Tyrannen Knechte Blut, der Tyrannen
Blut, der Tyrannen Blut! der Tyrannen Blut!" (Fried-
rich Leopold Graf zu Stolberg).[122] Diese Blutideologie
prägte auch die Weltanschauung der studentischen
Korporationen; in der Mensur hatte sich die „Wahrheit

des Blutes" zu erweisen. Dann ist „jene heilige heldenhafte Erregung vorhanden, die wir an den Vätern
der Vorzeit bewundern, die jeder durchmachen muß,
der in Erfüllung des getanen Schwurs und in deutscher Gefolgstreue für die gewählten Farben ritterlich
sein Blut vergießt, das nun einmal ein besonderer Saft
ist. Alles, was zur Wesenheit unseres Volkes gehört,
kommt hier wieder aus dem Urgrund der Persönlichkeit leuchtend hervor, und wer die Prüfung bestanden
hat, ist ein deutscher Mann geworden."[123]

In seiner berühmten Rede vor der Budgetkommission des Preußischen Landtages am 30. Dezember
1862 führte Bismarck aus: „Nicht auf Preußens Liberalismus sieht Deutschland, sondern auf seine Macht
... Nicht durch Reden und Majoritätsbeschlüsse werden die großen Fragen der Zeit entschieden ..., sondern durch Blut und Eisen."[124] Vor allem die Reichsgründung von 1871 stählte die männliche Jugend im
Bewusstsein, dass das Schwert behaupten müsse, was
das Schwert gewonnen habe. „Mannwerdung" sei der
Krieg, meinte der Historiker Heinrich von Treitschke;
und fielen die Jünglinge auch, so „sagten die Väter
und die Brüder: viel Trauer, viel Ehre". „Solchem Hause gehörte dann ein Blatt im schwellenden Kranze des
deutschen Ruhmes."[125] Christentum und Kriegertum
seien nun vom Deutschtum nicht mehr zu trennen,
verkündete der Schriftsteller Julius Langbehn; Dokumente, die mit Blut geschrieben seien, hielten sich
erwiesenermaßen jahrhundertelang frisch.[126] Bald
pathetisch, bald folkloristisch („immer feste druff")
wurde das Leitbild des jugendlich strammen Offiziers
propagiert, der über die schlappe Haltung des Zivilisten unendlich erhaben war sowie forsches Auftreten

und sittliche Reinheit, eiserne Nerven und strahlende Schönheit in sich vereinte. Für die „Alldeutschen" war der Krieg der beste Erzieher der Jugend, ein „sorgsamer Erneuerer und Erhalter, der große Arzt und Gärtner, der die Menschheit auf ihrem Wege zur Höherentwicklung begleitete ... Wehe dem Volke, das längere Zeit hindurch seiner heilenden und hegenden Hand entraten muß."[127]

Als der Erste Weltkrieg ausbrach, standen die Herzen der Dichter und Jünglinge sofort in hellsten Flammen. „Nun sangen sie wie im Wettstreit den Krieg, frohlockend mit tief aufquellendem Jauchzen."[128] Die Blüte der deutschen Jugend „zeigte sich als Meister im Draufgehen und im Sterben ... Morgenrot, Morgenrot ... Kein sel'ger Tod ist in der Welt, als wer vorm Feind erschlagen ..."[129] Aus den klopstockschen papierenromantischen Jünglingen, denen die pietistische Kampfesfreude die Wangen rötete, vom Gebet der Schlachtjungfrauen gesegnet, waren im Grabenkampf des Ersten Weltkriegs – so Ernst Jünger – „Stahlnaturen" geworden: „Es war eine ganz neue Rasse, verkörperte Energie und mit höchster Wucht geladen. Geschmeidige, hagere, sehnige Körper, markante Gesichter, Augen in tausend Schrecken unterm Helm versteinert. Sie waren Überwinder, Stahlnaturen, eingestellt auf den Kampf in seiner gräßlichsten Form."[130]

NS-Weltanschauung

Genealogie eines Massenmörders

Wie es dazu kommt, dass Menschen herausragende Künstler werden oder eine „normale" Biographie aufweisen oder aber, wie Adolf Hitler, zum gigantomanischen Massenmörder werden, lässt sich kaum klären; doch können Vermutungen formuliert werden.[131]

Nach Ansicht des Hitler-Biographen Alan Bullock[132] verstärkten Hitlers ungeklärte Familienverhältnisse (sein Vater wurde unehelich geboren) die Minderwertigkeitsgefühle des späteren „Führers". Der Psychoanalytiker Rudolph Binion[133] sieht unter psychohistorischem Aspekt in Hitlers Symbiose mit seiner dominanten traumatisierten Mutter das prägende Erlebnis, über das er nie hinausgewachsen sei. Zum einen habe diese Bindung kompensatorisch alle selbstkritischen Grenzen seines Sendungsbewusstseins gesprengt (das Bewusstsein von niederer Herkunft in das Gefühl rassischer Auserwähltheit verwandelnd); zum anderen den Wahn, die erlittene Unbill an der Welt rächen zu müssen, ins Unermessliche gesteigert.

Für die Historikerin Brigitte Hamann vollzogen
sich die entscheidenden Lehrjahre des späteren Diktators in Wien, wohin er vor dem Ersten Weltkrieg als
jugendlicher Gelegenheitsarbeiter mit der Hoffnung,
Kunstmaler werden zu können, gekommen war. Es
habe sich dabei nicht um das künstlerisch-intellektuelle „fin-de-siècle"-Wien gehandelt, das durch Sigmund Freud, Gustav Mahler, Arthur Schnitzler oder
Ludwig Wittgenstein repräsentiert wird – letzterer war
immerhin Hitlers Schulkamerad in Linz; Hitlers Wien
stellte vielmehr „ein Gegenbild zu dieser glanzvollen
Kunstmetropole dar. Es ist das Wien der ‚feinen‘ Leute, die der Wiener Moderne voll Unverständnis gegenüberstanden, sie als ‚entartet‘, zu wenig volksverbunden, zu international, zu ‚jüdisch‘, zu freigeistig
ablehnten. Es ist das Wien der Einwanderer, der
Zukurzgekommenen, der Männerheimbewohner, oft
Menschen voller Ängste, die für alle möglichen
obskuren Theorien anfällig waren, vor allem für jene,
die ihnen das Gefühl vermittelten, trotz allen Elends
in Wahrheit doch eine ‚Elite‘, ‚etwas Besseres‘ zu sein.
Dieses ‚Bessere‘ bestand für sie darin, im ‚Rassenbabylon‘ des Vielvölkerstaates dem ‚deutschen Edelvolk‘
anzugehören und eben nicht Slawe oder Jude zu
sein."[134] In Wien ist Hitler mit der Aggressivität der
Antidemokraten bekannt geworden, mit dem Heil-
Gruß und dem Hakenkreuz, mit dem Germanenkult
und dem Zuchtgedanken.

Er lernte dort kuriose Rassentheoretiker mit wahnhaften Obsessionen kennen, darunter den Schriftsteller Josef Adolf Lanz, der sich 1902 eine neue Identität
als Baron Johann Lanz von Liebenfels zugelegt hatte;
er begründete den Orden „Neuer Tempel" und gab die

Zeitschrift *Ostara* heraus. Durch Reinzucht, so schrieb er, könne man alles Unnütze und Schädliche aus dem Menschheitskörper entfernen, komme man der Gottheit (Asgar) näher. Die edle Rasse nannte Liebenfels „Asinge", „Heldlinge" oder „Arioheroiker", die Minderrassigen „Tschandalen", „Waninge", „Äfflinge". Seine Theozoologie bedeute „Rassenkampf bis aufs Kastrationsmesser". Den heroischen Menschen erkenne man unter anderem an seiner großen Zehe, weil sie an Länge und Stärke alle anderen Zehen überrage. Das heroische Weib habe die „schönsten Gesichtsformen, schönen, vollen, daher zum Säugen besonders geeigneten Busen, volles Gesäß und volle Hüften, die Kennzeichen eines weiten, gebärtüchtigen Beckens" seien. Wie in all diesen Traktätchen sind die Juden und die „Neger" das größte Unglück für die arische Rasse. – Für seine Zeitschrift warb Liebenfels mit den Worten: „Sind Sie blond? Haben Sie die Pöbelwirtschaft satt? Dann lesen Sie die ‚Ostara'-Bücherei der Blonden und Mannesrechtler ... Sind Sie blond? Dann sind Sie Kulturschöpfer und Kulturhalter ... Die ‚Ostara' ist die erste und einzige illustrierte arisch-aristokratische Schriftensammlung, die in Wort und Bild den Nachweis erbringt, daß der blonde heldische Mensch, der schönsittliche, adelige, idealistische, geniale und religiöse Mensch, der Schöpfer und Erhalter aller Wissenschaft, Kunst und Kultur und der Hauptträger der Gottheit ist. Alles Häßliche und Böse stammt von der Rassenmischung her, der das Weib aus physiologischen Gründen mehr ergeben ist als der Mann. Die ‚Ostara' ist daher in einer Zeit, die das Weibische und Niederrassige sorgsam pflegt und die blonde, heldische Menschenart rücksichtslos ausrottet, der Sammelpunkt aller vornehmen, Schönheit, Wahrheit, Lebenszweck und Gott suchenden Idealisten geworden."[135]

Zu Hitlers politisch-ideologischer Väter-Generation gehörten auch die österreichischen Politiker Georg Ritter von Schönerer und Karl Lueger sowie Rudolf Jung, der seinen geistigen Ursprung in dem zu Beginn des zwanzigsten Jahrhunderts vom Nationalitätenkampf erschütterten Nordböhmen hatte.[136] Mit seinem Hauptwerk *Der nationale Sozialismus* stellte Jung das demokratische System zugunsten eines charismatischen Führerstaates in Frage. Die Deutsche Arbeiterpartei von Schönerer betrachtete die Ablehnung der Juden als einen Grundpfeiler des nationalen Gedankens; sie verwob ihn zudem mit wirtschaftlichen Forderungen und der „Los-von-Rom"-Parole. Dies war propagandistisch äußerst wirksam bei dem sich der Kirche entfremdenden und durch Neidgefühle leicht erregbaren Arbeiter- und Kleinbürgertum. Dazu kam, dass gerade in Wien der jüdische Bevölkerungsanteil besonders groß war und Konflikte zwischen Mehrheit und Minderheit an der Tagesordnung waren. Auch die Christlichsoziale Partei Luegers, des „gewaltigsten deutschen Bürgermeisters aller Zeiten" – wie ihn Hitler in *Mein Kampf* nennt[137] – war antisemitisch ausgerichtet; doch flossen hier antisemitische und antimarxistische Strömungen zusammen – die Partei war großbürgerlich orientiert. Auch hörte bei Lueger der Antisemitismus auf, wenn die Juden zum christlichen Glauben übertraten. Hitler konnte jedoch an beiden Parteien erkennen, wie erfolgreich eine antisemitische Propaganda war.

Mit den verschiedensten zusammengelesenen Bruchstücken habe Hitler dann 1913 Wien Richtung

München verlassen (so Hamann), mit einem geistigen „Sammelsurium, bewahrt von einem exzellenten Gedächtnis". Erst in Deutschland hätten sich all diese Stücke wie auf einem Magnetfeld in eine „Weltanschauung" auf der Grundlage des Antisemitismus geordnet. Ausdrücklich sei Hitler nicht mit einem Parteiprogramm, sondern als Führer einer „Bewegung", als Verkünder seiner Weltanschauung in die Öffentlichkeit getreten. Er wollte „in den Herzen" seiner Anhänger „die heilige Überzeugung wecken", dass mit seiner Bewegung „dem politischen Leben nicht eine neue Wahlperiode oktroyiert, sondern eine neue Weltanschauung von prinzipieller Bedeutung vorangestellt werden solle". Damit machte er den Nationalsozialismus zur kämpferischen Glaubensgemeinschaft mit dem Ziel der „germanischen Weltherrschaft" auf der zu schaffenden Grundlage einer durch „Zuchtwahl" erstarkten, von „nichtdeutschen Elementen" „gereinigten" „arischen Rasse". Die im Wien der Jahrhundertwende so belächelten Ideen deutschvölkischer Sektierer hätten sich dreißig Jahre später im krisengeschüttelten Deutschland mit politischer Macht verbunden und seien so zur gefährlichen Munition, die Unheil über die Welt brachte, geworden.[138]

Ernst Nolte sieht in Hitlers Entscheidung, Politiker zu werden, eine Reihe von Analogien zu den Führern des italienischen Faschismus und der „Action française" (Benito Mussolini und Charles Maurras). „Wie Maurras und Mussolini stammt Hitler aus dem provinziellen Kleinbürgertum eines katholischen Landes – über ihm allein allerdings hängt aus vergangenen Geschlechtern ein Schatten des Drohend-Unbekannten. Auch bei ihm steht dem ungläubigen Vater eine

gläubige und sehr geliebte Mutter gegenüber. Auch er
ist mit 14 Jahren ein ‚Freidenker', aber es bietet sich
ihm nicht wie Mussolini als Ersatz ein kohärentes
System politischen Glaubens. Er geht als junger Mann
in die ferne Hauptstadt, um sich einem künstlerischen
Beruf zu widmen, und er steht ratlos und zornig vor
all dem Fremden, als dessen Paradigma ihm der Jude
erscheint – ganz wie Maurras. Er lernt das Elend kennen und versucht sogar zu betteln – wie Mussolini.
Aber seine Gedankenwelt entwickelt sich nicht unter
dem kritischen Auge einer literarischen Öffentlichkeit
wie diejenige Maurras': den Insassen von Männerhei-
men und Obdachlosenasylen trägt er seine ‚Weltanschauung' vor; er erhält keine Schulung für einen bürgerlichen Beruf wie Mussolini, sondern lebt nach dem
frühen Abbruch der Schulbildung zwei Jahre untätig
im Hause der Mutter, dann bis zum 25. Lebensjahr,
vagabundierend, durch Postkartenmalen einen kärg-
lichen Lebensunterhalt fristend, in Wien und München. Die Affäre Dreyfus machte aus dem nicht ganz
unbekannten und von weltberühmten Freunden hoch-
geschätzten Schriftsteller Maurras einen Politiker; der
Weltkrieg stellte den bedeutenden Parteiführer Mussolini vor die wichtigste Entscheidung seiner Laufbahn;
der Krieg wurde auch für Hitler zur umwälzendsten
Erfahrung, aber wenn er ihn zum erstenmal in eine
übermächtige und enthusiastisch bejahte Realität
führte, so warf er ihn doch nur aus einem Nichts des
bürgerlichen Daseins in das Nichts des unbekannten
gewöhnlichen Soldaten; und als sich Hitler 1918 ent-
schloß, Politiker zu werden, da war seine Basis, mate-
riell gesehen, immer noch ein Nichts."[139]

„Mein Kampf" als Spießer-Spiegel

Den Kleinbürger Hitler hätten die Deutschen sehr früh und sehr gründlich kennen lernen können – in Form seines Buches *Mein Kampf*. Es war im Landsberger Gefängnis entstanden; Hitler war 1923 nach dem misslungenen Putsch gegen die Berliner Reichsregierung[140] und der daraufhin ausgesprochenen Strafe von fünf Jahren Festungshaft dorthin gebracht, aber vorzeitig entlassen worden; er hätte eigentlich noch drei Jahre und dreihundertdreiunddreißig Tage absitzen müssen. Angesichts der Sympathie, die Hitler bei der reaktionären Justiz genoss, konnte man von einem „Hotelvollzug" sprechen; Hitler selbst meinte, dass Landsberg seine Hochschule auf Staatskosten gewesen sei.[141]

Hitlers Buch – in zwei Bänden 1925/26 erschienen[142] – bringt kaum Fakten und wird nicht einmal dort konkret, wo es die nationalsozialistische Bewegung und ihre Geschichte beschreibt; es erweist sich als ein Sammelbecken von Strömungen, die seit langem im neunzehnten Jahrhundert das deutsche Verhängnis vorbereiteten – als ein „Spießer-Spiegel" par excellence.[143] Man hat die Meinung vertreten, Bedeutung und Einfluss von Hitlers *Mein Kampf* dürften nicht hoch eingeschätzt werden, da das Buch zwar weit verbreitet, aber kaum gelesen wurde. Das mag stimmen; doch kann man daraus auch eine zunächst paradox klingende Folgerung ziehen: Das Buch war so erfolgreich, weil es überhaupt nicht mehr gelesen werden musste. Lebensgefühl und Weltanschauung eines Großteils der deutschen Bevölkerung stimmten mit dem überein, was in *Mein Kampf* dargeboten und propagiert wurde. Der Inhalt des Buches – zudem in Tausenden von Broschüren, in vielen Zeitungen, Zeitschriften und jeglichen Propagandamaterialien, vor allem auch durch die Reden Hitlers und seiner Gefolgsleute unters Volk gebracht – enthielt all das, was des „Spießers Wunderhorn" (Gustav Meyrink), die Pandorabüchse kleinbürgerlicher Traktätchenverfasser, bereithielt: abgründige Gemeinheiten, in schiefe Metaphern geschlagene Ressentiments, endlose Tiraden, rhetorisch aufgeschminkte Plattitüden. Hitler besaß die Genialität des Mittelmäßigen; seine Durchschnittlichkeit war überdurchschnittlich; so wurde seine Mediokrität zum Schicksal eines Volkes, das sich Schritt um Schritt von Humanität und Kultur abbringen ließ. Für diesen Aufstieg bedurfte es (und das machte die große Stunde des Kleinbürgertums aus) keiner geschickten Verführung, keiner raffinierten Dämonie oder Verlogenheit. Hitler musste nur er selbst sein: das war sein Erfolg; er musste nur Spießer sein, mittelmäßig, primitiv, ohne Vorzüge und Meriten: das war sein Verdienst.

Hitler setzte sein Braunauer Elternhaus, in Verdrängung der wirklichen Verhältnisse, ins Licht biedermeierlicher Verklärung (wie man es aus Lesebüchern gewohnt war): „In diesem von den Strahlen deutschen Märtyrertums vergoldeten Innstädtchen, bayrisch dem Blute, österreichisch dem Staate nach, wohnten am Ende der achtziger Jahre des vergangenen Jahrhunderts meine Eltern; der Vater als pflichtgetreuer Staatsbeamter, die Mutter im Haushalt aufgehend und vor allem uns Kindern in ewig gleicher liebevoller Sorge zugetan."[144]

Hier ist bereits alles enthalten, was einem in der Enge seiner freiwilligen oder aufgezwungenen Unbil-

dung verkümmerten „Volksgenossen" ans Herz gehen
musste: die in breiten Sentenzen heranrollende weh-
mütige Erinnerung an die gute alte Zeit, die Idyllik des
Familienlebens, die Mutterliebe, das Vaterglück, der
Sohnesdank, der Anklang patriotischer Feierlichkeit.
Das Ganze ist im Stil schief, voller sentimentaler
Metaphern und Klischees – einschließlich äußerlich
wirkungsvoller Partizipien.

Die Vorspiegelung einer reich ausgebildeten
Gefühlswelt durchzieht das Buch. Das soll auch die
Verbundenheit mit der Tierwelt bekunden. Wenn Hitler in seinen Münchner Jahren (er war damals Spitzel
der Reichswehr) morgens um fünf Uhr in seinem
„Stübchen, das die Spuren der Revolution noch sehr
deutlich an sich trug", aufwachte, erfreute er sich an
den Mäuslein, die dort „ihre Unterhaltung trieben"; er
legte ein paar kleine Stücke harte Brotreste oder -rin-
den auf den Fußboden und sah zu, „wie sich die pos-
sierlichen Tierchen um diese paar Leckerbissen her-
umjagten. Ich hatte in meinem Leben schon soviel Not
gehabt, daß ich mir den Hunger und daher auch das
Vergnügen der kleinen Wesen nur zu gut vorzustellen
vermochte."[145] Das zeigte Herz und rührte Herzen.
Geradezu mythische Bedeutung bekam später Hitlers
Schäferhund. Bilder des „kerndeutschen Tieres", treu
neben seinem Herrn liegend oder springend (etwa auf
dem Obersalzberg, wo der stets für Deutschland Arbei-
tende „wenige Stunden der Entspannung fand"), standen zierlich gerahmt in vielen bürgerlichen Vitrinen.
Übrigens waren nicht wenige der NS-Mörder Tier-
freunde, oft auch Vegetarier. Rudolf Höß, der letzte
Kommandant von Auschwitz, liebte vor allem Pferde;
schon in seiner Jugend konnte er „gar nicht genug tun

an Streicheln, Erzählen und Leckerbissen-Anbieten". In Auschwitz ging er oft des Nachts durch die Pferdeställe und fand dort bei seinen Lieblingen Beruhigung. Auch seine Kinder hatten immer „besonderes Viehzeug", das sie hegten und pflegten.[146] Die Deutschen, so formulierte es Heinrich Himmler, hätten „als einzige auf der Welt eine anständige Einstellung zum Tier".[147]

Mit dem Biederen ist das Sentimentale nahe verwandt, ja oft untrennbar verbunden. „Wie gestern erst", so Hitler in *Mein Kampf*, „zieht an mir Bild um Bild vorbei, sehe ich mich im Kreise meiner lieben Kameraden eingekleidet, dann zum ersten Male ausrücken, exerzieren usw., bis endlich der Tag des Ausmarsches kam."[148] Das gleicht dem Blättern in vergilbten Albumblättern mit wehmütig erinnerungs- und tränenschweren Augen; ausgesprochen wird zugleich die stolze Erinnerung an die hohe Zeit echter Männlichkeit. Und so kam endlich der Tag, „an dem wir München verließen, um anzutreten zur Erfüllung unserer Pflicht. Zum ersten Male sah ich so den Rhein, als wir an seinen stillen Wellen entlang dem Westen entgegenfuhren, um ihn, den deutschen Strom der Ströme, zu schirmen vor der Habgier des alten Feindes. Als durch den zarten Schleier des Frühnebels die milden Strahlen der ersten Sonne das Niederwalddenkmal auf uns herabschimmern ließen, da brauste aus dem endlos langen Transportzuge die alte Wacht am Rhein in den Morgenhimmel hinaus, und mir wollte die Brust zu enge werden."[149]

Nach der Schilderung der Stimmung des ersten Gefechts („... zischt plötzlich ein eiserner Gruß über unsere Köpfe ... dröhnt aus zweihundert Kehlen dem ersten Boten des Todes das erste Hurra entgegen"[150]), nach diesen Stellen eines zum Beispiel den Werken völkischer Schriftsteller (wie Werner Beumelburg oder Hans Zöberlein) nachgebildeten Kriegshymnus wendet sich Hitler der Lage in der Heimat zu. Damit ist auch stilistisch eine Zäsur gegeben. Es folgt nun – wie so oft in diesem Werk – ein hemmungsloses Schimpfen und Wüten auf Parlamentarier, Juden, Marxisten, auf all jene, die den „Dolchstoß" in den Rücken der kämpfenden Front geführt hätten (eine Lüge, die zwar Hitler nicht erfand, aber geschickt demagogisch ausnützte).[151]

Bei seinem Schimpfen und Toben, Witzeln und Höhnen bedient sich Hitler insbesondere dehumanisierender (entmenschlichender) Feindbilder: „Ich werde auf diese Sorte von Parlamentswanzen noch gründlich zu sprechen kommen. ... So wenig eine Hyäne vom Aase läßt, so wenig ein Marxist vom Vaterlandsverrat."[152] Der Tiervergleich wird zur Gleich-Setzung, zum sprachlichen Vorgriff auf die physische Vernichtung: Der „betrügerischen Genossenschaft der jüdischen Volksvergifter" hätte der Garaus gemacht, sie hätte unbarmherzig ausgerottet werden sollen. „Wenn an der Front die Besten fielen, dann konnte man zu Hause wenigstens das Ungeziefer vertilgen."[153]

Zwischen den „Höhepunkten" des Bieder-Sentimentalen, des Pathetisch-Heroischen und Zynisch-Brutalen dehnen sich die seitenlangen Kahlschläge stilistischer wie inhaltlicher Öde und Banalität – festgemacht am eigenen Ich. „Ich wurde Nationalist ... Ich lernte Geschichte ihrem Sinne nach verstehen und begreifen ... Ich beschloß, Politiker zu werden ..." Es gibt fast nichts, zu dem der „Führer" – gestützt auf seinen Dünkel – nicht apodiktisch Stellung nimmt.

Tatsachen geht er aus dem Weg; an ihre Stelle tritt die Phrase; sie erfordert keine Denkleistung, keine Objektivität (die nach Hitler „Schwäche" bedeutet); Metaphern ersetzen Beweise.

Wenn Hitler etwa seine Wandlung zum Antisemiten beschreibt, hat er nicht Gründe, sondern Bilder parat: „Sowie man nur vorsichtig in eine solche Geschwulst hineinschnitt, fand man, wie die Made im faulenden Leibe, oft genug geblendet vom plötzlichen Lichte, ein Jüdlein. ... Man bedenke, daß auf einen Goethe die Natur immer noch leicht zehntausend solcher Schmierer der Mitwelt in den Pelz setzt, die nun als Bazillenträger schlimmster Art die Seelen vergiften. ... Überhaupt war die sittliche und sonstige Reinlichkeit dieses Volks ein Punkt für sich. Daß es sich hier um keine Wasserliebhaber handelte, konnte man ihnen ja schon am Äußeren ansehen ... Dazu kam noch die unsaubere Kleidung und die wenig heldische Erscheinung."[154]

Spricht Hitler von Kunst, Literatur und Kultur, so wirft er ähnlich aggressiv seine Schlagwortköder aus – „Bolschewismus der Kunst", „geistiger Wahnsinn", „Prostitution der Kunst", „Verirrung des Geschmacks". Beliebt als Tatsachenersatz sind rhetorische Wiederholungen mit Alliterationstechnik: „Halb war alles, was irgendwie dem Einfluß dieses Parlaments unterstand ... Halb und schwach war die Bündnispolitik des Reiches nach außen ... Halb war die Polenpolitik ... Halb war die Lösung der elsaß-lothringischen Frage ..."

Gewalt der Rede

Auch wenn Hitler sprach[155] – letztlich war *Mein Kampf* ein „gesprochenes" Buch – zeigte sich das am Stammtisch eingeübte aggressive Stakkato. Hitler macht die Menschlichkeit – wie ein Unteroffizier den Rekruten – „herunter", bis sie als „elendes Häufchen" vor seinen Füßen liegt. „Ein Wesen trinkt das Blut des anderen, indem das eine stirbt, ernährt sich das andere. Man soll nicht faseln von Humanität ... Der Kampf bleibt."[156] Aufsteigen sollte ein starkes Geschlecht von Deutschen. „In unseren Augen", so Hitler am 14. September 1935 in seiner berühmt-berüchtigten Rede an die Hitlerjugend auf dem Nürnberger Parteitag, „muß der deutsche Junge der Zukunft schlank und rank sein, flink wie Windhunde, zäh wie Leder und hart wie Kruppstahl."[157] Mit der Rhetorik der Stärke paarte sich ein sadistischer Zynismus der Gewalt. Die Antwort Hitlers auf die noble Rede des SPD-Fraktionsvorsitzenden Otto Wels während der Reichstagsdebatte zum Ermächtigungsgesetz am 23. März 1933 war in dieser Hinsicht typisch: „Sie sind wehleidig, meine Herren, und nicht für die heutige Zeit bestimmt, wenn Sie jetzt schon von Verfolgungen sprechen."[158]

Bei bestimmten Gelegenheiten, besonders bei Staatsakten, bediente sich Hitler dagegen eines sentimentalen, beweihräuchernden, Würde und Erhabenheit vortäuschenden Pathos. Ein Satz, mit dem er in *Mein Kampf* eigentlich die demokratische Presse abkanzeln wollte, vermag seine eigene Festtags-Rhetorik am besten zu charakterisieren. „Mit einem ungeheuren Aufwand von Worten unklaren Inhalts und unverständlicher Bedeutung werden da Sätze

Berliner Lustgarten 1932: Vor Zehntausenden von Menschen hetzt Hitler
gegen Reichsregierung und Kommunisten.

zusammengestammelt, die ebenso geistreich sein wollen wie sie sinnlos sind."[159] Dennoch gelang es ihm,
seine Zuhörer damit anzusprechen.

Wegweisend war diesbezüglich der Kult, den er um
den greisen und weitgehend senilen Feldmarschall
Paul von Hindenburg trieb.[160] Diese populäre Symbol-
figur der deutschen Rechten in der Weimarer Republik
– 1914/15 hatte der Heerführer bei Tannenberg und in
Masuren die russischen Truppen vernichtend geschla-
gen und dann seit 1916 als Chef des Generalstabs
gewirkt – war 1925 zum Nachfolger des sozialdemokratischen Reichspräsidenten Friedrich Ebert und
1932 gegen Hitler wieder gewählt worden. Höhepunkt
der geschickt inszenierten Hindenburg-Verehrung war
der Tag von Potsdam, der 21. März 1933, als Hitler
unter Glockengeläut und mit einem Cutaway, dem
Zeichen bürgerlicher Honorigkeit angetan, dem grei-

sen Marschall am Grab Friedrichs des Großen ent-
gegentrat; dem selben Mann, den er kurz vorher im
Wahlkampf verunglimpft hatte und dem er nun mit
einer Fülle von Genitiven, Konjunktiven und Inversionen, was bei jedem Kleinbürger erhabene Feierlichkeit
evozierte, „seine Ehrfurcht zu Füßen legte".

„In unserer Mitte befindet sich heute ein greises
Haupt. Wir erheben uns vor Ihnen, Herr Generalfeldmarschall ... Sie erlebten einst des Reiches Werden,
sahen vor sich noch des Großen Kanzlers Werk, den
wunderbaren Aufstieg unseres Volkes, und haben uns
endlich geführt in der großen Zeit, die das Schicksal
uns selbst miterleben und mit durchkämpfen ließ. Heute, Herr Generalfeldmarschall, läßt Sie die Vorsehung
Schirmherr sein über die neue Erhebung unseres Volkes. Dies Ihr wundersames Leben ist für uns alle ein
Symbol der unzerstörbaren Lebenskraft der deutschen
Nation. So dankt Ihnen des deutschen Volkes Jugend
und wir alle mit, die wir Ihre Zustimmung zum Werk
der deutschen Erhebung als Segnung empfinden. Möge
sich diese Kraft auch mitteilen der nunmehr eröffneten
neuen Vertretung unseres Volkes. Möge uns dann aber
auch die Vorsehung verleihen jenen Mut und jene
Beharrlichkeit, die wir in diesem für jeden Deutschen
geheiligten Raum um uns spüren, als für unseres Volkes Freiheit und Größe ringende Menschen zu Füßen
der Bahre seines größten Königs."[161] (Echter mag Hitlers Gefühl gewesen sein, als er beim Begräbnis Hin-
denburgs in Tannenberg ausrief: „Toter Feldherr, geh'
nun ein in Walhall!"[162] Das letzte Hindernis auf dem
Weg zur Alleinherrschaft war gefallen.)

Auf dem „geheiligten" Boden von Potsdam war der
nach der NS-Machtübernahme neu gewählte Reichs-

tag zum ersten Mal zusammengetreten. Eine herrliche
Schau sollte es werden, meinte Goebbels in seinem
Tagebuch: Preußentum[163] und Klassik wurden amal-
gamiert; chauvinistische Härte und schöner Schein
fanden zusammen. Die letzten Zweifel an der Integrität des „Führers" sollten beseitigt und die noch
abseits Stehenden in den magischen Bann Hitlers
gezogen werden.[164] In der Potsdam-Rede hatte Hitler
auch davon gesprochen, dass man mithilfe des neuen
Reichtags die Einheit des deutschen Geistes wieder-
herstellen wolle. Das deutsche Volk „soll dann für
ewige Zeiten in seine treue Verwahrung nehmen unseren Glauben und unsere Kultur, unsere Ehre und unsere Freiheit".[165] Das kam beim Spießer gut an; er fühlte
sich sowieso zu „Besserem" berufen, war überzeugt,
einem Volk der Dichter und Denker anzugehören.

Erhebendes Gefühl transportiere am besten das
Deutschlandlied, meinte Hitler in der „Weihestunde
des Deutschen Sängerbundes" in Breslau am 31. Juli
1937; es werde nicht nur innerhalb der Grenzen des
Reiches gesungen, es klinge über sie hinaus; überall
dort, wo Deutsche in der Welt lebten, ertöne es. „Dieses Lied begleitet uns von unserer Kindheit bis ins
Greisenalter. Es lebt in uns und mit uns und es läßt,
ganz gleich, wo wir auch sind, immer wieder die
Urheimat vor unseren Augen erstehen, nämlich
Deutschland und das Deutsche Reich. Der Vogel, dessen Auge geblendet, pflegt sein Leid und seine Gefühle nur noch inniger in seinen Gesang zu legen. Und
vielleicht ist es auch kein Zufall, daß der Deutsche, der
so oft leidgequält auf dieser Erde sein Dasein ertragen
mußte, in solchen Zeiten zum Liede seine Zuflucht
nahm; es erlaubte ihm, darin all das auszudrücken,

was die harte Wirklichkeit ihm verwehrte. ... Dieses Lied ist damit zugleich auch ein Bekenntnis zum Allmächtigen, zu seinem Willen und zu seinem Werk: denn nicht Menschen haben dieses Volk geschaffen, sondern jener Gott, der über uns allen steht. Er hat dieses Volk gebildet, nach seinem Willen ist es geworden, und nach unserem Willen soll es bleiben und nimmermehr vergehen!"[166]

Seit Hitler nach dem Ersten Weltkrieg beschlossen hatte, Politiker zu werden, also über zwei Jahrzehnte lang, stampfte er in unablässigen Tiraden deutsche Sprachkultur in Grund und Boden. Er hat das Volk jedoch nicht etwa als ein rhetorischer Dämon „verführt", sondern sprach in dessen Tonlage: mit Volkes Stimme.[167]

Volksgenossen und Volksgenossinnen

„Volksgenosse" war eine im Nationalsozialismus vorwiegend umgangssprachlich verwendete, ideologisch eingefärbte Vokabel – angesiedelt in einem Sprachfeld, zu dem zum Beispiel „völkisch", „volksdeutsch", „Volksempfänger", „Volksempfinden", „Volksgemeinschaft", „Volksgerichtshof", „Volksgesundheit", „Volkswagen" gehörten. Die Anrede „Volksgenossen und Volksgenossinnen" – Adolf Hitler gebrauchte sie bei den meisten seiner Reden, die Parteifunktionäre taten es ihm gleich – ersetzte den demokratischen Begriff „Bürger"; sie sollte soziale Unterschiede aufheben; als „Volksgenosse" oder „Volksgenossin" ging man in das Volksganze ein und war Teil einer großen Gemeinschaft, wurde dadurch freilich auch als Individuum negiert: „Du bist nichts, dein Volk ist alles."

Verbotsschild im Freibad. Ein Beispiel für die vielen diffamierenden und schikanierenden NS-Verordnungen und -Gesetze gegen Juden. Sie galten nicht als „Volksgenossen".

Das Wort hatte eine historisch-patriotische Komponente: Der Kaiser sprach im Ersten Weltkrieg von „Millionen Volksgenossen im Felde"; schon vor der Jahrhundertwende wurde der Ausdruck verwendet, um das Deutsche vom „Fremdvölkischen" abzugrenzen.[168] In *Mein Kampf* meinte Hitler allerdings, dass der Begriff „völkisch" so unbeschränkt in der praktischen Anwendung sei wie etwa das Wort „religiös".[169] Damit ist die nationalsozialistische Handhabung des Wortes umrissen: Wenig klar abgesteckt, vielseitig auslegbar; fasslich erst in Verbindung mit einem starken Gefühlsgehalt als Mittel zum Zweck.

Der Zweck bestand vor allem darin (anknüpfend an die entsprechenden Ideologeme des neunzehnten Jahrhunderts), „rassische Reinheit" zu konstituieren. Nach dem Parteiprogramm der NSDAP konnte Staatsbürger nur sein, wer „Volksgenosse" war. „Volksgenosse" konnte nur sein, wer „deutschen Blutes" war, ohne Rücksichtnahme auf Konfession. „Kein Jude kann daher Volksgenosse sein."[170] Das Gesetz zur Wiederherstellung des Berufsbeamtentums 1933 war der erste offizielle Schritt auf dem Weg zur Erreichung dieses Ziels: Nun konnten die „nichtarischen" Beamten aus ihren Stellungen verdrängt werden. Die so genannten Nürnberger Rassegesetze vom 15. September 1935 bestimmten, dass kein Jude Reichsbürger sein konnte. Jüdische Bürger durften kein öffentliches Amt mehr bekleiden, jüdische Beamte mussten in Ruhestand treten, das Stimmrecht in politischen Angelegenheiten stand Juden nicht mehr zu; Eheschließungen zwischen Juden und Staatsangehörigen „deutschen und artverwandten Blutes" wurden verboten. Der Reichstag stimmte den Gesetzesanträgen durch Akklamation zu. „Durchdrungen von der Erkenntnis, daß die Reinheit des deutschen Blutes die Voraussetzung für den Fortbestand des deutschen Volkes ist, und beseelt von dem unbeugsamen Willen, die deutsche Nation für alle Zukunft zu sichern, hat der Reichstag einstimmig das folgende Gesetz beschlossen, das hiermit verkündet wird", hieß es in der Präambel.

Dass gerade besonders vage Vokabeln, wie etwa auch „Volksgemeinschaft", die Rechtssprache infiltrierten, signalisiert den Niedergang des Rechtsempfindens, das sich eben nicht auf die begriffliche Trennschärfe verließ, sondern aufs „gesunde Volksempfinden" stützte.[171] Aus der allgemeinen völkischen Weltvorstellung, so Hitler in *Mein Kampf*, habe die NSDAP die wesentlichen Grundzüge übernommen und aus denselben „unter Berücksichtigung der praktischen Wirklichkeit, der Zeit und des vorhandenen Menschenmaterials sowie seiner Schwächen ein politisches Glaubensbekenntnis" geschaffen.[172]

Neben der ideologisch-rhetorischen, allerdings auch juristischen Bedeutung von „Volksgenosse/ Volksgenossin", eine Bluts- und Schicksalsgemeinschaft suggerierend, verweisen Wort und Begriff auf die gesellschafts- und wirtschaftspolitische Konzeption der Nationalsozialisten. Diese bestand vor allem darin, dass man (so der Historiker Götz Aly) – vor 1939 zum Beispiel durch „Arisierung" (Enteignung der jüdischen Minderheit), dann durch Raubkrieg und Raubmassenmord (Holocaust) – riesige Geldsummen beschaffte, die dazu dienten, die große Mehrheit der Deutschen mit einer Mischung aus sozialpolitischen Wohltaten, guter Versorgung und kleinen Steuergeschenken ruhig zu stellen und moralische Sensibilität durch die Gewährung von materiellen Vorteilen abzutöten.

Hitlers „Erfolg" gründete darin, dass die Nationalsozialisten es fertig brachten, die durch den verlorenen Ersten Weltkrieg hervorgerufene individuelle und kollektive Armut zu beseitigen. „Im Nachhinein wird dic Rassenlehre des Nationalsozialismus als pure Anleitung zu Hass, Mord und Totschlag verstanden. Doch für Millionen Deutsche lag das Attraktive in dem an sie adressierten völkischen Gleichheitsversprechen. Die NS-Ideologie betonte die Unterschiede nach außen und nivellierte sie nach innen. Um es mit einem Ausruf Hitlers zu sagen: ‚Innerhalb des deutschen Volkes höchste Volksgemeinschaft und Möglichkeit der Bildung für jedermann, nach außen aber absoluter Herrenstandpunkt'. Für diejenigen, die zu der als rassisch einheitlich definierten Großgruppe zählten – das waren 95 Prozent der Deutschen –, verringerten sich die Unterschiede im Binnenverhältnis. Für viele wurde das staatspolitisch gewollte Einebnen der Standesdifferenzen in der Staatsjugend fühlbar, im Reichsarbeitsdienst, in den Großorganisationen der Partei und langsam selbst in der Wehrmacht."[173]

Die Mehrheit der Deutschen gehörte gerade deshalb zu den willigen Vollstreckern der nationalsozialistischen Wahnideen, weil sie bis zum Ausbruch des Zweiten Weltkriegs von den Raubaktionen gegen die verfolgte, ausgestoßene und vertriebene jüdische Minderheit, dann von Hitlers europäischen Raubkriegen und schließlich besonders vom Holocaust profitierte. Das, was ab 1933 als „sozialistischer Aufbruch" verkündet wurde, kalkulierte im ganz wörtlichen Sinne

solche Verbrechen „im Namen des Volkes" ein, unterstützt von einer „erfindungsreichen" Bürokratie (vor
allem Finanzverwaltung), mit dem schon 1932 zum
Reichsfinanzminister berufenen und dann bis zum
Kriegsende 1945 unheilvoll-tätigen Reichsfinanzminister Ludwig Johann Schwerin von Krosigk und seinem
Staatssekretär Fritz Reinhardt an der Spitze. Die
jeweils für die besetzten Länder zuständigen Militärs
waren aktiv an der Ausbeutung der besiegten Staaten
beteiligt. Zu den Kriegsgewinnlern gehörten auch die
vielen Heimaturlauber, die jeweils – zumindest solange man siegreich war – die „Lieben daheim" mit Kost-
barem und Köstlichem versorgten. „Die Gepäcknetze
der Schnellzüge nach dem Reich sind jetzt ständig bis
zur Decke gefüllt mit schweren Koffern, unförmigen
Paketen und prallen Taschen', berichtete ein deutscher
Beamter. Man finde selbst im Gepäck von Offizieren
und hohen Beamten die ‚erstaunlichsten Handelswa-
ren – Pelze, Uhren, Medikamente, Schuhe – in geradezu unvorstellbarer Menge'."[174] Dazu kam eine
wesentliche Entlastung bei der Finanzierung der
Kriegskosten.

Götz Aly übersieht freilich, dass komplementär zu
den materiellen Begünstigungen – im Sinne einer
Doppelstrategie – die nationalsozialistischen Führer
das Volk ständig zu einer persönlichem Glück ent-
gegenstehenden, asketischen Opferbereitschaft auffor-
derten. „Kanonen statt Butter!" propagierte Hermann
Göring. Die apodiktische Maxime, dass der Einzelne
gegenüber dem Volksganzen kein individuell-persön-
liches Recht in Anspruch nehmen dürfe, sollte kriti-
sches Denken ausschalten und das ICH dem außen
gesteuerten WIR unterwerfen. Die „Gefälligkeitsdikta-

tur", die das Fortkommen des Einzelnen positiv beein-
flusste, und die Diktatur, die auf eine entpersönlichte
Masse zielte, waren jedoch nur die beiden Seiten der
gleichen Medaille, durch eine abgründige innere Logik
zusammengehalten. Zuerst wurde, vor 1933, das
„Stimmvieh" mit lügenhaften Versprechungen so lange gemästet, bis es seine eigenen Metzger wählte; die
dann gewährten materiellen Gratifikationen ließen
den ihrer Ich-Stärke Beraubten das Nationalzuchthaus
Deutschland so attraktiv erscheinen, dass sie ihre Einpferchung lustvoll bejubelten und sich dem „Führer"
und den Führern masochistisch wie rückgratlos über-
antworteten. Ein gewisser Wohlstand sollte die Fami-
lien zu gebärfreudigen Züchtungsanstalten machen;
denn angesichts der Welteroberungspläne war ein
immer neuer Nachschub an „Menschenmaterial" notwendig. „Der Nationalsozialismus hat uns zum
Bewußtsein gebracht, daß im Schoße des Weibes die
Zukunft des Volkes ruht, daß der Volkstod unser
unabwendbares Schicksal ist, wenn das Weib dem
Volke die Fruchtbarkeit seines Schoßes verweigert."[175]
Die von den großen Räubern und Raubmördern manipulierten kleinen Räuber und Raubmörder endeten zu
Millionen dort, wohin sie in ihrem Kadavergehorsam
geschickt wurden: auf den Schlachtfeldern. Hitlers
Volksstaat erwies sich als ein gigantischer Sarg, in den
die „Volksgenossen" und „Volksgenossinnen" mit
ihrem Volksvermögen erst triumphal singend, dann
verstört verstummend hineinstürzten.

Noch stärker als die materielle Überwindung von
„Versailles" und der wirtschaftlichen Misere von „Wei-
mar" fiel jedoch die seelische „Aufrüstung" ins
Gewicht. Adolf Hitler als oberster Volksgenosse, mein-

te der Tiefenpsychologe Carl Gustav Jung, der mit
dem Nationalsozialismus sympathisierte, sei der Lautsprecher, der das unhörbare Wispern der deutschen
Seele verstärke, bis es vom bewussten Ohr der Deutschen gehört werden könne. Als erster habe er den
Deutschen gesagt, was diese die ganze Zeit, besonders
seit der Niederlage im Ersten Weltkrieg, in ihrem Unter-
bewussten über das deutsche Schicksal gedacht und
gefühlt hätten: Der „Schandfrieden" von Versailles
müsse überwunden werden.[176]

Für den Historiker Ian Kershaw[177] verband Hitler,
dessen Charakter er als chaotisch, sentimental, grö-
ßenwahnsinnig und fanatisch schildert, mit den Massen nicht so sehr eine präzise politische Überzeugung,
als vielmehr ein Gefühl, besser ein Trauma: das Trauma der Erniedrigung, des Betrugs und der nationalen
Katastrophe, markiert durch die Niederlage von 1918,
die November-Revolution, den Versailler Frieden. Wer
diese Erniedrigung am stärksten ausdrückte, wer sie
am radikalsten zu bekämpfen versprach, habe die
Zustimmung der Massen erhalten.

Der Kriegsausbruch 1914 war von denjenigen, die
1933 im „besten Mannesalter" standen und im Dritten
Reich als „Volksgenossen"-Väter den Geist ihrer Kinder prägten, die dann 1939 in den Zweiten Weltkrieg
zogen, als Aufbruch empfunden worden. Mit vater-
ländischem Enthusiasmus hoffte man darauf, dass die
Endzeitstimmung einer saturierten, verbürgerlichten
Welt durch „nationale Morgenröte" abgelöst werde.
Das Kriegserlebnis nimmt dementsprechend im antidemokratischen Denken der Weimarer Republik[178]
eine zentrale Stellung ein.

Es gab zwar eine starke Strömung des Pazifismus,

die den Krieg als Geißel der Menschheit deutete; die überwiegende Mehrheit der Angehörigen der Kriegsgeneration neigte jedoch einer Auffassung zu, die den Kampf glorifizierte. Krieg bedeutete generell im Männlichkeitswahn des Nationalsozialismus Vollendung aller Tugenden. „Mögen Jahrtausende vergehen, so wird man nie von Heldentum reden und sagen dürfen, ohne des deutschen Heeres des Weltkrieges zu gedenken. Dann wird aus dem Schleier der Vergangenheit heraus die eiserne Front des grauen Stahlhelms sichtbar werden, nicht wankend und nicht weichend, ein Mahnmal der Unsterblichkeit. Solange aber Deutsche leben, werden sie bedenken, daß dies einst Söhne ihres Volkes waren" (Adolf Hitler).[179]

Wenn von der Sonderrolle der Frau als „Volksgenossin" die Rede ist[180], dann nicht deshalb, weil sie eine besonders aktive Rolle im politischen Leben gespielt hätte. Hier dominierten einseitig die Männer. Doch gelang es dem Nationalsozialismus, trotz der von ihm aus dem neunzehnten Jahrhundert übernommenen und weiter verstärkten autoritär-patriarchalischen Gesellschaftsauffassung, weibliche Sentiments zu aktivieren. Es ergab sich die paradoxe Situation, dass die Frauen gerade deshalb im Nationalsozialismus eine so große Rolle spielten, weil ihnen keine eigentliche Rolle zugedacht war. Der Mangel an Emanzipation wurde zur Tugend erklärt, die Einschränkung aufs weiblich Passive, Dienende, sich Aufopfernde durch mystifizierende Aufwertung des Mütterlichen kompensiert. Die Propaganda bewirkte, dass die meisten Frauen ihre Unterwerfung verinnerlichten und masochistisch genossen. Aus permanenter Unterdrückung heraus entwickelten sie eine hysteri-

„Arbeitsmaiden" beim Appell des Reichsarbeitsdienstes auf dem Reichsparteitag 1937

sche Erlösungssehnsucht, die in Hitler ihr Ziel fand.
Der „Führer" als der große Einsame, als die der alltäglichen Misere enthobene geheimnisvolle Lichtgestalt
band viele der unbefriedigten weiblichen Gefühle an
sich, die innerhalb des patriarchalischen Alltags missachtet blieben.

In einem Fragebogen, den man BDM-Führerinnen
vorlegte, hieß es: „Ist Gott oder Hitler größer, mächti-
ger und stärker?"[181] Die Reichsfrauenführerin Gertrud
Scholtz-Klink rhapsodierte (und das tat sie wohl jedes
Mal, wenn sie auf den „Führer" zu sprechen kam): „...
Daß, wenn wir doch nur bedächten, was Gott dem
Führer, was er jedem einzelnen von uns Tag für Tag
rein an körperlichen und seelischen Kräften schenkt,
wir sagen müßten, daß das allein schon ein unend-
licher Beweis der Liebe und des Segens Gottes sei, für
den wir froh und dankbar sein müßten."[182]

Arische Rasse

Versucht man das aus vielen, meist obstrusen Quellen zusammengelesene Sammelsurium von politischen und wirtschaftlichen, künstlerischen und religiösen Ressentiments der NS-Ideologie auf ihren Kern hin zu durchleuchten, so ergibt sich ein alles beherrschender Mythos: die Verherrlichung der nordisch-germanisch-arischen Rasse und der Hass auf alles Andersartige.

Der Begriff „Rasse" ist an sich problematisch, da die seit Jahrhunderten, teilweise sogar seit Jahrtausenden erfolgte Vermischung der Menschen biologische Unterscheidungsmerkmale immer mehr hat verwischen lassen (sieht man von einer ganz groben Einteilung ab; freilich unterschiedlich in den Weltteilen). Eine ernst zu nehmende Anthropologie kann somit nicht nur biologisch ausgerichtet sein, sie muss in Kulturräumen denken und psychologisch, soziologisch, ethnologisch, philologisch, mythologisch vorgehen, das heißt alle Äußerungen des menschlichen Geistes in Betracht ziehen. Die morphologische Rassenbetrachtung dagegen (und sie allein wurde später von den Nationalsozialisten gepflegt) nimmt – in Ermangelung einer fundierten Ausgangsposition – die Rassenaufstellung so vor, dass sie bestimmte Merkmale der Menschen herausgreift und dann dekretiert, dass diese typisch seien. Abgesehen von der Unwissenschaftlichkeit des Verfahrens wird so jeder Subjektivität und jedem Ressentiment Tür und Tor geöffnet. Die Rassengruppen „sind zwangsläufig willkürlich und variieren mit den einzelnen Untersuchungen".[183]

Besonders gefährlich wurde die Rassenlehre, als sie geistig-seelische Eigenschaften mit bestimmten biologischen Erscheinungsformen koppelte (etwa blond mit treu beziehungsweise nichtblond mit nichttreu). Gerade die „schreckliche Einfachheit", die jedem Wahne eignet, fand Anklang. Ausgehend von den durch Charles Darwin aus dem Tier- und Pflanzenreich entwickelten Begriffen „Kampf ums Dasein", „Auslese der Besten", „Überleben der Stärkeren" übertrugen die Anhänger des extremen wirtschaftlichen Liberalismus dessen Theorien auf die menschliche Gesellschaft, um dadurch ihre eigene inhumane Position, die auf Unterdrückung der wirtschaftlich Schwächeren hinauslief, rechtfertigen zu können. Beeinflusst von solchen sozialdarwinistischen Strömungen hatte der französische Graf Joseph Arthur von Gobineau 1855 eine Abhandlung *Über die Ungleichheit der menschlichen Rassen* verfasst, in der er die „Arier", und unter ihnen die reinste Form: die Germanen, als wertvollste und edelste Rasse bezeichnete und ihnen die „Semiten" als Antityp, als körperlich wie geistig degenerierte Rasse, entgegenstellte. Die arische Rasse sei in Zukunft zur alleinigen Herrschaft bestimmt.[184]

Doch schon der Ausdruck „arische Rasse" war ein Unsinn. Der Ausdruck ist die völlig unzulässige Übertragung eines philologischen Begriffs auf einen konstruierten biologischen Tatbestand. 1816 hatte Franz Bopp in seinem Werk *Über das Konjugationssystem der Sanskrit-Sprache in Vergleichung mit jenem der griechischen, lateinischen, persischen und germanischen Sprache* nachgewiesen, dass diese Sprachen in einem engen Verhältnis zueinander stünden und auf einen gemeinsamen Ursprung zurückzuführen seien. Dieser Ursprung wurde als „indogermanisch", später auch als „arisch" bezeichnet. Mit anderen Worten:

„arisch" ist nur brauchbar als Bezeichnung für eine Sprachfamilie, und zu dieser Sprachfamilie gehören als wesentliche Träger die Slawen, Perser, Griechen, Romanen, Kelten, Germanen. 1888 erklärte Friedrich Müller, der im Besonderen den Begriff „arisch" anstelle von „indogermanisch" verwendete: „Ich habe wieder und wieder erklärt, dass, wenn ich von Ariern spreche, ich weder an Blut noch Knochen, noch Haare, noch Schädel denke; ich meine einfach die, die eine arische Sprache sprechen. Für mich ist ein Völkerkundler, der von arischer Rasse, arischem Blut, arischen Augen und arischem Haar spricht, genauso ein Sünder wie ein Sprachwissenschaftler, der von einer brachycephalischen (= rundköpfigen) Grammatik redet."[185]

In *Mein Kampf* hatte Hitler seine Rassentheorie als Kern der neuen Weltanschauung zum ersten Mal mit primitiver Ausführlichkeit vorgestellt:[186] „Jedes Tier paart sich nur mit einem Genossen der gleichen Art. Meise geht zu Meise, Fink zu Fink, Storch zur Störchin, Feldmaus zu Feldmaus, Hausmaus zu Hausmaus, der Wolf zur Wölfin ... Die Folge dieses in der Natur allgemein gültigen Triebes zur Rassenreinheit ist nicht nur die scharfe Abgrenzung der einzelnen Rassen nach außen, sondern auch ihre gleichmäßige Wesensart in sich selber. Der Fuchs ist immer ein Fuchs, die Gans eine Gans, der Tiger ein Tiger usw. ... Es wird aber nie ein Fuchs zu finden sein, der seiner inneren Gesinnung nach etwa humane Anwandlungen Gänsen gegenüber haben könnte, wie es ebenso auch keine Katze gibt mit freundlicher Zuneigung zu Mäusen ... Es gibt nur ein heiligstes Menschenrecht, und dieses Recht ist zugleich die heiligste Verpflichtung, näm-

lich: zu sorgen, daß das Blut rein erhalten bleibt, um
durch die Bewahrung des besten Menschentums die
Möglichkeit einer edleren Entwicklung dieser Wesen
zu geben. Ein völkischer Staat wird damit in erster
Linie die Ehe aus dem Niveau einer dauernden Rassenschande herauszuheben haben, um ihr die Weihe
jener Institution zu geben, die berufen ist, Ebenbilder
des Herrn zu zeugen und nicht Mißgeburten zwischen
Mensch und Affe ... Alles, was wir heute auf dieser
Erde bewundern – Wissenschaft und Kunst, Technik
und Erfindungen – ist nur das schöpferische Produkt
weniger Völker und vielleicht ursprünglich einer Rasse. Von ihnen hängt auch der Bestand dieser ganzen
Kultur ab. Gehen sie zugrunde, so sinkt mit ihnen die
Schönheit dieser Erde ins Grab. ... Was wir heute an
menschlicher Kultur, an Ergebnissen von Kunst, Wissenschaft und Technik vor uns sehen, ist nahezu ausschließlich schöpferisches Produkt des Ariers. Gerade
diese Tatsache läßt den nicht unbegründeten Rück-
schluß zu, daß er allein der Begründer höheren Menschentums überhaupt war, mithin den Urtyp dessen
darstellt, was wir unter dem Wort ‚Mensch‘ verstehen.
... Solange er den Herrenstandpunkt rücksichtslos aufrechterhielt, blieb er nicht nur wirklich der Herr, sondern auch der Erhalter und Vermehrer der Kultur. ...
[Man muß] fühlen, daß in einer Welt, in der Planeten
um die Sonne kreisen, Monde um Planeten ziehen, in
der immer nur die Kraft Herrin der Schwäche ist und
sie zum gehorsamen Diener zwingt oder zerbricht, für
den Menschen nicht Sondergesetze gelten können. ...
Hier freilich kommt der echt judenhaft freche, aber
ebenso dumme Einwand des modernen Pazifisten: Der
Mensch überwindet eben die Natur! ... Mit der Zer-

trümmerung der Persönlichkeit und der Rasse fällt das wesentliche Hindernis für die Herrschaft des Minderwertigen – dieser aber ist der Jude ... Indem ich mich des Juden erwehre, kämpfe ich für das Werk des Herrn."

Der „Parteiphilosoph" Alfred Rosenberg stand Hitler nicht nach, wenn es darum ging, die arische Rasse als Heil der Welt zu propagieren; in ihrem Denken haben sie sich gegenseitig bestärkt. Der 1893 im Baltikum (Reval) geborene Rosenberg war 1919 in München fast gleichzeitig mit Hitler in die DAP (Deutsche Arbeiter-Partei) eingetreten. Er übernahm 1921, zunächst zusammen mit Dietrich Eckart, die Chefredaktion des Parteiblattes *Völkischer Beobachter.* 1923 war er am gescheiterten Hitler-Putsch beteiligt. Er war Mitgründer und Leiter des 1928 ins Leben gerufenen nationalsozialistischen „Kampfbundes für deutsche Kultur", der mit Vorträgen, Lesungen, öffentlichen Großveranstaltungen und einer Vereinszeitschrift gegen die in der Weimarer Republik etablierte kulturelle Moderne eine „arteigene" deutsche Kultur durchsetzen wollte. Hitler ernannte Rosenberg 1934 zum „Beauftragten des Führers für die Überwachung der gesamten geistigen und weltanschaulichen Schulung und Erziehung der NSDAP"; 1941 wurde er Reichsminister für die besetzten Ostgebiete; (im Nürnberger Prozess zum Tode verurteilt und 1946 hingerichtet).

Millionenfach verbreitet war Rosenbergs kirchenfeindliche Schrift mit dem eingängigen Titel *Der Mythus des 20. Jahrhunderts* (1930). Der gewählte Begriff „Mythos" (beziehungsweise „Mythus") konnte, wegen der im neunzehnten Jahrhundert aufgebauten ideologischen Relevanz und der damit verbundenen

Vagheit des Begriffs, die diffuse kleinbürgerliche Gefühlswelt mit ihren Kulturvorstellungen gut bedienen. Das Werk besteht aus drei Büchern: *Das Ringen der Werte, Das Wesen der germanischen Kunst* und *Das kommende Reich.* „Im ersten Buch", so fasst Manfred Frank zusammen, „wird die Behauptung illustriert, daß die gesamte abendländische Kultur von germanischen Stämmen ausgegangen sei; dann aber hätte die mit dem Christentum an die Macht gelangte römische ‚Priesterkaste' gemeinsam mit Jesuiten, Freimaurern und den ‚Verschwörern des internationalen Judentums' den Niedergang der germanischen Kultur gebracht. Nun aber stehen die Zeichen auf Umbruch, das Heft wendet sich, aus dem ‚Mythus des Blutes' dämmert das ‚kommende Reich', in dem es ein reinrassiges germanisches Imperium geben wird."[187]

Als zentraler, aber undefiniert bleibender Begriff fungiert „Gestalt"; der Untertitel des Buches lautet: *Eine Wertung der seelisch-geistigen Gestaltenkämpfe unserer Zeit.* Rosenberg habe, meinte Alfred Baeumler (ursprünglich Professor für Philosophie der Technischen Hochschule Dresden, ab 1933 Professor für Pädagogik in Berlin, schließlich ab 1942 Leiter des Amtes Wissenschaft in Rosenbergs Dienststelle), „ohne Reflexion, nur geleitet von seinem Instinkt", das Gestaltdenken „in das politische und geschichtliche Erkennen eingeführt". Das war positiv gemeint: Nicht Denken war nun den deutschen Professoren wichtig, sondern „germanischer Dynamismus". Baeumler erklärt: „Jeder Gestalt entspricht eine bestimmte seelische Haltung, die Gestalten ringen miteinander um ihre Selbstbehauptung und Geltung, ihr Kampf ist der Inhalt der Weltgeschichte. Germanischer Dynamismus kann sich das Leben nicht anders vorstellen denn als Streit der Kräfte untereinander. Diesen Streit nicht als einen bloß tierischen Kampf ums Dasein begriffen zu haben, sondern als einen Kampf von Gestalt gegen Gestalt, das heißt von Wert gegen Wert, ist die entscheidende denkerische Leistung Rosenbergs."[188] Im „Gestaltenkampf" siege die „Rassenseele", die durch „Blut" bestimmt sei und, von der Biologie in den Geist transzendierend, als „Kulturseele" in den verschiedenen Künsten sich manifestiere. Ihr Höchstwert ist die „Ehre", die derjenige erwirbt, der im „Gestaltenkampf" siegt. (Die Rosenberg-Metapher „Blut und Ehre" stand auf der Schneide des Dolches, den jeder Hitlerjunge trug.)

Einen besonderen Hass entwickelte Rosenberg gegen das Christentum, da es Elemente enthalte, die in der neuen, nationalsozialistischen Welt keine Berechtigung mehr hätten, und da es zudem jüdisch-freimaurerisch, das heißt durch Barmherzigkeit, Liebe, Mitleid und Humanität verdorben sei. „Nun drang durch das Christentum ein anderer seelischer Wert ein und beanspruchte die erste Stelle [anstelle der germanischen Ehre]: die Liebe, im Sinne von Demut, Barmherzigkeit, Unterwürfigkeit und Askese. Heute ist es jedem aufrichtigen Deutschen klar, daß mit dieser alle Geschöpfe der Welt gleichmäßig umfassenden Liebeslehre ein empfindlicher Schlag gegen die Seele des nordischen Europas geführt worden ist ... Hierher gehört das kirchlich-christliche Mitleid, das auch in der freimaurerischen Humanität in neuer Form aufgetaucht ist und zu der größten Verheerung unseres gesamten Lebens geführt hat. Aus dem Zwangsglaubenssatz der schrankenlosen Liebe und der Gleichheit alles Menschlichen vor Gott einerseits, der Lehre vom demokratischen rasselosen und von keinem national-verwurzelten Ehrgedanken getragenen ‚Menschen-recht' andererseits hat sich die europäische Gesell-schaft geradezu als Hüterin des Minderwertigen, Kranken, Verkrüppelten, Verbrecherischen und Ver-faulten ‚entwickelt'. Die ‚Liebe' plus ‚Humanität' ist zu einer alle Lebensgebote und Lebensformen eines Vol-kes und Staates zersetzenden Lehre geworden und hat sich dadurch gegen die sich heute rächende Natur empört."[189]

Die Selektion der Kunst

Der *Mythus des 20. Jahrhunderts* und andere Schrif-ten Rosenbergs konstituierten und konturierten die nationalsozialistische Kulturpolitik: Wertvolle („gear-tete") Kultur – tatsächlich eine solche, die dem klein-bürgerlichen Kunstempfinden entsprach – sei Aus-druck der „Rassenseele", bestimmt durch „echtes" (das heißt germanisches, „arisches") Blut. Wertlose („entar-tete") Kultur – eine solche, die dem kleinbürgerlichen Kunstempfinden nicht entsprach – müsse, da nicht durch reines Blut geschaffen, sondern „jüdisch ver-seucht", ausgemerzt werden.

„Gebären die Frauen einer Nation Neger- oder Judenbastarde; geht eine Schlammflut von Nigger-Begeisterung und Nigger-Kunst weiter so ungehindert über Europa hinweg wie heute; darf die jüdische Bor-delliteratur weiterhin noch ins Haus gelangen wie jetzt; wird der Syrier vom Kurfürstendamm noch wei-ter als Volksgenosse und ehemöglicher Mann betrach-tet, dann wird einmal der Zustand eintreten, daß

Deutschland und Europa in ihren geistigen Zentren
nur von Bastarden bevölkert sein werden. ... Der här-
teste Mann ist für die eiserne Zukunft gerade noch
hart genug. Wenn auf Rassen- und Volksverhöhnung,
wenn auf Rassenschande einmal Zuchthaus und
Todesstrafe stehen werden, dann erst wird es stählernen Nerven und schroffsten Formkräften gelingen,
den kommenden Typus zu schaffen.“[190]

Die Künstler aller Gattungen werden von Rosenberg in zwei Gruppen geschieden: die nordischen
nach rechts, die semitischen nach links. Rechts stehen
die Helden, die Schönen, die Muskulösen, die „Volk-
haften“: „Der Heros, der Held ist stets schön. Das aber
heißt: von bestimmter rassischer Art.“[191] Rechts stehen
daher die „blauäugigen, schlanken, kraftvollen aristo-
kratischen Hellenen“, nicht jedoch die Satyrn, Zentau-
ren und Jünger des Sokrates (denn diese sind auf
„zwanzig Schritt als semitisch und jüdisch zu deuten“).[192]

Mit und seit Sokrates sei das Schöne aus der
„arisch“-rassischen griechischen Kunst verschwunden; „Bastardgestalten treten auf, das Abstoßende, das
absolut Häßliche und Naturwidrige selbst wird schön.
... Bei der fortschreitenden Bastardisierung der Griechen tauchen denn auch ‚menschheitliche‘ Mischge-
stalten auf mit schwammigen Gliedern und konturlo-
sen Köpfen, das rassische Chaos der Zeit einer fortschreitenden Demokratisierung geht mit dem künstlerischen Hand in Hand.“[193]

Rechts stehen auch die hohen, schlanken Gestalten
der mittelalterlichen Kunst „mit blitzenden hellen
Augen, hoher Stirn, mit kraftvoller, aber nicht über-
mäßiger Muskulatur“.[194] Der „Bamberger Reiter“

Das Dritte Reich von Richard Klein: eine heroische Allegorie mit einem „reinrassig-arischen" Lichtbringer erscheint als ein den Nationalsozialismus vorwegnehmendes Sinnbild. Für den NS-Dichter Heinrich Anacker ist er in Hitler wiedergeboren. „Du Standbild, das der Nationalsozialismus durch seine Doktrin zum steinernen Testament der germanischen Rasse erhoben hat, Du ewiger Deutscher, in dem das unveränderliche Gesetz des Vaterlandes, das nur nationalsozialistisch sein kann, aus Künstlerhand erwuchs, hast einen Meister gefunden. Er trägt zwar nicht Deine Züge, aber noch mehr als Du verkörpert er die Stimme des inneren Vaterlandes, da er das erfüllte, worauf Du, Jahrhunderte auf Deinem Rosse sitzend, gewartet hast."[195] Rechts finden wir schließlich auch Peter Paul Rubens, da die „Struktur seiner Frauen durchaus von dem nordischen Rassetypus bestimmt ist"[196], auch wenn sie „etwas fleischlich sind"; ferner Raffael, dessen Gestalten „Verkörperungen der gleichen nordischen Rasseseele darstellen".[197]

Den „großen deutschen Meistern" steht Rosenberg insgesamt positiv gegenüber. Von Ludwig van Beethoven heißt es: „Wie ein Titan aus Urweltszeiten bändigt und entfesselt Beethoven noch heute die Menschenherzen; gerade heute mehr denn je. Heute gärt die ganze Welt und will keinen Klassizismus, kein harmonisch Formales, sondern Willenhaftes, Romantisches, Gotisches."[198]

Links stehen bei Rosenberg vor allem die Künstler der Moderne; denn nach der vorwiegend „nordischreinen" Kunst der Vergangenheit begann „die Weltstadt ihre rassenvernichtende Arbeit. Die Nachtkaffees der Asphaltmenschen wurden zu Ateliers, theoretische, bastardische Dialektik wurde zum Begleitgebet immer neuer Richtungen. Das Rassenchaos aus

Deutschland, Juden, naturentfremdete Straßenge-
schlechter gingen um.“[199] Rosenberg kanzelt dann ab:
noch vorsichtig bei Vincent van Gogh (mit dem lapi-
daren Resümee: „Und Vincent malte Apfelbäume,
Kohl und Straßensteine. Bis er verrückt wurde“[200]),
schärfer bei Paul Gauguin, wutentbrannt bei Pablo
Picasso, geifernd und schäumend bei Oskar Kokoschka, Marc Chagall, Max Pechstein: „Das Mestizentum
erhob den Anspruch, seine bastardischen Ausgeburten, erzeugt von geistiger Syphilis und malerischem
Infantilismus, als ‚Seelenausdruck‘ darstellen zu dürfen.“ Von Lovis Corinth meint der NS-Chefideologe,
dass dieser „Schlächtermeister des Pinsels zergangen
sei in dem lehmig-leichenfarbigen Bastardtum des
syrisch gewordenen Berlin“.[201]

Rosenberg forderte übrigens bereits 1933 die physische Liquidierung „entarteter“ Künstler: „Jeder Deutsche und in Deutschland lebende Nichtdeutsche, der
durch Wort, Schrift und Tat sich einer Beschimpfung
des deutschen Volkes schuldig macht, wird, je nach
der Schwere des Falles, mit Gefängnis, Zuchthaus oder
mit dem Tode bestraft.“[202]

NS-Propaganda

Der Schrumpfgermane als Demagoge

Mit Dr. Joseph Goebbels hatten Hitler und sein Regime einen Gefolgsmann gefunden, der mit obsessioneller Energie und sadistischer Unerbittlichkeit neben seiner das gesamte öffentliche Leben bestimmenden Propagandatätigkeit im Besonderen die Vernichtung künstlerischer Freiheit betrieb.[203] Den vor allem in der Weimarer Republik angeblich „entarteten" Künstlern setzte er den Wahn einer germanisch-„arischen", „gearteten" Kunst entgegen. Weil der stets rassistisch geifernde Demagoge selbst sehr klein, fast zwergenhaft gewachsen war, nannte ihn der Volkswitz „Schrumpfgermane".[204]

Goebbels wurde am 29. Oktober 1897 als Sohn eines streng katholischen Buchhalters in Rheydt geboren. Nach der Schule studierte er Philosophie und Germanistik in Bonn, Freiburg, Würzburg und an der Universität Heidelberg – unter anderem bei Friedrich Gundolf, einem als hervorragender Goethekenner ausgewiesenen jüdischen Literaturhistoriker, der ein begeisterter Anhänger von Stefan George war. Im

Ersten Weltkrieg befand man Goebbels wegen eines
verkrüppelten Fußes (vermutlich Folge einer im Kin-
desalter überstandenen Kinderlähmung) für nicht
militärdiensttauglich. „Er war sich seiner Körperbe-
hinderung schmerzlich bewußt und voller Furcht, für
einen bürgerlichen Intellektuellen gehalten zu werden.
Seit er 1924 der NSDAP beigetreten war, kompensier-
te er die Tatsache, daß er so ganz und gar nicht dem
gern gesehenen starken, gesunden, blonden, nordischen Idealtyp entsprach, durch besondere ideologische Linientreue und Radikalismus. Die antiintellek-
tuelle Haltung des ‚kleinen Doktors‘, seine Verachtung
für die Menschen im allgemeinen und für die Juden
im besonderen sowie schließlich sein hemmungsloser
Zynismus entsprangen wohl seinem Selbsthaß und seinem Minderwertigkeitskomplex, der ihn dazu trieb,
geradezu zwanghaft alles, was anderen heilig war, zu
zerschlagen und in seinen Zuhörern die gleichen Wut-,
Verzweiflungs- und Haßgefühle auszulösen, die ihn
selbst ständig peinigten."[205]

Bereits 1927 war Goebbels als „Marat des roten
Berlin" einer der gefürchtetsten Demagogen der
Nationalsozialisten. Mit seiner sonoren Stimme und
seinem rhetorischen Schwung appellierte er skrupellos
an die primitivsten Instinkte, wobei er seine Gegner
mit einer heimtückischen Mischung aus Bosheit, Ver-
leumdung und Unterstellung angriff. Er verstand es,
die Ängste der arbeitslosen Massen im Deutschland
der Weltwirtschaftskrise zu schüren. „Er wußte als eis-
kalter Rechner, welche Saiten der deutschen Volksseele er zum Klingen bringen mußte. Mit außerordentli-
chem propagandistischen Geschick machte er aus dem
Berliner Studenten und Zuhälter Horst Wessel einen

NS-Märtyrer und sorgte immer wieder für neue
Schlagworte, Mythen und Symbole – Kürzel, die
erheblich dazu beitrugen, daß sich die Doktrin des
Nationalsozialismus überall mit Windeseile verbreitete. ... Goebbels sah seine Hauptaufgabe darin, Hitler
der deutschen Öffentlichkeit als Retter zu verkaufen
und sich selbst als Hitlers getreuen Schildträger. Dafür
zog er sämtliche Register eines pseudoreligiösen Füh-
rerkultes, der Hitler als Befreier Deutschlands von
Juden, Profitmachern und Marxisten verherrlichte.
Als Reichstagsabgeordneter (ab 1928) zeigte er – nicht
weniger zynisch – in aller Offenheit seine Verachtung
für die Republik, als er erklärte, er betrete den Reichstag, um sich aus seinem Arsenal mit den Waffen der
Demokratie zu wappnen. Er und seine NS-Kampfge-
nossen würden Reichstagsabgeordnete, damit der
Geist von Weimar selbst helfe, ihn zu vernichten." Am
13. März 1933 wurde er zum Reichsminister für
Volksaufklärung und Propaganda ernannt. Damit hatte er sämtliche Kommunikationsmedien – Rundfunk,
Presse, Buchwesen, Film – unter Kontrolle. „Mit einer
raffinierten Mischung aus Propaganda, Bestechung
und Terror brachte er die Gleichschaltung des kulturellen Lebens zustande und säuberte die Kunst im
Namen des völkischen Ideals, unterwarf Redakteure
und Journalisten staatlicher Kontrolle und entfernte
alle Juden und politischen Gegner aus einflußreichen
Positionen."

Zusätzlich zu seinem Ministerium – neben einer
Propaganda-Abteilung war es in vier Fachbereiche
gegliedert (Rundfunk, Presse, Film, Theater) – schuf
sich Goebbels mit der Reichskulturkammer (Gesetz
vom 22. September 1933) ein weiteres wichtiges

Joseph Goebbels, seit dem 13. März 1933 Reichsminister für Volksaufklärung und Propaganda, bei einer öffentlichen, vom Rundfunk übertragenen
Rede in Zweibrücken im Saarland im Mai 1934

Hilfsmittel für seine Politik. Die Reichskulturkammer umfasste sieben Fachkammern für Presse, Rundfunk, Film, Theater, Schrifttum, Musik sowie bildende Künste. Um zwischen dem Ministerium und den Fachkammern eine einheitliche Kommando- und Kommunikationsstruktur zu schaffen, wurden dem Ministerium zwei weitere Fachabteilungen für Schrifttum sowie Musik und bildende Kunst angefügt, so dass dann jeder Fachkammer eine entsprechende Ministerialinstanz übergeordnet war. Jeder kulturell Tätige musste, um seinen Beruf ausüben zu können, der Reichskulturkammer (das heißt einer der sieben Unterkammern) angehören. Doch war dies nur bei politischer „Zuverlässigkeit" und „arischer" Abstammung möglich, was für viele einem Berufsverbot gleichkam. Zudem wachte die Reichskulturkammer als oberste Kontrollbehörde darüber, dass nur Erwünschtes von linientreuen Kulturschaffenden produziert und präsentiert wurde und dass „Abweichler" dementsprechend „ausgeschaltet" wurden.

Es gehört zu den deprimierenden Erfahrungen deutscher Kulturgeschichte, dass auch ohne Zwang und Bedrohung Künstler wie Künstlerinnen aller Bereiche bei der Vernichtung ihrer Schaffensgrundlagen (freier und offener Kreativität nämlich), mitgemacht haben. Die Gründe dafür waren ideologischer Fanatismus, häufiger jedoch das „wohltuende" Gefühl, in der Nähe der Macht zu sein und sich im Glanz der Mächtigen sonnen zu können. Man war begierig, an der NS-Patronage teilzuhaben, strebte nach Posten, Ehrungen, finanziellen Zuwendungen und anderen Privilegien. Das galt auch für diejenigen Künstler, die aus opportunistischen Gründen in die Partei eintraten.[206]

Eine gewisse Ambivalenz der Situation im NS-
Kunstreich ist zunächst festzuhalten: Auch im Dritten
Reich sind Kunstwerke entstanden – in den Nischen
der inneren Emigration etwa; zudem gab es Versuche
des verdeckten Widerstands. Freier Geist „überwinter-
te" jedenfalls, bis er wieder, nach 1945, aufblühen
konnte. Was jedoch die Nationalsozialisten programmatisch als *ihre* Kunst ausgaben (und darum
geht es hier), war eindeutig Unkunst: Werke ästheti-
sierender Gefolgsleute, die im „Wehrdienst des Geistes" standen.

Nach Peter Reichel war im Dritten Reich die Ästhetisierung als „Verschönerung des Lebens" und Erzeu-
gung einer Scheinwirklichkeit geradezu politisch notwendig. Visuell und symbolisch wurde dem Volk
zugestanden, was ihm real versagt blieb: die Lösung
der sozialen Frage und die ersehnte weltpolitische
Geltung Deutschlands. „Die Regisseure dieser Scheinwirklichkeit wollten die Massen eine von der empiri-
schen Wirklichkeit welt*anschaulich* abweichende
Sicht der Dinge glauben machen. Sie konnten das um
so leichter, weil sie selbst in einer Welt voller Mythen
und Fiktionen lebten. Und sie waren mit der Erzeu-
gung von schönem Schein wohl auch erfolgreich –
jedenfalls bis weit in die Kriegsjahre hinein –, weil sie
die verfügbaren technischen Mittel differenziert und
professionell zu nutzen verstanden. Insofern wird man
hier zumindest von einer instrumentellen Rationalität
sprechen müssen. Zudem hatten es die NS-Regisseure
mit einem Publikum zu tun, das – je nach Geschmack
und Bildung – lieber unterhalten oder erbaut als poli-
tisiert oder gar indoktriniert werden wollte. Es gab
sich dabei einer doppelten Selbsttäuschung hin. Es

täuschte sich nicht nur in seinem Glauben an die Autonomie der schönen Künste, sondern vor allem über das politische Programm Hitlers."[207]

Am Schaltbrett der menschlichen Seele

Die nationalsozialistische Weltanschauung mit ihrem „Urmythos" des Rassenhasses und Rassenstolzes wurde durch Propaganda, Erziehung und Instrumentalisierung der Künste dem Volk, das durch jahrzehntelange kulturelle Fehlentwicklung dem „Guten, Schönen und Wahren" längst entfremdet war, injiziert und oktroyiert. „Der Aufmarsch, den *wir* begonnen haben, ist ein Aufmarsch der Gesinnung. Diese Gesinnung hat nichts gemein mit dem gleichlautenden Begriff, den wir aus der Vergangenheit nur noch in verächtlicher Erinnerung haben. Es ist eine Gesinnung der Tat, die eine Umwertung der Werte eingeleitet hat, um ihre Neuwertung zu vollziehen."[208] Dergestalt suchte Goebbels als Minister für Volksaufklärung und Propaganda die Agitation der Nationalsozialisten zu idealisieren. In Wirklichkeit kam es der NS-Propagandamaschinerie nicht im Geringsten darauf an, durch „Werben für die Wahrheit" der Bewegung Anhänger zuzuführen. Man wollte vielmehr Massen mobilisieren und manipulieren, was die „Vermassung" des Volkes zur Voraussetzung hatte.[209] Der Mensch sollte nicht vernünftig denken und handeln, nicht überlegend und abwägend zu Urteilen gelangen, sondern vorgegebene Überzeugungen bewusst-los übernehmen und vertreten. Unter Ausschaltung von Persönlichkeit und Individualität galt es die Menschen als Reflexbündel vom Instinkt, Trieb und Rückenmark her zu steuern. Die

NS-Propaganda glaubte sich am Schaltbrett der menschlichen Seele; sie laborierte mit den Gefühlen des Volkes, setzte sie in Rage und schürte den Hass, da gerade Hassgefühle am besten geeignet sind, die Menschen in ein Kollektiv umzuformen. „Wenn wir die Partei intakt halten wollen, dann müssen wir jetzt wieder an die primitivsten Masseninstinkte appellieren", notierte Goebbels am 4. September 1932 in seinem Tagebuch.[210]

Gemäß Hitler hat die Masse kein Gefühl für Freiheit, für Toleranz und Menschlichkeit; sie bedarf der Terrorisierung und kann gar nicht brutal genug behandelt werden. Die wirkungsvollste Propaganda bestehe darin, dass man sich auf wenige Punkte beschränke und diese unentwegt einhämmere. Der Wille und die Kraft, auch die Hysterie des Propagandisten bestimmten den Elan der Masse. In *Mein Kampf* heißt es: „Gleich dem Weibe, dessen seelisches Empfinden weniger durch Gründe abstrakter Vernunft bestimmt wird als durch solche einer undefinierbaren, gefühlsmäßigen Sehnsucht nach ergänzender Kraft, und das sich deshalb lieber dem Starken beugt als den Schwächling beherrscht, liebt auch die Masse mehr den Herrscher als den Bittenden und fühlt sich im Inneren mehr befriedigt durch eine Lehre, die keine andere neben sich duldet, als durch die Genehmigung liberaler Freiheit; sie weiß mit ihr meist auch nur wenig anzufangen und fühlt sich sogar leicht verlassen. ... Die Aufnahmefähigkeit der großen Masse ist nur sehr beschränkt, das Verständnis klein, dafür jedoch die Vergeßlichkeit groß. Aus diesen Tatsachen heraus hat sich jede wirkungsvolle Propaganda auf nur sehr wenige Punkte zu beschränken und diese schlagwort-

artig so lange zu verwerten, bis auch bestimmt der
Letzte unter einem solchen Wort das Gewollte sich
vorzustellen vermag ... Sowie durch die eigene Propaganda erst einmal nur der Schimmer eines Rechtes
auch auf der anderen Seite zugegeben wird, ist der
Grund zum Zweifel an dem eigenen Rechte schon
gelegt. Die Masse ist nicht in der Lage, nun zu unterscheiden, wo das fremde Unrecht endet und das eigene beginnt ... Wer die breite Masse gewinnen will, muß
den Schlüssel kennen, der das Tor zu ihrem Herzen öffnet. Er heißt nicht Objektivität, also Schwäche, sondern Wille und Kraft ... Je bescheidener dann ihr wis-
senschaftlicher Ballast ist und je mehr sie ausschließlich auf das Fühlen der Masse Rücksicht nimmt, um so
durchschlagender der Erfolg. Dieser aber ist der beste
Beweis für die Richtigkeit oder Unrichtigkeit einer Propaganda und nicht die gelungene Befriedigung einiger
Gelehrter oder ästhetischer Jünglinge ... Jede Propaganda hat volkstümlich zu sein und ihr geistiges
Niveau einzustellen nach der Aufnahmefähigkeit des
Beschränktesten unter denen, an die sie sich zu richten
gedenkt. Damit wird ihre rein geistige Höhe um so tiefer zu stellen sein, je größer die zu erfassende Masse
der Menschen sein soll ...“ [211]

„Der Stürmer“

Die Wochenschrift *Der Stürmer*, die von dem fränki-
schen Gauleiter Julius Streicher herausgegeben wurde,
verdeutlichte, was die Nationalsozialisten unter
„Volkstümlichkeit“ verstanden; sie fand die besondere
Gunst der NS-Führung, aber auch vieler „Volksgenossen“. Das Blatt erschien seit 1923 viermal im Monat

Illustration aus dem antisemitischen Kinderbuch *Trau keinem Fuchs auf
grüner Heid und keinem Jud bei seinem Eid* (Stürmer-Verlag, 1936)

bei ziemlich gleich bleibendem Aufbau und stereotyp
sich wiederholenden Lügen. Im Großdruck werden den
Lesern immer wieder die gleichen Sätze eingehämmert
– Leitsprüche des Pamphlets überhaupt: „Ohne Lösung
der Judenfrage keine Erlösung der Menschheit", „Die
Juden sind unser Unglück". Der Leser wird überhäuft
mit Skandalgeschichten von vollzogener „Rassenschande", an denen er seine Phantasie und sein
„Schlafzimmerinteresse" weiden und zugleich seine
völkische Entrüstung dokumentieren kann. („... Er
glaubte, ihm seine Tochter ruhig anvertrauen zu können. Er wußte nicht, daß er das Kind in die Klauen
eines Schweinehundes gegeben hatte. Heute weiß er
es. Heute hat er seine Tochter wieder bei sich. Aber sie
ist nicht mehr das Kind, das mit unbefangenen, klaren
und reinen Augen in die Welt sieht. Der Jude Dr.
Schoeps hat ihren Leib geschändet und ihre Seele

ermordet.") Da werden Bilder jüdischer Menschen
abgedruckt mit Kommentaren wie: „Das ist die Jüdin
Fleischer. Zum erstenmal in ihrem Leben hat sie hier
einen Besen in der Hand. Sie mußte die Räume der
Gestapo reinigen. ... Haare und Zähne sind genauso
falsch wie ihre geheuchelte Gutmütigkeit und ihr
freundliches Lächeln. ... Die zwei fetten Töchter des
Juden Unger auf dem Ball des Jednota Tschechen ...
Dieser fette Judenbube ist der kleine Tibor Blau." Da
werden Personen angegriffen, die Juden irgendwie
geholfen hatten – und sei es auch nur dadurch, dass
sie noch in einem jüdischen Geschäft einkauften. Da
werden Leserbriefe veröffentlicht, in denen „ehrliche
Deutsche" ihre Entrüstung zum Ausdruck bringen,
dass es den Juden „immer noch zu gut ginge", dass
man sie doch dahin oder dorthin deportieren solle:
„Lieber Stürmer! Die nichtjüdische Menschheit wäre
dann von einem Parasiten befreit, der ihr jahrhundertelang nur das Blut abgezapft und nichts wie Unglück
über die Welt gebracht hat." Schließlich wird unver-
blümt Mord gepredigt: „Das nationalsozialistische
Deutschland ist steigend bemüht, die Juden unschädlich zu machen. Die Judenfrage ist noch nicht gelöst.
Sie ist auch dann noch nicht gelöst, wenn einmal der
letzte Jude Deutschland verlassen hat. Sie ist erst dann
gelöst, wenn das Weltjudentum vernichtet ist." – „Eine
Sau bleibt immer eine Sau. Und aus einem Juden kann
man keinen Nichtjuden machen." – „Die Juden und
die Wanzen sind einander sehr ähnlich. Sie gehören
beide zum Ungeziefer. Beide kommen immer zuerst
zwischen Lumpen und alten Kleidern vor. Sie sind aus
dem Osten zu uns gekommen und sind eine ekelhafte
Plage. Wo viele Wanzen sind, stinkt's fürchterlich. Bei

den Juden stinkt es auch. Frische Luft können Juden
und Wanzen nicht leiden. Dort wo es am schlampig-
sten zugeht, fühlen sie sich am wohlsten. Sie ernähren
sich vom Blutsaugen. Dabei spritzen sie den Menschen gleichzeitig ihr Gift ein. Juden und Wanzen
scheuen das Licht sehr und arbeiten immer im Fin-
stern. Wo sie gehaust haben, da hinterlassen sie nur
Schmutz und Kot. Wenn sie keine Menschen zum
Aussaugen haben, dann müssen sie sich selbst auf-
fressen. Denn sie gehören zu den Schmarotzern. Wenn
die Wanzen sich einmal wo festgesetzt haben, dann ist
bald alles von ihnen versaut. Sie verkriechen sich in
alle Winkel. Anfangs merkt man sie kaum, bis sie
dann so viele sind, daß man sich nicht mehr anders
helfen kann, als daß man sie ausbrennt. Wer über die
Wanzen nicht Herr wird, über den werden die Wanzen
Herr und fressen ihn auf. Bei den Juden ist es auch
so."[212]

Jeder Artikel, jedes Bild, jede Zeile dieses Blattes ist
ein erschütterndes Dokument der Niedertracht und
Entmenschlichung. Hitler war vom *Stürmer* begeistert;
es sei das einzige Blatt, das er gerne und von der
ersten bis zur letzten Zeile lese, sagte er zu seinem
Gesprächspartner Hermann Rauschning.[213]

Totale Propaganda

Bei der nationalsozialistischen Propaganda wurde jede
Möglichkeit der Einwirkung wahrgenommen; es gab
kein Gebiet des öffentlichen wie privaten Lebens, das
nicht agitatorisch durchsetzt war.[214] Vor allem große
Kundgebungen waren Anlass, die verschiedenen Pro-
pagandamittel wirkungsvoll (massensuggestiv) mit-

einander zu verbinden. Wenn der Mensch aus seiner
kleinen Arbeitsstätte oder aus dem großen Betrieb, in
dem er sich recht klein fühle, zum ersten Male in die
Massenversammlung hineintrete und nun Tausende
und Tausende von Menschen gleicher Gesinnung um
sich habe, so Hitler in *Mein Kampf*, „wenn er als
Suchender in die gewaltige Wirkung des suggestiven
Rausches und der Begeistcrung von drei- bis viertausend anderen mitgerissen wird, wenn der sichtbare
Erfolg und die Zustimmung von Tausenden ihm die
Richtigkeit der neuen Lehre bestätigen und zum
erstenmal den Zweifel an der Wahrheit seiner bisheri-
gen Überzeugungen erwecken – dann unterliegt er
selbst dem zauberhaften Einfluß dessen, was wir mit
dem Wort Massensuggestion bezeichnen. Das Wollen,
die Sehnsucht, aber auch die Kraft von Tausenden
akkumuliert sich in jedem einzelnen. Der Mann, der
zweifelnd und schwankend eine solche Versammlung
betritt, verläßt sie innerlich gefestigt: er ist zum Glied
einer Gemeinschaft geworden.“[215]

Besonders wichtig war die Geräuschkulisse von
Beifall und Jubel; die bestellten oder freiwilligen Cla-
queure, die den Großveranstaltungen hörbare und
damit evidente Resonanz gaben, förderten die Ausschaltung individueller Reaktionen.

Richtig angesetzte Marschrhythmen versetzten auf
rein motorische Weise die Menschen in einen triebhaft-
reflexartigen Zustand latenter Aggressionsbereitschaft.
Musikalische Dynamik verführte zum Mitmarschieren
in den Reihen der „Bewegung“; sie sollte die Menschen
über schwierige und schwere Situationen propagandistisch hinwegtäuschen – also zum Beispiel in Krisen-
und Kriegszeiten Sorge, Angst, Vorsicht übertönen.

Bei den optischen Mitteln der Kundgebungsästhetik spielten Scheinwerfer eine große Rolle; gleißendes und grelles Licht erwies sich als ausgezeichnetes Stimulans für die Erregung frenetischen Beifalls und wilder Hassausbrüche. Hitler hatte sich ein Rednerpult in fünffacher Ausführung anfertigen lassen, von dem aus er durch einen Signalknopf die Scheinwerfer in der Lichtstärke regulieren und die Kameraleute zur Aufnahme veranlassen konnte.

Flackernde und lodernde Flammen (aus riesigen Gefäßen gespeist) verliehen Veranstaltungen im Freien eine besondere Aura: Die Formationen erfasste der Hauch des Erhabenen. So wurde für den Zeitpunkt der Vereidigung der jeweils neu ernannten Politischen Leiter, die auf dem Königsplatz in München stattfand, von den NS-Regisseuren stets die Nacht gewählt. Während die Fahnen von den Scheinwerfern angestrahlt wurden, die Trommeln dröhnten, die Fanfaren schmetterten, die Kolonnen aufmarschierten, entzündete man riesige Flammen in den Pylonen der Ehrentempel und in den rundum verteilten Feuerpfannen. Den angetretenen Mannschaften sollte ihr Eidschwur „ins Herz gebrannt werden".

Vom Fackelzug anlässlich der Berufung Hitlers zum Reichskanzler (Hindenburg sah von seinem Fenster aus mit bewegter Anteilnahme auf die marschierenden Kolonnen) berichtet Goebbels in seinem Tagebuch (30. Januar 1933): „Und dann beginnt der Fackelzug. Endlos, endlos, von 7 Uhr abends bis 1 Uhr nachts marschieren unten an der Reichskanzlei die Menschen vorbei. SA-Männer, SS-Männer, Hitlerjugend, Zivilisten, Männer, Frauen, Väter, die ihre Kinder auf dem Arm tragen und zum Fenster des Führers

Bei den Reichsparteitagen in Nürnberg wurde der Massenaufmarsch der
Parteiorganisationen von einem „Lichtdom" aus 150 Flakscheinwerfern
überstrahlt.

emporheben. Es herrscht ein unbeschreiblicher Jubel.
Hunderttausende und Hunderttausende ziehen im
ewigen Gleichschritt unten an den Fenstern vorbei.
Das ist der Aufbruch der Nation! Deutschland ist
erwacht!"[216]

Einen „mitreißenden Anblick" sollten auch die
angetretenen und vorbeidefilierenden Kolonnen abgeben. Die in Achter- oder Zwölferreihen marschierenden Verbände wirkten „gigantisch" und lösten
dadurch Begeisterung aus. Anfangs schien dieses
ständige Marschieren eine merkwürdige Marotte des
Nationalsozialismus: Nachtmärsche, Tagmärsche,
Sternmärsche, Marschieren zu jeder Zeit und aus

jedem Grund. Doch war damit eine richtige massen-
psychologische Erkenntnis verwirklicht worden: Marschieren lenkt ab vom Denken und Überlegen, es tötet
die Individualität, es erweist sich als eine Art Zauber-
ritus, der die Mechanisierung und Uniformierung der
Menschen begünstigt. „Die deutsche Nation", meinte
ein NS-Funktionär, „ist eben drauf und dran, endlich
einmal ihren Lebensstil zu finden, einen Lebensstil,
der sich grundsätzlich von dem unterscheidet, was
man britischen Liberalismus nennt. Es ist der Stil einer
marschierenden Kolonne, ganz gleich wo und zu welchem Zweck diese marschierende Kolonne eingesetzt
sein mag."[217]

Geometrische Spielereien wurden als „unvergessli-
ches Erlebnis" in Erinnerung behalten. So zogen etwa
zur Feier des 1. Mai 1938 die angetretenen BDM-Mäd-
chen in Berlin zu Tausenden ihre braunen „Kletterwes-
ten" aus und ließen dadurch in riesigen, aus weißen
Blusen gebildeten Lettern das Wort „Großdeutschland"
entstehen. 1939 hieß das auf solche Weise gezeigte
Gelöbnis der Jugend an Hitler: „Wir gehören Dir."

Neben den Spruchbändern, die reichlich, aber eher
sekundär Verwendung fanden, war die Fahne ein zentraler Fetisch. Eine schier unerschöpfliche Vielfalt von
Fahnen kam in Frage – Sturmfahnen, Blutfahnen,
Standarten, Wimpel, Banner, Transparentfahnen und
so weiter, mit immer neuen Symbolen, Runen,
Bezeichnungen – im Mittelpunkt meist das Hakenkreuz. „Wird dies Zeichen entrollt, so ist es Gleichnis
für altneuen Mythos. Die es schauen, denken an
Volksehre, an Lebensraum, an nationale Freiheit und
soziale Gerechtigkeit, an Rassenreinheit und lebens-
erneuernde Fruchtbarkeit."[218]

Schon 1933 marschierten in Nürnberg auf der Zeppelinwiese am 2. September mit den hundertfünfzigtausend Amtswaltern nicht weniger als zehntausend Fahnenträger auf und hüllten die Tribüne, über die ein silbern glänzender Hoheitsadler fünfundzwanzig Meter weite Schwingen breitete, in „flammendes Rot". Diese psychologisch aufreizende Farbe der NS-Fahnen wurde mystisch verehrt, in pseudoreligiösen Riten geradezu angebetet: Rot sei die Fahne, rot das Blut der Blutzeugen. „Das Blut, das sie vergossen haben, ist Taufwasser geworden für das Reich", sagte Hitler vor „alten Kämpfern" im Bürgerbräukeller 1934.[219] In *Mein Kampf* hatte Hitler seine eigene Farbenlehre entwickelt: „Als nationale Sozialisten sehen wir in unserer Flagge unser Programm. Im Rot sehen wir den sozialen Gedanken der Bewegung, im Weiß den nationalistischen, im Hakenkreuz die Mission des Kampfes für den Sieg des arischen Menschen und zugleich mit ihm auch den Sieg des Gedankens der schaffenden Arbeit, die selbst ewig antisemitisch war und antisemitisch sein wird."[220]

Die Feier sollte in erster Linie Fahnenfeier sein, Gottesdienst vor dem „heiligen Tuch der Bewegung". Ein Josef Bauer gibt zum Beispiel in der NS-Broschüre *Feiern des Jahres* folgende Richtlinien aus: „Wenn der Weg nicht weit ist, soll der Anmarsch zum Fahnenmast Schweigemarsch sein, Sammlung ... Feier unter der Fahne kennt keine besondere Dekoration. Der Tag und die Nacht, Sonnenlicht und Wolkenschleier, Sturm und Stille, sommerliche Fülle und verschneite Flur sind ja doch nicht zu überbieten und geben Stimmung genug. ... Zur Führerfeier im Innenraum gehören Bild oder Büste Adolf Hitlers, ein paar

Blumen fehlen wohl nirgendwo. Und die Fahne muß dasein, das Symbol, in dem wir uns alle finden. Ein Wimpel mitten in einer Kinderschar bindet diese schon zusammen und kann gelegentlich genügen."[221]

Die Nürnberger Reichsparteitage

Die Regie des öffentlichen Lebens im Dritten Reich hatte – vor allem durch die methodische Arbeit von Goebbels – eine erstaunliche Perfektion erreicht; die Propagandamaschinerie lief dann auch bis in die letzten Tage des Nationalsozialismus hinein auf Hochtouren und ohne größere Pannen. Die Planung der großen effektvollen Ereignisse (etwa des „Tages von Potsdam", der Olympischen Spiele, der Reichstagssitzungen) wurde bis ins letzte Detail vorgenommen.

Der „braune Kult"[222] mit seiner Führer- und Vaterlandsverehrung, seinem Blut- und Rasse-Mystizismus, seinem Fahnen- und Farben-Fetischismus, also der für kleinbürgerliches Bewusstsein faszinierende Schein des Dritten Reiches, fand in den Nürnberger Reichsparteitagen als synästhetisches „Gesamtkunstwerk" ihren gigantomanisch gestalteten Höhepunkt. Zwar fanden die Selbstinszenierungen des Dritten Reiches häufig und vielerorts statt, aber hier bekamen sie ihre bevorzugte Bühne. „Sie wurde zugleich für den Personenkult um Hitler genutzt. Er war dort der einzige Hauptdarsteller. Und so wie er zur Darstellung seines Mythos die dort versammelten Hunderttausende als chorische Resonanz und als Statistenkulisse benötigte, so benötigten jene ihn als Souffleur, als Regisseur und Hohepriester, um sich als ‚Volksgemeinschaft' aufführen zu können."[223]

Alle technischen, akustischen, optischen und rituellen Mittel kamen zum Einsatz. Das beeindruckte übrigens auch ausländische Besucher; nur wer die dort herrschende Atmosphäre erlebt habe, so der britische Botschafter Sir Neville Henderson im Rückblick auf die dreißiger Jahre, könne sich rühmen, „die Nazibewegung in Deutschland völlig kennengelernt zu haben".[224]

Die Parteitage 1933 und 1934 hielt Leni Riefenstahl (Schauspielerin, Tänzerin, dann Regisseurin), eine der wenigen Frauen, die im NS-Männerstaat beruflich Karriere machten, in den Dokumentarfilmen *Sieg des Glaubens* und *Triumph des Willens* fest. Aufgrund der von ihr angewandten Aufnahme-, Schnitt- und Montagetechnik erwies sich das von den Nationalsozialisten als höchst bedeutsam eingestufte neue Medium als ungemein wirkungskräftig. Nach Ansicht von Hilmar Hoffmann, dem umfangreiche Untersuchungen der Propaganda im NS-Film zu danken sind, schuf Riefenstahl „auf Anhieb eine neue Kategorie der Ästhetik: die fürderhin gültige Ästhetik des faschistischen Films. An den von ihr gesetzten Maßstäben sollte sich künftig alle Kunst orientieren können; die ästhetischen Strukturprinzipien repräsentieren das straffe Ordnungsprinzip der Partei und den rigiden NS-Gesinnungskanon im Dokumentarfilm. Dessen Legitimationsmuster lautet: Nur was der Partei nützt, darf der Film thematisieren. Wie das Ordnungsprinzip mit totalitärer Energie zu erfüllen war, dafür hat Leni Riefenstahl mit ihren Parteitagsfilmen eine ästhetische Folie für alle Filmleute geliefert. Der von ihr ausgehende allgemeine Stilwandel im NS-Dokumentarfilm ist ihre schöpferische Leistung; sie hat exemplarisch

Leitmotiv Hakenkreuzfahne: Der „Führer" während des Standarteneinmarsches beim Reichsparteitag in Nürnberg, aus dem Film *Triumph des Willens* von Leni Riefenstahl (1934)

vorgeführt, wie die individuelle ‚physiologische Identität hinter einer technisch aufgewerteten Anziehungskraft verschwindet', wie der einzelne als Element der Masse verdinglicht wird und darin als anonymer Teil des höheren Ganzen aufgeht. ‚Das Individuum ist abgestreift und geht in die Glaubensgemeinschaft auf', die in Riefenstahls Filmen ständig in Bewegung gehalten wird. Die Vergötzung der puren Bewegung hat NS-Begriffe in Figurationen und diese in Dynamik zu verwandeln. Die Riefenstahlsche Ästhetik leugnet dabei ausdrücklich jeden sozialen Bezug."[225]

Wie bei den Nationalsozialisten generell, ist Riefenstahls Leitmotiv die Hakenkreuzfahne – optisches Komprimat der nationalsozialistischen Weltanschauung, ikonenhaftes, mit hohem ideologischem Wert

aufgeladenes Zeichen, das völkische Transzendenz
signalisiert. „Ja, die Fahne ist mehr als der Tod", hieß
es in einem Marschlied der Hitlerjugend.

Die Gesamtplanung des Nürnberger Reichspartei-
tagsgeländes lag ab 1934 in Händen des Architekten
Albert Speer; ihm war Hitler, der sich selbst als bedeu-
tender Künstler und Baumeister empfand, freund-
schaftlich verbunden. Auf einem axial geteilten
Gelände war eine funktional differenzierte Bebauung
vorgesehen, die das nationalsozialistische Volk-und-
Führer-Prinzip als Grundidee spiegeln sollte. „Das
Gelände erstreckte sich von der bis 1937 fertiggestell-
ten Luitpoldarena, die für Totenehrungen und Fah-
nenweihen von SA und SS genutzt wurde, bis zum
Märzfeld, der unvollendet gebliebenen martialischen
Spielwiese der Wehrmacht, 1000 Meter breit und 600
Meter lang, umrahmt von Tortürmen und Tribünen für
160 000 Zuschauer. Weitgehend Torso blieb auch die
Neue Kongreßhalle, obwohl an diesem Lieblingspro-
jekt Hitlers – trotz des bei Kriegsbeginn verfügten
Baustopps – noch bis in den Winter 1942/43 weiter
gebaut wurde. Am römischen Kolosseum orientiert,
sollte dieses 200 Meter breite, 300 Meter lange, 50
Meter hohe, hufeisenförmig-vierstöckige Gebäude der
kultische Mittelpunkt des Parteitages werden. Mit
einem Fassungsvermögen von rund 50 000 Menschen
wäre es nahezu dreimal so groß gewesen wie die alte
Kongreßhalle. Aber bereits dieses Bauwerk, das in den
dreißiger Jahren für alle Saalveranstaltungen genutzt
wurde, hatte Superlative aufzuweisen. So war es mit
der gerade erst erfundenen Neonbeleuchtung bestückt
und verfügte über eine der größten elektrischen
Orgeln, die je gebaut wurde."[226]

Die sechzehn Quadratkilometer große Fläche, die mit ihren Aufmarsch-Arenen und Tribünen rund einer Million Menschen Platz bot, war das Zentrum der jeweils sieben herbstlichen Festtage, die durch den Einzug des „Führers" in die Stadt eingeleitet wurden – bei Glockengeläut und Fanfarenklängen, umjubelt von Fähnchen schwingenden Menschen, die zu Hunderttausenden aus nah und fern zusammengekommen waren. Der abendlichen Aufführung von Richard Wagners *Die Meistersinger*[227] folgte eine Kette von Aufmärschen, Militärparaden, Fahnenappellen, Treuegelöbnissen, Vereidigungen und Totenehrungen. Flakscheinwerfer überwölbten am Abend das Gelände mit einem Lichtdom. Inmitten pseudosakraler Beweihräucherung hielt Hitler „wegweisende" Reden – bald im Tremolo der Erhabenheit, bald im Stakkato des Zynismus, bald im Diskant der Tobsucht, bald im Decrescendo der Ehrfurcht (vor den kulturellen Gütern der Nation). Jährlich erfuhren die verzückten Massen eine Epiphanie des Spießers aus Österreich, der ausgezogen war, die Deutschen vor ihrem Untergang zu retten.

Eine Parteigenossin berichtet: „Je bedrückender meine familiäre Lage wurde, umso aufnahmefähiger wurde ich für den Nationalsozialismus. So kam dann der Herbst des Jahres und mit ihm der Reichsparteitag in Nürnberg. All mein Hoffen, Wünschen und Sehnen ging nach dieser Stadt, denn dort kam der Führer hin, der Mann, den uns Gott gesandt, um unser armes gequältes Vaterland zu retten, zu retten aus Schmach und Schande, aus Not und Verzweiflung, von den äußeren Feinden und von dem furchtbaren Verfall im Innern, der Führer, dessen herrliche Worte und Reden ich gelesen hatte! Diesen unseren Führer zu sehen und zu hören war der Traum meiner Tage und Nächte; und dieser Traum wurde trotz aller Hindernisse, die sich mir in den Weg stellten, Wirklichkeit. So fuhr ich denn als einzige Nationalsozialistin mit noch einigen S.A.-Männern und einer Parteifreundin aus Dillenburg am 1. September nach Nürnberg. ... Das Schlußwort des Führers war so ergreifend und zu Herzen gehend, daß – ich schäme mich nicht, es zu sagen – mir heiße Tränen über die Wangen rannen."[228]

Geistige Mobilmachung durch den Rundfunk

Innerhalb der Medien war der Rundfunk das wohl vorrangigste Mittel für Massenindoktrination und Massenlenkung, wobei Hitler zunächst seine Bedeutung nicht erkannte.[229] Aber die ideologischen Lautsprecher fanden im Lautsprecher den ihnen gemäßen Verstärker. Den Rundfunk der Weimarer Republik hatten die Nationalsozialisten als „Systemrundfunk" abgelehnt. Zugleich unternahm die Münchner Reichspropagandaleitung der NSDAP unterschiedliche Versuche, Einfluss auf den Rundfunk zu gewinnen. So drängte die Partei in bereits bestehende Rundfunkverbände, trat mit eigenen Vereinsgründungen hervor und rief verschiedene kulturelle Organisationen ins Leben, die jede für sich eine rundfunkpolitische Usurpation planten.

Den Nationalsozialisten kam zugute, dass in der letzten Phase der Weimarer Republik der Rundfunk immer häufiger zur Propagierung der Reichspolitik genutzt worden war. So erhielten Verordnungen nach Artikel 48 der Verfassung dadurch Gesetzeskraft, dass

Der ideologische Laut-Sprecher Hitler fand im Lautsprecher den ihm gemäßen Verstärker. Propagandablatt für die Reichstagswahl 1936

sie im Rundfunk verkündet wurden. Und in der regel-
mäßigen Sendung „Stunde der Reichsregierung" wurden, bei Bedarf auch täglich, Reden von Politikern wie
Verlautbarungen zur Regierungspolitik über alle deutschen Sender verbreitet.

Unter der Regierung des Zentrum-Politikers Franz
von Papen – er trat wenig später aus seiner Partei aus
– wurde in der Rundfunkreform vom Juni 1932 die
Zugriffsmöglichkeit der zentralen Exekutive verstärkt;
sie sah ferner eine Übernahme der privaten Geschäfts-
anteile an den regionalen Sendern durch die Reichsregierung vor. Einheitliche Programmrichtlinien sollten
eingeführt werden, allerdings sollte Parteipropaganda
im Rundfunk auch weiterhin verboten bleiben. Auf
politischen Druck hin wurde diese am 7. Juni 1932
vom Reichskabinett für alle Parteien, mit Ausnahme
der Kommunisten, in Hinblick auf die bevorstehende
Reichstagswahl dann doch zugelassen.

Insgesamt hatte sich am Vorabend des Dritten Reiches eine Situation ergeben, die es den Nationalsozialisten ermöglichte, sich unmittelbar nach der Machtübernahme verhältnismäßig leicht eines Mediums zu
bemächtigen, das ihnen bis dahin weitgehend verschlossen geblieben war; davon machten sie erstmals
und mit großem Aufwand im Vorfeld der Reichstags-
wahlen vom 5. März 1933 Gebrauch.

Am 16. März 1933 wurde durch den zuständigen
Reichsinnenminister Wilhelm Frick die politische und
administrative Zuständigkeit für den Rundfunk vom
Reichsrundfunkkommissar auf Joseph Goebbels als
Minister für Volksaufklärung und Propaganda übertragen; am 22. März durch den Reichspostminister
auch die wirtschaftliche Zuständigkeit. Die bis dahin

verantwortlichen Reichsrundfunkkommissare der beiden Ministerien wurden entmachtet (wenn auch für
eine Übergangszeit weiter beschäftigt); Goebbels hatte dadurch faktisch die Reichskompetenz für den
Rundfunk in seiner Hand.

Einen Tag nach Erlass des Ermächtigungsgesetzes
am 25. März 1933 schien für ihn der richtige Zeitpunkt gekommen zu sein, die neue Rundfunkpolitik
programmatisch zu erläutern. Er lud die Intendanten
der Sender zu einer Konferenz nach Berlin ins Haus
des Rundfunks ein und erklärte ihnen, was ihre künf-
tige Aufgabe sei: „Die geistige Mobilmachung ... ist
eine der Hauptaufgaben des Rundfunks. ... Ich halte
den Rundfunk für das allermodernste und für das
allerwichtigste Massenbeeinflussungsinstrument, das
es überhaupt gibt."[230]

Die Nationalsozialisten ließen keinen Zweifel daran, dass der Rundfunk ihnen gehöre, „und niemandem
sonst"; sie würden ihn in den Dienst ihrer Idee stellen,
und keine andere Idee solle daneben zu Wort kommen: „Damit ist der Rundfunk wirklicher Diener am
Volk. Ein Mittel zum Zweck ... Die Sender haben sich
dem großen programmatischen Kurs der Regierung
einzuordnen."[231] Die Methoden des Rundfunks, die bis
zum 30. Januar 1933 gegolten hätten, seien nun ohne
jede Zukunft. Weltanschaulich begründete Goebbels
dies damit, dass die Zeit des Individualismus beendet
und nun das völkische Zeitalter angebrochen sei. Es
werde Schluss gemacht mit den „Orgien des Liberalismus" und mit einer Kunst, die keine verantwortliche
Bindung mehr gekannt habe. Der Rundfunk wie die
Presse, das Kino wie das Theater seien eine „Tenne für
die geistigen Ausschwitzungen eines vollkommen

wurzellos gewordenen Asphalt-Nomadentums" gewesen, das seine geistigen Produkte dem Volk aufge-
zwungen habe. „In dieser Geistigkeit des Asphalts nun
tobte sich der Pöbelinstinkt aus, der Pöbelinstinkt
allerminderwertigster Sorte. Alle großen Ideale, die es
in Deutschland gab, wurden in den Kot getreten, ver-
zerrt, wurden mit Schmutz beworfen, wurden dem
Volke schlechtgemacht. So wurden dem Volke seine
Ideale genommen, es sollte nicht mehr an Großes,
nicht mehr an Kühnes, nicht mehr an Heroisches,
nicht mehr an Gewaltiges glauben." Demgegenüber
gebe es nun die geistige Mobilmachung des neuen
deutschen Geistes, wie sie vom Rundfunk betrieben
werde; dieser werde auf die Dauer sogar die Zeitung
verdrängen. Ohne langweilig zu sein, müsse er eine
nationalsozialistische Kunst und Kultur ans Licht der
Welt bringen, durchtränkt von Propaganda, die so
klug und so virtuos kaschiert sei, dass ihr Adressat es
gar nicht merke. Die geistige Mobilmachung sei eine
der Hauptaufgaben des Rundfunks.

Goebbels endete mit einem Aufruf zur Solidarität,
die man auch als Drohung auffassen konnte: „Ich
glaube, meine Herren, damit ist Klarheit geschaffen.
Das, was wir im Prinzip wollen, das wissen Sie nun.
Und nun müssen Sie an die Arbeit gehen. Ich lege
Ihnen eine große Verantwortung in Ihre Hand, denn
Sie halten in dieser Hand das modernste Massenbeeinflussungsinstrument, was es überhaupt gibt. Mit
diesem Instrument machen Sie öffentliche Meinung.
Machen Sie das gut, dann werden wir das Volk
gewinnen, und machen Sie das schlecht, dann wird
das Volk am Ende von uns wieder weglaufen. *Sie* tragen dafür die Verantwortung; *ich* selbstverständlich

für Sie mit, aber jeder einzelne von Ihnen mir gegenüber." Die programmatische Rede nahmen die Rundfunkvertreter ohne Begeisterung entgegen; der Beifall war kurz, konventionell; dies machte deutlich, dass der Geist von Weimar, der für ein freiheitliches Kulturleben stand, noch nicht völlig abgestorben war.

In einem Jahr, so hatte es Goebbels bei der Konferenz angekündigt, werde man den Rundfunk in Deutschland nicht wieder erkennen können. Und in der Tat war die Säuberung des „Systemrundfunks" von Weimar durch die neuen Machthaber radikal, wobei man sich juristisch auf das am 7. April 1933 erlassene „Gesetz zur Wiederherstellung des Berufsbeamtentums" stützte, das auf Goebbels' Anordnung auch auf die Rundfunkmitarbeiter angewandt wurde. Mit seinem „Arierparagraphen" sowie weiteren Bestimmungen ermöglichte es die Entlassung oder Rückstufung unerwünschter Beamter und ihre Ersetzung durch linientreue Personen. „Hitler ist Reichskanzler, im Funk müssen wir fast alle mit unserer Entlassung rechnen, obwohl es schon der reaktionäre Rundfunk war", schrieb der Schriftsteller Jochen Klepper bereits am 31. Januar 1933 in sein Tagebuch.[232] Bei der Amtseinführung des Reichssendeleiters Eugen Hadamovsky am 13. Juli 1933 (er war nun in der dreiköpfigen Führungsspitze der RRG, der Dachorganisation „Reichs-Rundfunk-Gesellschaft", für Programmfragen zuständig) erklärte Goebbels, dass er selbst kein Mittel unversucht gelassen habe, um die personelle Reform des Rundfunks an der Spitze erfolgreich durchzuführen. „Ich habe mich letzten Endes entschlossen, und diesen Entschluß schon immer gehabt, die Schlüsselstellungen beim Rundfunk mit hundertprozentigen Nationalsozialisten zu besetzen, Nationalsozialisten, die mit mir lange gekämpft haben, von denen ich weiß, dass sie in der Wolle gefärbt sind, die sich zu uns bekannten in einer Zeit, in der uns die Rundfunkhäuser noch verschlossen waren."[233] Und Hadamovsky stellte am 12. August 1933 fest: „Nun ist im Rundfunk der größte Dreck ausgeräumt!"[234]

Presse als Vollzugsorgan

In seiner Ansprache an die Rundfunkintendanten vom 25. März 1933 hatte Goebbels sich auch zur zukünftigen Aufgabe der Presse geäußert; ihre Idee und damit Existenzberechtigung beruhe „nur darin, daß sie als Mittel zur Volkserziehung Führungsmittel" werde im Dienst des Staates und der Nation – „Kampfmittel und Kampftruppe bei dem Ringen um die Seele des einzelnen Volksgenossen".

Durch das Schriftleitergesetz vom 4. Oktober 1933 wurde die Presse dann de jure „gleichgeschaltet". In Paragraph 5 hieß es:

„Schriftleiter kann nur sein, wer:
1. die deutsche Reichsangehörigkeit besitzt,
2. die bürgerlichen Ehrenrechte und die Fähigkeit zur Bekleidung öffentlicher Ämter nicht verloren hat,
3. arischer Abstammung ist und nicht mit einer Person von nichtarischer Abstammung verheiratet ist,
4. das 21. Lebensjahr vollendet hat,
5. geschäftsfähig ist,
6. fachmännisch ausgebildet ist,
7. die Eigenschaften hat, die die Aufgabe der geistigen Einwirkung auf die Öffentlichkeit erfordert."[235]

Bei der Verkündung des Gesetzes wandte sich Goebbels in einer Rede gegen „den Begriff der absoluten Pressefreiheit", da dieser liberalen Ursprungs sei. „Er geht nicht vom Volk in seiner Gesamtheit, sondern er geht vom Individuum aus. Und in seiner Überspitzung haben wir mehr und mehr die Tatsache feststellen müssen, daß die Freiheit der Meinungen, je mehr sie dem Einzelindividuum überantwortet wurde, um so mehr im Hinblick auf das Gesamtinteresse eines ganzen Volkes zu Schaden kam."[236]

Die Sprachregelungen, die von da an regelmäßig auf den Pressekonferenzen ausgegeben wurden, bestimmten die Nachrichten- und Kommentargebung bis ins kleinste Detail hinein. An die Stelle einer gewissenhaften Information, Kritik und Meinungsäußerung trat die durch die Führung vorherbestimmte, oft auch schon vorformulierte Weisung. Die Publizistik war zum Vollzugsorgan der NS-Propaganda geworden, zum Teil der Propagandamaschinerie.[237]

Wie beim Rundfunk waren schon in der Weimarer Republik günstige Voraussetzungen für den Zugriff des Staates auf die Publizistik geschaffen worden. „Die Weimarer Verfassung kannte den Begriff ‚Pressefreiheit' nicht. Im zuständigen Artikel 118 erhielt jeder Deutsche ‚das Recht, innerhalb der Schranken der allgemeinen Gesetze seine Meinung durch Wort, Schrift, Druck, Bild oder in sonstiger Weise frei zu äußern'. Die Verfassungsmacher behandelten die Pressefreiheit als eine Spielart der Meinungsfreiheit. Sie unterstellten die Pressefreiheit als Ganzes einem ‚Reichspressegesetz', also einem jederzeit in parlamentarischer Prozedur und durch Verordnungen abänderbaren Gesetz. Darunter hatte die Weimarer Presse ebenso zu leiden wie unter der Einschränkung der Meinungsfreiheit auf die ‚Schranken der allgemeinen Gesetze', die den Polizeieingriff in Veröffentlichungen unter dem Vorbehalt ‚in den Schranken der allgemeinen Gesetze' ermöglichte.“[238]

Dazu kam, dass der Industrielle Alfred Hugenberg (1909 bis 1918 Vorstandsmitglied bei Krupp) als rechtsextremer Agitator, der über reichhaltige Gelder verfügte, sich im Pressewesen engagiert hatte und durch die Aufkäufe unter anderem von Provinzblättern und Nachrichtenagenturen, zum Beispiel der TU (Telegraphen-Union), der zweitgrößten deutschen Nachrichtenagentur, zum größten Meinungsmacher aufgestiegen war, was ihm bei Demokraten die Bezeichnung „Totengräber der Republik" einbrachte. Hugenberg, der 1933 ins erste Kabinett Hitler aufgenommen, aber bald daraus verdrängt wurde, musste große Teile seines Konzerns verkaufen – auf Druck der Nationalsozialisten, die damit ein wichtiges propagandistisches Instrument in die Hand bekamen, darunter 1937 auch die von Hugenberg kontrollierte Ufa (Universum-Film-AG), ein Kartell, in dem sich die wichtigsten Filmproduzenten zusammengeschlossen hatten.

Während das Hitler-Regime somit einerseits bei der „Gleichschaltung" der Presse mit einem ihm bereits gefügigen oder in seinem Sinne agierenden und agitierenden Block von Zeitungen und Zeitschriften rechnen konnte, war andererseits die aus rund viertausend Publikationen mit höchst unterschiedlicher Auflagenstärke bestehende Presselandschaft doch so reich gegliedert, dass ihre weltanschauliche Nivellierung nicht ohne weiteres gelang. Mithilfe rigoroser Unter-

drückungsmaßnahmen konnten die Nationalsozialisten jedoch schon in den ersten eineinhalb Jahren ihrer
Herrschaft erreichen, dass ungefähr fünfhundert Zeitungen ihr Erscheinen einstellten; die Gesamtauflage
der deutschen Presse wurde halbiert. Verfolgung, Emigration, Ermordung war das Schicksal vieler freiheitlich gesinnter Journalisten, die nicht die Marionetten
des Regimes sein wollten, wie Hitler es forderte. Aus
dessen Sicht war es notwendig, „daß gerade die Presse sich ganz blind zu dem Grundsatz bekennt: die
Führung handelt richtig. Das heißt mit anderen Worten: es ist notwendig, daß – ohne überhaupt die Möglichkeit von Fehlern zu bestreiten oder auch des
Diskutierens – es ist notwendig, daß grundsätzlich die
Richtigkeit der Führung immer betont wird. Das ist
das Entscheidende. Vor allem, wissen Sie, das ist notwendig des Volkes wegen; denn ich höre so oft, auch
heute noch – das sind so liberalistische Rückfälle –,
die Frage, die mir vorliegt: „Ja, soll man das nicht
etwa doch jetzt einmal dem Volk anheimstellen?‘“[239]

Zudem gab es, trotz Monopolisierung des Informa-
tionsmaterials und mittelbarer wie unmittelbarer Einwirkung auf die einzelnen Redaktionen, noch Spiel-
räume[240]; so konnte etwa die *Frankfurter Zeitung* bis
1943 einigermaßen gemäßigt-kritisch berichten. Beim
Berliner Tageblatt – in der Weimarer Republik eine
jüdisch-liberale Zeitung, von bürgerlichen Intellektuellen für ein anspruchvolles Publikum gemacht –
vermochte der Chefredakteur Paul Scheffer dem Blatt
gewisse Schutzwinkel, zu denen vor allem das Feuilleton gehörte, zu erhalten. In ihrem Buch *Wir lügen
alle. Eine Hauptstadtzeitung unter Hitler*, einer
Mischung von Autobiographie, kritischer Reflexion

und Dokumentation, gibt Margret Boveri, die bis 1937 als außenpolitische Redakteurin dort arbeitete (später war sie Auslandskorrespondentin der *Frankfurter Zeitung*), einen Einblick in die damaligen Bedingungen journalistischer Arbeit.[241] Des täglichen Kampfes und Wettlaufs mit den Sprachregelungen des Propagandaministeriums offensichtlich müde, zog sich Scheffer 1936 von der Leitung zurück und ging als Auslandskorrespondent nach New York, von wo aus er für das *Berliner Tageblatt* und, als dieses eingestellt wurde, für die 1940 gegründete NS-Wochenzeitung *Das Reich* schrieb.

Im Gegensatz zu dem täglich erscheinenden *Völkischen Beobachter*, dem Zentralorgan der NSDAP – ein Rabaukenblatt: aggressiv, brüllend, hart, grob und zynisch[242] –, war *Das Reich* nach dem Grundprinzip konzipiert, dass hier die besten Köpfe der Nation – ausschließlich aufgrund ihrer Qualifikation, ohne Rücksicht auf Parteizugehörigkeit ausgewählt – die wichtigsten Fragen der Nation behandeln und in Berichten aus dem Ausland möglichst viele Informationen bieten sollten; das Feuilleton war darauf aus, der *Frankfurter Zeitung* Konkurrenz zu machen.

Die treibende Kraft für das mitten im Krieg, allerdings in einer Zeit großer militärischer Erfolge verwirklichte Projekt anspruchsvoller Publizistik war Rolf Rienhardt, Hauptamtsleiter in der Reichspressekammer, die von Max Amann, einem brutalen und sich rücksichtslos bereichernden Funktionär, der in Personalunion auch Vorsitzender des Zeitungsverlegerverbandes war, geleitet wurde. Eigenartigerweise gelang es Rienhardt, Goebbels und dessen Staatssekretär Otto Dietrich von der Zeitungsneugründung zu überzeu-

gen; offensichtlich schmeichelte es dem Propaganda-
minister, dass er, der wohl intellektuell genug war, um
die Ödnis der deutschen Presselandschaft zu beurtei-
len, in einem Blatt mitarbeiten sollte, das, zunächst
unter der Chefredaktion von Eugen Mündler (dem
letzten Hauptschriftleiter des *Berliner Tageblatts*), eine
Gesellschaft begabter Journalisten und illustrer Autoren versammelte – darunter Max Bense, Will Groh-
mann, Theodor Heuss, Pascual Jordan, Karl Korn, Karl
Krolow, Oskar Loerke, Eduard Spranger, W. E. Süskind,
Benno von Wiese, Ernst Schnabel, August Scholtis,
Egon Vietta, Wolfgang Weyrauch und Werner Höfer.
Zu den Kriegsberichterstattern gehörten Clemens Graf
Podewils, Lothar-Günther Buchheim, Joachim Fernau,
Walter Henkels, Christoph Freiherr von Imhoff, Erich
Peter Neumann (der später die junge *Reich*-Redakteu-
rin Elisabeth Noelle heiratete), Jürgen Petersen und
Jürgen Schüddekopf. Goebbels hatte sich ausbedun-
gen, den jeweiligen Leitartikel selbst zu schreiben, was
mit zweitausend Reichsmark honoriert wurde. [243]

Die Auflage der Wochenzeitung, die ursprünglich
auf hunderttausend Exemplare begrenzt sein sollte,
stieg unerwartet und schnell auf etwa 1,4 Millionen
gegen Kriegsende. Obwohl oder weil es (zumindest
teilweise) Kultur von Ideologie frei hielt, diente auch
dieses Blatt nur dem schönen Schein des Dritten Reiches. Mochte sich auch in einer differenzierten Sprache und im Aufgreifen ansonsten wenig beachteter
und damit allein schon „verdächtiger" Themen eine
innere Distanz zum NS-Regime äußern: Die „Schere
im Kopf" war bestimmend; direkte Kritik am Nationalsozialismus musste ausgespart werden. „Im selbstkritischen Rückblick auf den ästhetizistischen Charak-

ter dieses Journalismus und den Habitus des bürgerlichen Lesepublikums sprach ein ehemaliger ‚Reich'-
Redakteur auch vom ‚Nationalsozialismus im Frack'.
Ob die Mitarbeiter dieses Blattes für ‚Enthüllungsleser'
schrieben oder fürs bloße Überleben, sie waren unwei-
gerlich verstrickt in das Dilemma von Anpassung und
Kollaboration. Ihr Handlungsspielraum war denkbar
gering. Vor Verweisen und Entlassungen waren auch
sie nicht sicher. Andererseits erfüllten sie als Angehörige der Intelligenz mit ihrem Schreiben eine objekti-
ve gesellschaftliche Funktion, waren sie das publizi-
stische Aushängeschild eines Regimes, das die Meinungsfreiheit verachtete und verfolgte. Von welcher
subjektiv-oppositionellen Motivation sie auch immer
geleitet waren, ihr Schreiben schönte das verbrecherische Gesicht des Dritten Reiches."[244]

Die Erziehungsdiktatur

Antihumane Lehrziele

Die Nationalsozialisten machten keinen großen Unterschied zwischen Propaganda einerseits, Erziehung und Bildung andererseits; schließlich leitete Goebbels ein Ministerium, das für Propaganda *und* „Volksaufklärung" zuständig war. Als „Zukunft der Nation" war die Jugend für die NS-Ideologen eine der wichtigsten Zielgruppen; ihre Erziehung musste man, nicht nur außerhalb der Schule durch HJ („Hitlerjugend")[245], BDM („Bund Deutscher Mädel")[246] und weitere Organisationen, sondern in der Schule selbst „im Griff" haben.[247] Da jedoch die deutsche Schule über Jahrzehnte hinweg sich selbst deformiert hatte und von ihrer humanistischen Grundlage dem Wesen nach längst abgerückt war (unter Beibehaltung der geistig entleerten Humaniora), konnte auch in diesem Bereich die „Gleichschaltung" verhältnismäßig leicht und schnell vollzogen werden. Allerdings wirkte die für die Industriegesellschaft notwendige Fachausbildung, auf die der nationalsozialistische Staat, vor allem wegen seines Wirtschafts- und Aufrüstungsprogramms, nicht verzichten konnte, neutralisierend; die weltanschauliche Indoktrination konnte hier nur wenig wirksam werden. Deshalb wurde technische Wissensvermittlung skeptisch beurteilt; es gehe, so Alfred Rosenberg, um „Charakterbildung, das heißt Stärkung jener Werte, wie sie zutiefst im germanischen Wesen schlummern und sorgfältig hochgezüchtet werden müssen". Schon in *Mein Kampf* hatte Hitler angekündigt: „Der völkische Staat hat ... seine gesamte Erziehungsarbeit in erster Linie nicht auf das Einpumpen bloßen Wissens einzustellen, sondern auf das Heranzüchten kerngesunder Körper. Erst in zweiter Linie kommt dann die Ausbildung der geistigen Fähigkeiten. Hier aber wieder an der Spitze die Entwicklung des Charakters, besonders die Förderung der Willens- und Entschlußkraft, verbunden mit der Erziehung zur Verantwortungsfreudigkeit, und erst als letztes die wissenschaftliche Schulung."[248]

Der weltanschaulichen Schulung dienten vor allem die so genannten deutschkundlichen Fächer, zu denen neben Deutsch auch Geschichte, Erdkunde, Biologie und Kunsterziehung gerechnet wurden.[249] In seinem Buch *Dichtung und Erziehung* schrieb Ernst Krieck, einer der maßgebenden nationalsozialistischen Pädagogen, die Wurzeln des Elends lägen zutiefst in der ganz einseitigen, auf Wirtschaft, Technik und entsprechende Wissenschaften eingestellten Entwicklung der deutschen Kultur seit den letzten acht Jahrzehnten. Dadurch seien alle tieferen Schichten des Seelen- und Gemeinschaftslebens ausgedörrt und verödet; man habe seelisch die Heimat verloren. „Es muß ein neues geistiges Wachstum von unten heraus und von innen heraus beginnen. Hier liegen Aufgabe und Verantwortlichkeit für jeden einzelnen Volksgenossen, ganz besonders aber für den Lehrstand."[250]

Vor allem der Deutschunterricht[251] bot die Möglichkeit, nationalsozialistische „Werthaltungen" zu vermitteln und, etwa über den Aufsatz, ihre (zumindest verbale) Übernahme zu kontrollieren. Im Mittelpunkt aller Klassenstufen stand:

1. das Volk als Blutsgemeinschaft (der Rassen- und Vererbungsgedanke, Familien- und Ahnenkunde, Volkskunde);
2. das Volk als Schicksals- und Kampfgemeinschaft (Kampf um Raum; Soldatentum, Heldentum, Kriegsdichtung, der Frontkämpfer des Weltkrieges als sittliche Kraft; die Frau als deutsche Mutter; nationalsozialistische Kampfgemeinschaften und Verbände; Siedlung, Führertum, Kameradschaft, der volksdeutsche Kampf im Grenzland und im Ausland, Kolonien);
3. das Volk als Arbeitsgemeinschaft (das Leben des Werkmanns und des Bauern, des Kaufmanns, des Forschers und des Künstlers);
4. das Volk als Gesinnungsgemeinschaft (germanische Weltanschauung und germanisches Lebensgefühl; der Volks- und Staatsgedanke in der deutschen Dichtung; völkische Erwecker und politische Denker im geistigen Kampf; Naturgefühl und Gottsuchertum).

Solche Lehrziele bedeuteten auch im Bereich der Schule den Kahlschlag des deutschen Geistes, an dem sich sehr viele Lehrer aktiv beteiligten – wollten sie doch zusammen mit Hitler und den führenden Nationalsozialisten der „Erhaltung der im Wesen unseres Volkstums lebenden Ewigkeitswerke" dienen. Dass dabei die Errungenschaften von Humanismus, Aufklärung, Klassik, Romantik, eigentlich aller Strömungen des deutschen Geistes unter ideologischem Schutt erstickten, war nicht zuletzt auch Folge der „schwarzen Pädagogik", wie sie im neunzehnten und zwanzigsten Jahrhundert dominierte[252]; auch hier konnten die Nationalsozialisten von einer Altlast profitieren.

Nach Hitlers pädagogischen Vorstellungen sollte eine gewalttätige, herrische und unerschrockene Jugend heranwachsen. „Heute sehen wir mit Freude nicht mehr den bier- und trinkfesten, sondern den wetterfesten jungen Mann, den harten jungen Mann." So der „Führer" vor 54 000 Hitlerjungen auf dem Nürnberger Reichsparteitag, am 14. September 1935. „Denn nicht darauf kommt es an, wieviel Glas Bier er zu trinken vermag, sondern darauf, wieviel Schläge er aushalten, nicht darauf, wieviel Nächte er durchzubummeln vermag, sondern wieviele Kilometer er marschieren kann. Wir sehen heute nicht mehr im damaligen Bierspießer das Ideal des deutschen Volkes, sondern in Männern und Mädchen, die kerngesund sind, die straff sind. Was wir von unserer deutschen Jugend wünschen, ist etwas anderes als es die Vergangenheit gewünscht hat. In unseren Augen, da muß der deutsche Junge der Zukunft schlank und rank sein, flink wie Windhunde, zäh wie Leder und hart wie Kruppstahl. Wir müssen einen neuen Menschen erziehen, auf daß unser Volk nicht an den Degenerationserscheinungen der Zeit zugrunde geht."[253]

Dementsprechend war Biologie als Schulfach keine Naturkunde, sondern Rassenideologie, die nun von

Seit 1926 gab es die „Hitlerjugend" (HJ) als Nachwuchsorganisation der NSDAP. Mit der Einführung der „Jugenddienstpflicht" 1939 wurde die Mitgliedschaft obligatorisch.

klein auf den Schülern eingetrichtert wurde. Bei der
Absage an Verstand und Logik und bei dem Mangel
an Darstellungsvermögen, die grundsätzlich die nationalsozialistischen Schulbuchautoren kennzeichneten,
ja ihnen erst die eigentliche Legitimation gaben,
braucht man sich nicht zu wundern, dass diese Biologiebücher geistige Ausschussware darstellen. Ihre
Themen kreisten um „Blut": „Ihr nordisches Blut
schreibt ihnen das Entwicklungsgesetz vor ... Ihr wirk-
liches Blut hingegen ist ihnen mehr als in Wortblut
verströmt ... Sie lebten in der Blutliebe Deutschlands."[254] Alle germanische Gesittung nehme ihren
Ausgang vom Blutbewusstsein, dem Blutgedanken
und der bejahten Blutverpflichtung. Oder aber man
operierte mit der Vorsilbe „Erb": „Grundlage aller Bildung ist der menschliche Erbkeim oder Wesenskern,
dessen Angelegtheit im Erbbild erscheint, dessen
Werthaftigkeit den Erbwert der Ehre darstellt, der im
Urbild auch zur Bewußtheit gelangt."[255] Die Absicht
der Biologiebücher war, die Aggressivität im Menschen zu fördern, Mitleidsregungen – nach dem Motto „Humanität ist Schwäche!" – zu unterbinden und
für Mädchen und Jungen die „rassische Ehe" vorzubereiten. „Hohes Ziel ist das Mädel, dessen gesunder
Körper die Voraussetzung für ein natürliches klares
Denken gibt – das Mädel, das durch die frische
Gesundheit und Harmonie seines Wesens anmutig und
stolz und schön ist."[256]

Deutsche Wissenschaft

Zur Hochschulpolitik wie überhaupt zum Wissen-
schaftsbetrieb hat sich Hitler in *Mein Kampf* und in

seinen Reden kaum geäußert. Seine Gefolgsleute
sahen sich jedoch durchaus mit Recht in Übereinstim-
mung mit dem Willen des „Führers", wenn sie auch
die Universitäten nach 1933 zügig „gleichschalte-
ten".[257] Alfred Rosenberg stellte fest: „Der Nationalsozialismus hat nicht die Freiheit der Wissenschaft
unterjocht, sondern nur eine Anzahl von Hochschullehrern entfernt, welche die Freiheit der Forschung
mit der Freiheit der Beschimpfung deutscher Werte
verwechselt hatten."[258] Der Pressechef Otto Dietrich
konstatierte: „Der nationalsozialistische Staat gibt und
garantiert diese Freiheit der Wissenschaft grundsätzlich, wenn sie ihrerseits auch nur die primitivsten Voraussetzungen erfüllt, die von jedem Staatsbürger verlangt werden, das heißt, wenn sie sich in den Grenzen
bewegt, die die Natur uns durch das Leben in der
Gemeinschaft gesetzt hat."[259] Und der bayerische Kultusminister Hans Schemm meinte: „Wir bejahen die
Freiheit der Wissenschaft, aber nur bis zu dem Grade
oder bis zu der Grenze, die das Leben Deutschlands in
sich birgt."[260]

Da für die Nationalsozialisten auch Wissenschaft
rassisch beziehungsweise blutsmäßig bedingt war,
konnte wahre Wissenschaft nicht von Juden geschaffen werden. „Der Unterschied zwischen arischer und
jüdischer Naturauffassung", heißt es bei dem Physiker
Philipp Lenard, „ist groß. Der Arier wünscht mit Ernst
wahres Wissen von der Natur; der Judengeist ,spielt
Naturwissenschaft' ... Dem noch Unerforschten steht
der Arier demütig gegenüber, zögernd, ein mögliches
Fehlgehen im Erraten fürchtend. Der jüdische Geist
verfährt dagegen hochmütig, gewalttätig; dabei in
Wirklichkeit unbeholfen, und er rechnet auf ebensol-

che Einstellung der durch seine eigenen Werke schon verwirrten großen Mehrheit der Empfänger seiner Geistesprodukte." Und an anderer Stelle: „Deutsche Physik? wird man fragen. – Ich hätte auch arische Physik oder Physik der nordisch gearteten Menschen sagen können, Physik der Wirklichkeits-Ergründer, der Wahrheit-Suchenden, Physik derjenigen, die Naturforschung begründet haben."[261]

Lenard, Nobelpreisträger von 1905, hatte sich schon in den zwanziger Jahren als Protagonist einer „deutschen Physik", die er auch „arische Physik" nannte, hervorgetan; er bekämpfte vor allem Albert Einstein, den „Relativitätsjuden", wobei er paradoxerweise mit seinen Experimenten zum Fotoeffekt selbst die Grundlagen zu dessen Lichtquantenhypothese gelegt hatte.

„Lenards Gesinnungsgenossen hatten 1920 eine ‚Anti-Einstein-Liga' ins Leben gerufen, die jedem, der Einsteins Theorien widerlegen würde, eine beträchtliche Geldsumme versprach, und die auf öffentlichen Veranstaltungen Hakenkreuze und antisemitische Pamphlete feilbot. Als man ihm 1932 mit einem Attentat drohte, verließ Einstein – über Belgien – für immer ein Deutschland, in dem Lenard nach der ‚Machtergreifung' verkünden durfte: ‚Das wichtigste Beispiel für den gefährlichen Einfluß jüdischer Kreise auf das Studium der Naturwissenschaften bietet Herr Einstein mit seinen von der Mathematik her zusammengestümperten Theorien. ... Diese Theorie fällt nun Stück für Stück in sich zusammen, wie dies ja bei allen Arbeiten der Fall ist, die sich der Natur entfremden. ... Wir müssen uns sagen, daß es eines Deutschen unwürdig ist, auf geistigem Gebiet einem

Juden zu folgen. ... Die Deutschen müssen ... ihren eigenen Weg ins Ungewisse suchen. Heil Hitler!"[262]

Johannes Stark, der 1919 den Nobelpreis für Physik erhalten hatte – mit ihm hatte Lenard 1924 eine Erklärung verfasst, die zur Abkehr von der angeblich jüdisch dominierten Wissenschaft aufrief –, bewunderte sogar auf einer Kundgebung der deutschen Forschungsgemeinschaft (Hannover 1934) in Hitler den „großen, richtungsweisenden Führer", gar den „deutschen Forscher" und den „Gönner wie Förderer der deutschen Forschung".[263]

Damit war der Irrweg der deutschen Universität im Dritten Reich exemplarisch vorgezeichnet, wobei freilich diese zunächst erst „gereinigt" werden musste; Wankelmütige wiederum waren einzuschüchtern. Nach Angaben des emigrierten Sozialwissenschaftlers Emil Julius Gumbel (in dem 1938 in Straßburg herausgegebenen Band *Freie Wissenschaft – ein Sammelbuch aus der deutschen Emigration*) wurden von den NS-Machthabern bis Ende 1936 circa tausendfünfhundert Wissenschaftler vertrieben, eine Zahl, die sich nach dem „Anschluss" Österreichs 1938 auf zweitausend erhöhte.[264] Man schätzt, dass bis 1939 fünfundvierzig Prozent aller Universitätsstellen neu besetzt wurden. Das Ergebnis einer Fallstudie von Hans-Paul Höpfner über die Universität Bonn im Dritten Reich kann als durchaus typisch verstanden werden. „Von den gut 300 Bonner Hochschullehrern wurden in den ersten drei Jahren des nationalsozialistischen Regimes an die 50 Professoren und Dozenten aus rassischen oder politischen Motiven entlassen. Viele von ihnen wurden in die Emigration getrieben, darunter zahlreiche Gelehrte von internationalem

Rang. ... Weitere Gegner des Nationalsozialismus, unter den Bonner Professoren etwa ein Viertel der Hochschullehrer, konnten auf ihren Lehrstühlen verbleiben, weil sie in ihren Fächern als unentbehrlich galten und weniger im politischen Rampenlicht standen. Auf der anderen Seite gehörten 15 Prozent der Bonner Hochschullehrer zu den engagierten Nationalsozialisten. Dabei ist zu unterscheiden zwischen wissenschaftlich angesehenen Professoren, die vom neuen Regime die Verwirklichung hochfliegender Reformpläne erwarteten, und eher mittelmäßigen Angehörigen des wissenschaftlichen Nachwuchses, die durch die Übernahme nationalsozialistischer Leitungsfunktionen akademische Karriere machen konnten. Weitere 35 Prozent der Bonner Hochschullehrer zählten zur Kategorie der Mitläufer, etwa 25 Prozent zu den politisch indifferenten, aber staatsloyalen Zeitgenossen."[265]

Der in der akademischen Elite seit der zweiten Hälfte des neunzehnten Jahrhunderts vorhandene politische Grundkonsens[266] – konservativ, nationalistisch, antiwestlich und bedingt auch antisemitisch – war verantwortlich dafür, dass an den Universitäten (auch in der Verwaltung) die Anpassungsprobleme dem Nationalsozialismus gegenüber relativ gering waren. Viele Professoren, Lehrer, Juristen, Offiziere, Beamte[267], auch protestantische Theologen, hatten sich dem in der Weimarer Verfassung postulierten Pluralismus der Werte, den sie als Werterelativismus denunzierten, widersetzt; man sehnte sich nach einem „sinnstiftenden Ganzen", das sie in der nationalen Gemeinschaft sahen.[268] Die Karriere des Staatsrechtlers Carl Schmitt in den zwanziger Jahren (später der

führende Rechtstheoretiker des NS-Staates) gründete
auf seiner Ablehnung der Weimarer Verfassung; sie
habe den Staat geschwächt und sich an einen Liberalismus geklammert, der außerstande sei, die Probleme
einer modernen Massendemokratie zu lösen. Die parlamentarische Demokratie erweise sich als eine „ver-
altete bürgerliche Regelungsmethode".[269] „Schleichend
eroberten auch spezifisch nationalsozialistische Themen wie ‚Volkstum' und ‚Rasse' einen prominenten
Platz in der Forschungsförderung, während für alle
nicht direkt vom Terror des Regimes betroffenen Forscher der Schein der Normalität aufrechterhalten
blieb."[270]

Das Hochschulleben sollte nach dem Konzept des
Reichsministers für Wissenschaft, Erziehung und
Volksbildung, Bernhard Rust, durch die Prinzipien der
NS-Gesellschaftsform bestimmt sein: Annäherung der
universitären Organisationsstrukturen an die Grundsätze des nationalsozialistischen Führerstaats, Verankerung der Universitäten in den Parteiorganisationen,
Mitarbeit der Hochschullehrer in der Partei und ihren
Gliederungen, Arbeitseinsatz der Hochschulmitglieder
in den Gauen. „Dies alles zusammengenommen
bedeutet den ersten vollendeten Schritt zur Eingliede-
rung einer einsamen, selbstgenügsamen Wissenschaft
in den lebendigen politischen Raum Deutschland."[271]
Der Lehrstoff der Fakultäten schließlich sollte aus der
„Rassenerkenntnis" erwachsen und hier seinen Mittelpunkt haben. „Von der Entdeckung der Rasse erhält
auch die Wissenschaft ihren entscheidenden revolu-
tionären Anstoß. Die Rassenerkenntnis befruchtet
nicht nur die einzelnen Wissenschaften vom Menschen und wird daher das System der Wissenschaften

neu ordnen und der kommenden Hochschule eine
Mitte geben ... Der Nationalsozialismus hinkt nicht
hinter der Wissenschaft und ihren Leistungen her,
sondern er schafft den schon vorhandenen Ansätzen
der organischen Wissenschaft Raum zur Entfaltung
und holt den wahren Sinn aus ihr heraus. Man kann
wohl sagen, daß der Rassengedanke zu einem Stachel
der Wissenschaft geworden ist, das Leben in seiner
Ganzheit und seiner Wirklichkeit zu begreifen. Weil
wir den alten Dualismus von der unbeseelten Natur
einerseits und dem naturlosen Geiste andererseits
überwinden, finden unsere Wissenschaften einen neu-
en Grund und eine neue Mitte."[272]

Diese „rassische" Ausrichtung schloss die völlige
Leugnung des jüdischen Anteils am deutschen Wis-
senschaftsleben ein, der, wie bei den Künsten, außer-
ordentlich groß gewesen war. Jüdisch waren zum Beispiel die Physiker Albert Einstein, James Franck, Lise
Meitner, Heinrich Hertz, Johann Philipp Reis; die Che-
miker Adolf Ritter von Baeyer, Richard Willstätter,
Fritz Haber (dessen Verfahren zur Ammoniakgewin-
nung die deutsche Munitionsindustrie im Ersten Weltkrieg aufrechterhielt); die Mediziner Paul Ehrlich,
Ignaz Philipp Semmelweis, Ferdinand Julius Cohn,
August Paul von Wassermann, Otto Heinrich Warburg,
Sigmund Freud.

Akademische Schreibtischtäter

Ein besonderes Ausmaß an Anpassung und eine große Bereitschaft, das NS-Regime zu unterstützen, zeigten die Geisteswissenschaftler, allen voran die Germanisten[273] und die Historiker[274]. Deren Vertreter ver-

standen es freilich, nach 1945 lange Zeit ihre geistige
Korrumpierbarkeit im Dritten Reich zu vertuschen.

Schon im Wilhelminismus und dann in der Weimarer Republik hatte die deutsche Germanistik sich
zunehmend nationalistisch gebärdet. 1912 hieß es in
einem „Aufruf zur Begründung eines deutschen Ger-
manistenverbandes", dass das deutsche Geistesleben
stärker als bisher auf völkische Grundlagen gestellt
werden müsse. Gustav Roethe, der führende deutsche
Germanist der älteren Generation (er war am Ende des
Ersten Weltkrieges sechzig Jahre alt), schloss eine
Goethe-Rede 1924 mit den Worten: „Die Bahn, die uns
Goethe weist, das ist die deutsche Bahn. Goethe, wir
grüßen Dich. Wir danken Dir, Du unser Freund, unser
Held, unser Führer!" Vier Jahre später veröffentlichte
der dem George-Kreis angehörende Literaturhistoriker
und Essayist Max Kommerell sein Buch *Der Dichter
als Führer in der deutschen Klassik*; doch hielt er sich
– bis zu seinem Tod 1944 Ordinarius in Marburg –
vom nationalsozialistischen Ungeist fern. Umso mehr
dienten diesem Herbert Cysarz, Gerhard Fricke, Ernst
Bertram und der Österreicher Heinz Kindermann, der
nach Tätigkeit in Danzig und Münster 1943 das „Institut für Theaterwissenschaft" in Wien gründete.

Die Bücherverbrennung (10. Mai 1933) konnte
Goebbels vor allem mithilfe der deutschen Studenten-
schaft[275] und der Universitätsprofessoren durchfüh-
ren. Aus Göttingen zum Beispiel berichtete die dorti-
ge Zeitung von einem starken Andrang der Professoren beim Autodafé. „Der neu gewählte Rektor der Universität, Prof. Neumann, ließ es sich nicht nehmen, die
einleitenden Worte zu sprechen, und brachte zum
Ausdruck, daß es im Kampfe wider den undeutschen

Geist mit einer symbolhaften Handlung allein noch nicht getan sei. Vielmehr gelte es in jedem einzelnen Falle die Frage zu stellen und zu prüfen, was schädlich und undeutsch sei. Immer wieder wären wir in den letzten Jahren dem schädlichen Einfluß des zersetzenden Literatentums verfallen, ohne daß eine kraftvolle Gegenwirkung erfolgte. Remarque sei von Tausenden gelesen und gekauft worden, ohne daß alle die, die es besser wissen konnten und mußten, ihre warnende Stimme erhoben. So bilde die heutige Aktion keine abschließende Handlung, sondern stelle erst die Aufgabe: den Weg zur Verwirklichung des deutschen Geistes zu finden. Durch Kämpfen und Arbeiten wollen wir unserem Volke helfen, sein Wachstum zu erfüllen und seine Eigenart zu vollenden. Sodann nahm Privatdozent Dr. Fricke das Wort, um in längerer, formvollendeter und geistvoller Rede Sinn und Bedeutung der Kundgebung zu deuten. Er wies darauf hin, daß nunmehr die nationale Revolution in ihr entscheidendes schöpferisches Stadium getreten sei. Als Symbol des Kampfeswillens gegen alle Kräfte des Zerfalles loderten heute in allen Universitätsstädten die Flammen empor, um den Schmutz und Unrat zu vernichten, der das geistige Leben unserer Nation zu ersticken drohte."[276] (Fricke war dann in der Bundesrepublik – nach kurzer Schamfrist – wieder Professor für deutsche Sprache und Literatur an der Universität Köln; er veröffentlichte unter anderem eine weit verbreitete, vor allem auch bei Deutschlehrern beliebte *Geschichte der deutschen Literatur*.)

Eine Durchsicht der im Dritten Reich veröffentlichten Schriften zeigt, dass es sich fast nie um vom Regime erzwungene Pflichtleistungen gehandelt hat, sondern um „Gesinnungstätigkeit" in Missachtung jeder wissenschaftlichen Objektivität und menschlichen Integrität.

Für die Geschichtswissenschaft kann die Laufbahn des Historikers Theodor Schieder als exemplarisch angesehen werden. Als er im 77. Lebensjahr 1984 verstarb, wurden er und sein Werk in den höchsten Tönen gepriesen. Sein Rang, so sein Kollege Walter Bussmann in der *Frankfurter Allgemeinen Zeitung*, hänge zusammen mit dem schöpferischen Reichtum des Forschers und Lehrers. Dass der in Bayern Geborene sich entschlossen habe, an die Universität Königsberg zu gehen und sich dort zu habilitieren, sei aus dem Bedürfnis entstanden, sich den deutschen Osten zu erschließen und die wissenschaftliche Laufbahn in der geistigen und räumlichen Nähe von Hans Rothfels, dem neokonservativen Begründer der Zeitgeschichtsschreibung, fortzusetzen. Im Laufe seines „erfüllten Gelehrtenlebens" habe Schieder die Themen „Nationalität", „Staat", „Völkerordnung" und „politische Organisationsformen" in großen Werken souverän zur Anschauung gebracht. Schieder habe jene seltene Mischung von weltoffener Liberalität und pflichterfüllter Hingabe in sich verkörpert, die den idealen Historiker ausmache, insofern Distanz und Engagement gleichzeitig von ihm zu fordern seien.

Die Wirklichkeit sah ganz anders aus: Seit den dreißiger Jahren hatte sich in Königsberg in dem jugendbewegten Milieu revisionistischer Historiker um Rothfels eine Volkskulturforschung ausgebildet, die sich der nationalsozialistischen Politik der völkischen Flurbereinigung als wissenschaftliche Begleitung andiente. „Volksgeschichte" verstand sich als

„kämpfende Wissenschaft", die zum Beispiel mit einer *Polen-Denkschrift* 1939, bei der Schieder zumindest Mitautor war, der Expansionspolitik Hitlers keineswegs gezwungenermaßen, sondern aus Überzeugung Vorschub leistete. Die Königsberger Ostforscher, neben Schieder unter anderen Werner Conze und Hermann Aubin, erwiesen sich als Vordenker der Vernichtung (Generalplan Ost, Befürwortung von Umsiedlungen großen Stils, 1939). 1942 meldete Schieder, dass in der Region Bialystok die Juden völlig entfernt und nur noch in den „Ghetti der Städte" anzutreffen seien; Gauleiter Erich Koch dankte ihm persönlich für „selbstlose und erfolgreiche Tätigkeit", was dann Schieders Hausberufung auf den Königsberger Lehrstuhl begünstigte. „Wenn diese Männer aber um 1939 sagten, es müssten Juden aus den polnischen Städten weggeschafft werden, ist es nicht in ihrem Denk- und Plausibilitätshorizont, dass sie der physischen Liquidation zugeführt werden. Das inhumane Vertreiben ist ja schrecklich genug. Und sie haben sich am Absenken der sprachlichen und ideellen Hemmschwellen beteiligt. Das Schlimme ist zudem der vorauseilende Gehorsam, mit dem sie Politikberatung betreiben wollten. Keiner hat sie ja dazu gezwungen."[277]

Martin Heidegger galt bereits in der Weimarer Republik als einer der bedeutendsten deutschen Philosophen. Bei der Übernahme des Rektorats der Freiburger Universität 1933 pries er in seiner Antrittsrede die Größe und Herrlichkeit des nationalsozialistischen Aufbruchs; er bekannte sich zu Arbeitsdienst, Wehrdienst und Wissensdienst – mit der zentralen Metapher des „Stoßtruppunternehmens", auf eine Kampfgemeinschaft zwischen Studenten, SA und Professo-

ren zielend. Auf der Rückseite des Programmzettels
für die Festveranstaltung war das Horst-Wessel-Lied
abgedruckt; beim Singen sei die rechte Hand zum
Führergruß zu erheben.[278]

Der schon früh sich andeutende Antisemitismus
des Philosophen wurde Ende der zwanziger Jahre
unter anderem in einem Brief deutlich, den er am 2.
Oktober 1929 an den stellvertretenden Präsidenten der
„Notgemeinschaft der deutschen Wissenschaft"
schrieb; er wollte damit für seinen persönlichen Assis-
tenten ein Stipendium erwirken. Man stünde vor der
Wahl, so sein Schreiben, „dem deutschen Geistesleben
wieder echt bodenständige Kräfte und Erzieher zuzuführen" oder aber es der „wachsenden Verjudung im
weiteren und engeren Sinne endgültig auszuliefern".

Das Denken dieses Mystagogen des Wortes, dessen
„Jargon der Eigentlichkeit"[279] eine innere Affinität zu
der verquasten Sprache der völkischen Bewegung
zeigte, war gegen den Vernunftglauben der Aufklärung gerichtet; so war es konsequent, dass Heidegger
seine Mitgliedschaft in der NSDAP immer wieder stolz
bekundete. 1936, bei einem Wiedersehen mit seinem
ehemaligen Schüler Karl Löwith, der drei Jahre zuvor
aus Deutschland hatte fliehen müssen, trug er stolz an
seinem Revers das Parteiabzeichen; im Gespräch
bestätigte er, dass dem Wesen nach eine Verwandt-
schaft zwischen seinem Denken und seinem Einsatz
für die Hitler-Bewegung bestünde; sein Glaube an Hitler schien unerschütterlich. Von dem Regime, zu dem
er sich öffentlich bekannt hatte, distanzierte er sich
auch nicht nach 1945, obwohl er spätestens dann von
den furchtbaren NS-Verbrechen hätte wissen müssen;
stattdessen zeigte er ein peinliches apologetisches Ver-

halten unter Retuschierung und Manipulation seiner früheren Äußerungen.[280]

„Öffentlich Bekennende", solche, die zum Wissenschaftsethos standen und sich der Ideologisierung des akademischen Geistes verweigerten, weder der Drohung noch der Versuchung erlagen, gab es in der deutschen Professorenschaft, soweit sie im Amt verblieben war, nicht sehr viele. Einer, der sich gegen das Unrecht erhob – der Musikwissenschaftler Kurt Huber, Mitglied der Münchner Widerstandsgruppe „Weiße Rose" –, sagte bei der Gerichtsverhandlung, in der er zum Tode verurteilt wurde (hingerichtet Juli 1943): „Die innere Würde des Hochschullehrers, des offenen, mutigen Bekenners seiner Welt- und Staatsanschauung, kann mir kein Hochverratsverfahren rauben. Mein Handeln und Wollen wird der eherne Gang der Geschichte rechtfertigen; darauf vertraue ich felsenfest. Ich hoffe zu Gott, daß die geistigen Kräfte, die es rechtfertigen, rechtzeitig aus meinem eigenen Volk sich entbinden mögen. Ich habe gehandelt, wie ich aus einer inneren Stimme heraus handeln musste."[281] Die „innere Würde" der meisten Hochschullehrer war jedoch längst zerstoben: vor der Faszination, welche die NS-Weltanschauung ausübte, vor den Belohnungen, mit denen das NS-Regime die Akademiker köderte, aber auch vor den Repressalien, mit denen der Unrechtsstaat drohte.

Entartete und geartete Kunst

„Wider den undeutschen Geist"

Die Situation der Literatur im Dritten Reich war zunächst dadurch bestimmt, dass die bedeutende moderne deutsche Dichtung, die Weltgeltung beanspruchen durfte, abgewürgt wurde; ihre Vertreter wurden zum Schweigen gebracht, verfemt, verfolgt, in die äußere oder innere Emigration getrieben.[282] Naturalismus, Expressionismus, Surrealismus und alle Strömungen, die den Zerfall der Werte wie echter Tradition elegisch oder satirisch beklagt hatten und sich um die Erhaltung und Weiterentwicklung humaner Werte mühten, fielen unter den Bannfluch; genauso wie jene Dichter, die – so verschieden ihr geistiger und dichterischer Habitus auch war – aus „rassischen" Gründen von den Nationalsozialisten abgelehnt wurden. Die jüdischen Dichter und Denker wurden aus dem Bewusstsein der Deutschen eliminiert oder, wenn man ihre Erwähnung nicht umgehen konnte, denunziert. „Gerade weil es heute wichtig ist, feststellen zu können, ob eine Redensart jüdischer Herkunft ist oder nicht", heißt es im Vorwort des „Büchmann" in der

Ausgabe von 1941 (*Geflügelte Worte. Der Zitaten-schatz des deutschen Volkes*), werde auch fernerhin über solche Worte Auskunft gegeben. „Selbstverständlich soll etwa das Verbleiben Heinrich Heines in dem Kapitel ‚Aus deutschen Schriftstellern' nicht besagen, daß der Herausgeber ihn dem deutschen Schrifttum zurechnet."[283] Als die Heinestraße in Chemnitz ihre Bezeichnung verlor, hieß es: „Es dürfte angebracht sein, die Öffentlichkeit darauf hinzuweisen, daß Heinrich (Harry) Heine (1797–1856), nach dem diese Straße bisher benannt war, ein deutschfeindlich eingestellter jüdischer Dichter gewesen ist. Heine war der Begriff ‚Ehrfurcht vor allem Hohen und Heiligen' stets unbekannt. Auch das Deutschtum an sich zog er in den Schmutz ..."[284] Bei der Interpretation eines Heine-Gedichts meinte der Pädagogik-Professer Wilhelm Arp (ein Schulbeispiel rassistischer Literaturdeutung): „Dagegen bleibt der Sinn der schmalzigen Reime Heines, daß das Lustgefühl einer erotischen Umarmung auf ein Geständnis echter Gegenliebe hin in bitteres Wehgefühl umschlagen, nicht vielmehr zu höchster Seligkeit gesteigert werden soll, für jeden Deutschen schlechthin aus sich selbst unverständlich. Es klärt sich erst auf aus dem Wissen um jenen Artfremden, der als ‚Flachwurzler' nur an der Oberfläche seiner Lust- und Wehgefühle lebt und in Sentimentalität über seine Abgespaltenheit von jedem Wesensgrunde verfällt, sobald ihm von anderer Seite tiefere Gesinnungen entgegengebracht werden, die er kaum verstehen, geschweige denn erwidern kann."[285]

Was die Nationalsozialisten unter deutschem und undeutschem Geist verstanden und wie sie sich die Erneuerung der deutschen Literatur vorstellten, zeig-

ten schon die „Feuersprüche" bei der Bücherverbrennung im Mai 1933. „Gegen Klassenkampf und Materialismus, für Volksgemeinschaft und idealistische
Lebenshaltung! ... Gegen Dekadenz und moralischen
Verfall! Für Zucht und Sitte in Familie und Staat! ...
Gegen seelenzerfasernde Überschätzung des Trieble-
bens, für den Adel der menschlichen Seele! ... Gegen
Verfälschung unserer Geschichte und Herabwürdi-
gung ihrer großen Gestalten, für Ehrfurcht ihrer großen Vergangenheit! .... Gegen volksfremden Journalismus demokratisch-jüdischer Prägung, für verant-
wortungsbewußte Mitarbeit am Werk des nationalen
Aufbaus! ... Gegen literarischen Verrat am Soldaten
des Weltkrieges, für Erziehung des Volkes im Geist der
Wehrhaftigkeit! ... Gegen dünkelhafte Verhunzung der
deutschen Sprache, für Pflege des kostbarsten Gutes
unseres Volkes! ... Gegen Frechheit und Anmaßung,
für Achtung und Ehrfurcht vor dem unsterblichen
deutschen Volksgeist! ..."[286]

Als im März 1933 die Schriftsteller Alfred Döblin,
Leonhard Frank, Ludwig Fulda, Georg Kaiser, Bernhard Kellermann, Heinrich Mann, Alfred Mombert,
Rudolf Pannwitz, René Schickele, Fritz von Unruh,
Jakob Wassermann und Franz Werfel unter politi-
schem Druck aus der Preußischen Dichterakademie
ausschieden, kommentierte dies Will Vesper, der Herausgeber der NS-Zeitschrift *Neue Literatur*, mit den
Worten: „Man traut seinen Augen nicht, welch brave
Leute eigentlich im Grunde alle diese Burschen waren,
die mit der Jauche ihrer Literatur seit einem Jahrzehnt
unser Volkstum vergifteten, mit ihrer Verhöhnung
alles dessen, was einem Volk heilig sein muß, mit ihrer
Zersetzung aller Bindungen und Gesetze, mit ihrer alle

Lebenswerte pervertierenden Schnoddrigkeit, ihrer Lustmord- und Bordellatmosphäre, ihren homosexuellen Widerlichkeiten, mit ihrem bolschewistischen, nihilistischen Snobismus. Über Nacht sind aus all diesen Saulussen, diesen Mördern und Verfolgern und Vergiftern des deutschen Geistes, Paulusse geworden – wahrhaftig nicht aus innerer Erleuchtung, sondern weil der Blitzschlag des Volksgerichts ihnen in die Knochen gefahren ist."[287]

Verboten waren bald Richard Beer-Hofmann, Bertolt Brecht, Max Brod, Alfred Döblin, Albert Ehrenstein, Lion Feuchtwanger, Ernst Glaeser, Yvan und Claire Goll, Walter Hasenclever, Hugo von Hofmannsthal, Heinrich Eduard Jacob, Franz Kafka, Heinrich Mann, Klaus Mann, Thomas Mann, Walter Mehring, Robert Musil, Alfred Neumann, Theodor Plievier, Alfred Polgar, Erich Maria Remarque, Ludwig Renn, Arthur Schnitzler, Ernst Toller, Kurt Tucholsky, Jakob Wassermann, Franz Werfel, Arnold Zweig, Stefan Zweig; ferner die Philosophen Martin Buber, Edmund Husserl, Georg Simmel und der Literarhistoriker Friedrich Gundolf. Sehr viele sollten folgen, so dass in den ersten Jahren des Dritten Reiches bereits 250 Schriftsteller verstummen und das Land verlassen mussten.[288]

Die „Klassiker" wurden meist als „echt-deutsche Literatur" in die NS-Weltanschauung einverleibt und das hieß: uminterpretiert – so wie es schon im neunzehnten und zwanzigsten Jahrhundert die offiziellen Erziehungsinstitutionen im eindimensional-kleinbürgerlichen Sinne getan hatten.[289] Sie wurden „aufgenordet", wobei viele Germanisten, hermeneutische Solidität bis zur Selbstaufgabe missachtend, üble

Hilfsdienste leisteten. Vor allem Friedrich Schiller, Heinrich von Kleist und Friedrich Hölderlin wurden im völkischen beziehungsweise nationalsozialistischen Sinne rezipiert. Aber selbst manches Werk dieser „geistigen Heroen" wurde abgelehnt. So verbot etwa Hitler 1941 Schillers *Wilhelm Tell*; der „Schweizer Heckenschütze" durfte nicht mehr auf den Bühnen aufgeführt, auch nicht mehr im Unterricht behandelt werden.

Die Hetze der Nationalsozialisten gegen literarische „Dekadenz", wie sie schon die Bücherverbrennung bekundet hatte, traf auf die besondere Zustimmung kleinbürgerlicher Kreise. Die Weimarer Republik galt als Sumpf, in dem die große deutsche Dichtung verkommen sei. Der Kulturpessimismus der Rechtsintellektuellen in den zwanziger Jahren[290] unterstützte solche Abwertung der künstlerischen Leistungen dieser Zeit. „Wohin ein deutscher Patriot auch blickte, er fand wenig, was ihn hätte trösten können; die nationalen Werte wurden ungeniert untergraben und ins Lächerliche gezogen, der Buchmarkt war von pazifistischen Romanen überschwemmt, die männlichen Tugenden wurden in den Schmutz gezogen; im Theater wurden Inzest, Päderastie oder zumindest eheliche Untreue verherrlicht. Berlin hatte von Paris den Ruf einer Weltmetropole der Laszivität und Obszönität übernommen. Illustrierte und Magazine zeigten nackte Tänzerinnen und internationale Gangster, häufig beide auf einem Bild; das Kino verdarb die junge Generation mit der Verherrlichung von Sadismus und Vergewaltigung, der Prostituierten und deren Zuhältern als Haupthelden. Es schien, als sei nur noch das Kriminelle, Häßliche, das Blasphemische von Interesse

für die moderne Kunst. Alles übrige stand auf niedri-
ger Kulturstufe und tat es bestenfalls für den geistigen
Normalverbraucher und als Unterhaltung für den
Spießer. Über ganz Deutschland hinweg führten die
Literaten das große Wort, Feinde der Ordnung, Profit-
macher des Chaos. Wie Tuberkelbazillen infizierten sie
alle schwachen Zellen des Gesamtkomplexes Gesellschaft. Selbst halt und wurzellos, richteten sie ihre
heftigen Angriffe gegen jegliche Manifestation eines
gesunden Patriotismus. Sie waren schamlos und maß-
los, sie waren die Apostel der Sensationsgier, sie suchten ständig nach neuen Trends, neuen Denk- und
Lebensformen, mochten diese noch so wertlos sein. Ihr
Würgegriff mußte gelöst werden, um eine kulturelle
Gesundung zu ermöglichen."[291]

Die diffamierten Linksintellektuellen wiederum
hatten meist keine ihnen Halt und Kraft verleihende
politische Heimat (mit Ausnahme der kommunistisch
orientierten); auch sie waren von der Republik nicht
begeistert: „Man dient der Republik, aber man liebt sie
nicht", meinte der Historiker Hans Delbrück; es fehlte
ihnen jeder Verfassungspatriotismus und vielfach
auch soziales Verantwortungsgefühl.[292]

Blut und Boden

Den Riss, der nach Ansicht weiter Kreise Literatur und
Volk trennte und der den Nationalsozialisten die
Chance bot, sich auf die Seite einer „volksnahen"
Dichtkunst zu schlagen, hatte der Publizist Paul Fech-
ter in einem Aufsatz zur Rechtfertigung der Bücherverbrennung im Mai 1933 mit versuchter Ironie dahin
gehend beschrieben, dass es während der letzten fünf-

zehn bis achtzehn Jahre in Deutschland zwei Literatu-
ren gegeben habe; seine Ausführungen enthalten
schon fast das ganze Arsenal nationalsozialistischer
Argumentation: „Die eine war die sozusagen offizielle, die Literatur der bürgerlichen Linken in all ihren
Schattierungen von der Annäherung an die Sozialde-
mokratie bis zum Kokettieren mit dem Kommunismus,
die Literatur der falschen Psychologie und Analytik,
der Erotik und der Psychoanalyse, die Literatur all der
Probleme, die lediglich in den Magazinen oder in den
Zeitschriften mit literarisch-ästhetischem Ehrgeiz exi-
stieren, während die dumme Wirklichkeit außerhalb
der Kreise, die sich verpflichtet fühlten und Literatur
nicht nur lasen, sondern entschlossen sogar zu leben
versuchten, von diesen Problemen keine Ahnung hatten und friedlich und leise verachtet ihre gewohnten
alten Wege ging. ... Daneben gab es eine zweite Literatur, für die eine Reihe komischer Leute immer von
neuem eintrat mit der seltsamen Behauptung, daß diese zweite Literatur die eigentliche sei, die richtige, die
wirklich deutsche, weil sie nämlich keine Literatur,
sondern im Gegensatz zu der offiziellen immer noch
so etwas wie Dichtung im alten deutschen Sinne sei.
Wenn die Offiziellen lächelnd behaupten, die großen
deutschen Autoren hießen Remarque und Feuchtwanger und Heinrich Mann und Arnold Zweig, so sagten
die andern, das wären ja vielleicht ganz talentvolle
Leute, aber mit deutscher Dichtung hätten sie nichts
zu tun und deren eigentliche Männer hießen ganz
anders, lebten in Regionen, die den Vertretern des
offiziellen Schrifttums überhaupt nicht zugänglich
wären. Fragte man sie mit überlegenem Lächeln nach
Namen, so sprachen diese zurückgebliebenen Leute

von Paul Ernst und Hans Grimm, Hermann Stehr und
Will Vesper, Agnes Miegel und Peter Dörfler, lauter
Leuten, von denen man weder in den Magazinen noch
in den ‚offiziellen‘ Zeitschriften etwas las, oder gar in
den Kreisen, die sich verpflichtet fühlten, jemals
sprach und hörte. Es war gewissermaßen eine Literatur unter der Oberfläche, die in solch einer Unterhaltung sichtbar wurde, eine Dichtung der Tiefe, die vorhanden und auch nicht vorhanden war, weil ‚man‘
nicht von ihr wußte.“[293]

Die von den Nationalsozialisten präsentierte neue,
„rassisch-gesunde“ Literatur, so Ernst Loewy in seinem Buch *Literatur unterm Hakenkreuz – Das Dritte
Reich und seine Dichter*, habe unter der Parole „Blut
und Boden“ (bisweilen zu „Blubo“ verballhornt) die
Ratio, verdinglicht in der Asphaltstadt, mithilfe eines
erfundenen archaischen Mythos bekämpft; sie verherrlichte eine organische, durch die Urgewalt des
Elementaren bestimmte „höhere Ordnung“; in Autori-
tätsgläubigkeit wurde das Herrenrecht des Führers
gegenüber der Gefolgschaft bejaht; vor allem auf dem
Lande fand man „reines Blut“ im „Schoß der Mütter“
geborgen. Die Volksgemeinschaft müsse mit heroischem Nationalismus („Feuer und Blut“) sich ihren
Lebensraum zurück- oder neu erobern – im Kampf
gegen die Minderwertigen, vor allem Juden und Slawen, welche die deutschen Werte herabzögen und zer-
setzten. Nur so könne das Dritte Reich auf tausend
Jahre und länger gesichert werden.[294]

Bei dem nationalsozialistischen „Blubo“-Provinzi-
alismus gibt es hinsichtlich der Qualität gewisse
Abstufungen. Erwin Guido Kolbenheyer, der im Dritten Reich mit Preisen geradezu überschüttet wurde,

gehörte mit seiner „Bauhüttenphilosophie" und seinem mythisierenden Stil zu den prominenten Dichtern. („Der biologische Naturalismus stellt das Individuum unter eine kämpferische Funktion, unter die des
Lebenseinsatzes für den Bestand seiner Art; ihm ist
das Individuum nicht Selbstzweck mehr, es ist ihm
Mittel, das seine Existenzberechtigung nur als Funk-
tionsexponent der Art besitzt."[295]) Für die mittlere
Position kann Will Vesper genannt werden, der neben
seinen neiderfüllten Ausfällen auf große Dichter in
seinem eigenen Schaffen gern „fernsten Geschlechtern
sich zuwandte". („Und so leben in den fernsten
Geschlechtern der Väter auch wir, und in uns leben
heute und gegenwärtig sie, von denen wir stammen,
deren Blut in uns fließt, auch nicht als unser Eigen-
tum."[296]) Unten rangieren Autoren wie Josefa Berens-
Totenohl mit ihrem mythisch-schicksalsschweren,
erotisch-blutdunklen Geraune („Von Un-Zeit umwit-
tert / wurzelt in Klüften / die alte Eiche / Urahne heu-
tigem Geschlecht"[297]) und Hans Zöberlein. Dieser war
nach Hitlers Machtübernahme SA-Brigadeführer
geworden; kurz vor Ende des Zweiten Weltkrieges ließ
er als Führer eines Exekutionskommandos neun Penz-
berger Bürger, darunter zwei Frauen, von denen eine
schwanger war, ermorden. Zöberlein hatte die größten
Auflagen; seine Werke fanden sich in vielen nationalsozialistischen Bücherschränken. Die breiteste Mas-
senwirkung war ihm sicher, da er mit einem gewissen
Geschick in seinen Romanen die richtige Mischung
für Kitschmenschen bereithielt: Heimatliebe mit weh-
mutsschwangerer Innerlichkeit, Bergromantik mit
bald sexuellem, bald heroischem Einschlag, Blutsang
und Sehnsuchtsgeklampfe, Uranfangsstimmung und

halsend-küssendes Mädchenglück, Großstadtfeind-
schaft und populäre Rassenkunde – all das, was dem
Buntdruck der NS-Weltanschauung entsprach.

„‚Deine Heimat ist wunderschön‘, sagt sie ver-
träumt und lehnt sich in seinen Arm, daß er sie dre-
hen und wenden kann, um ihr die Herrlichkeiten des
Landes gebührend zu zeigen und sie zu loben. ‚Es ist
so deutsch wie nicht leicht eines. Mag jeder so von
seiner Heimat reden, ich tu' es auch. Im Krieg sind wir
Soldaten in vielen Ländern gewesen, aber keines
kommt dem unseren gleich in der Welt.‘ Dann sagen
sie lange nichts, so sind sie im Schauen versunken.
Nur einmal zeigt er stumm über den Wald im Grunde
hin, aus dem sich zwei mächtige Bussarde mit glän-
zenden Schwingen heben und dann regungslos im
Raum schwimmen. Endlose goldene Kreise im Blinken
der Sonne segelnd, tauchen sie hoch über die Berge
ins Blaue.

Und sie hören ihr Blut, wie es in der Stille singt.
Ganz eng liegen sie beisammen im gleichen Atem und
Herzschlag. Es ist ein Wesen, das um sie webt und aus
ihnen selber kommt. Das spüren sie im An- und
Abwallen, das sie immer enger aneinanderdrängt. Und
es war ihnen, als sei noch der gleiche Tag, wo sie ihm
das Lied sang und das Glück des Erkennens ihrer Liebe über sie kam. Als sei nichts dazwischen gewesen an
Qual der Sehnsucht und des Bangens umeinander.

Da schauerten sie leise vor dem Atem der ewigen
Schöpfung, der sie weihte, die rätselhafte Gewalt zu
üben, neues Leben zu schöpfen für die endlose Kette
ihres Blutes aus Uranfang zum Ende alles Daseins ...

Er aber lachte von Herzen, als er fortfuhr: ‚Wir
werden Kinder haben, das erste muß ein Bub sein!‘ Sie

nickte errötend und behauptete wieder: ‚Wie du!‘
‚Aber das zweite muß ein Mädel werden, so eins wie
du – süße Frau. Und dann wieder ein Bub, und dann
wieder ein Mädel‘ – ‚Und so weiter!‘ sagte sie und hal-
ste und küßte ihn mit lachendem Mund.

‚Ich bin noch nicht fertig‘, schmunzelte er, ‚weißt
du, nur so kann ein neues Deutschland besser und
sicher aufgebaut werden, wenn wir, vom guten,
gesunden Blut, durch unsere Kinder stärker werden als
das Kranke. Und das Kranke immer mehr aus dem Volke verdrängen.‘ ‚Wenn das nur alle begreifen würden!‘
‚Ja! Wie viele ordentliche Kerle gehen zugrunde an
Leib und Seele durch den falschen Geist.‘ ‚Und noch
schlimmer ist, daß so viele Mädels verdorben werden
vom schlechten Blut, und gerade die schönsten und
gesundesten. Die Großstädte stumpfen den gesunden
Instinkt ab und machen das Blut träge und lüstern
und schlammig. Die Menschen werden morsch, das
Leben in der stickigen Enge zerfrißt ihnen das Rück-
grat und Herz.‘

‚Wir kommen doch auch von der Großstadt‘, warf
sie ein.

‚Es sieht zwar so aus, aber deine Eltern und meine
Eltern waren erst vom Lande in die Stadt gekommen,
wie sie uns zur Welt brachten. Sie waren noch voll
von frischem Bauernblut, der Mutterleib gesund wie
ein Wald‘ ...

‚Dein Haar ist ja seidenfein, so fliegend knisternd,
daß es mir an den Fingern bleibt wie Eisen am Mag-
net, wenn ich darüber streiche. Sieh nur her, so hängen wir aneinander.‘

Sie lachte, als sie es sah: ‚Wenn ich aber blond
gewesen wäre wie meine Mutter?‘ – ‚Zuerst habe ich

den Funken gespürt, nicht ob du blond oder braun bist.‘

‚Wenn ich nun eine Jüdin gewesen wäre?‘ – ‚Dann hättest du den Funken nicht haben können für mich. Und damit du endlich Ruhe gibst, will ich dir sagen, daß ich eine Reihe blonder Jüdinnen kenne.‘ – ‚Und ich blonde Juden.‘ – ‚Ich kenne sogar eine blonde Deutsche, die einen Juden geheiratet hat, so einen ganz kleinen Pfropf, dem sie ein paar echte blonde Siegfriede geboren hat, die mit zwölf Jahren schon größer waren wie ihr Tade. Aber noch echtere Juden geworden sind als der Alte. Und was das interessanteste ist, seine blonde Frau sieht wie eine echte Jüdin aus und ist früher, als sie noch in unserem Haus wohnte, der reinste Engel gewesen. So färbt das ab. Und so frischt der Jude sein Blut wieder auf, der mit seiner Sara höchstens noch kleinere Pfröpfe fertiggebracht hätte.‘

‚Ekelhaft‘, schüttelte sie sich. ‚Wie kann man sich nur so vergessen!‘“[298]

Grundsätzlich sind von völkischer Blut-und-Boden-Literatur die dichterischen Werke abzugrenzen, die seit Romantik und Realismus sich um eine durch ehrliche Gefühle bestimmte Natur- und Heimatverbundenheit bemühen. Es kam vor, dass die Nationalsozialisten versuchten, diese Autoren und Autorinnen für sich zu gewinnen. Das geschah etwa 1933 mit dem „urbayerischen“ Oskar Maria Graf. Daraufhin richtete dieser aus Wien an Goebbels eine Botschaft, die stellvertretend die Trennungslinie zwischen echter Heimatkunst und verlogenem Blut-und-Boden-Kitsch dokumentiert: „Verbrennt mich! ... Laut ‚Berliner Börsencourier‘ stehe ich auf der weißen Autorenliste des

neuen Deutschlands und alle meine Bücher, mit Ausnahme meines Hauptwerkes ‚Wir sind Gefangene‘,
werden empfohlen. Ich bin also dazu berufen, einer
der Exponenten des ‚neuen‘ deutschen Geistes zu sein!
Vergebens frage ich mich, womit ich diese Schmach
verdient habe. ... Nach meinem ganzen Leben und
nach meinem ganzen Schreiben habe ich das Recht,
daß meine Bücher der reinen Flamme des Scheiter-
haufens überantwortet werden. ... Verbrennt die Werke des deutschen Geistes! Er selbst wird unauslösch-
lich sein wie eure Schmach!“[299]

Das gespaltene Bewusstsein

Weniger dediziert (und tapfer) hoben sich die Dichter
der so genannten inneren Emigration vom Nationalsozialismus ab. Manche versuchten, die Bürde der
Diktatur dadurch abzuschütteln, dass sie sich ins poe-
tische Wolkenkuckucksheim hinwegträumten. Illusio-
nistische Dichtung war ablenkender Trost und abge-
schirmtes Refugium; sie „schuf in einer Welt des
Schreckens ein sehr künstliches Arkadien, eine subli-
me und sozial wirksame Möglichkeit des Selbstbe-
trugs“.[300] Aus der Trivialität der Barbarei zog man sich
ins Schöne, Edle und Bleibende zurück; der „lauten
Vergänglichkeit“ setzte man das „stille Ewige“ entgegen. In der Natur und Kultur „atemholend“, entrück-
ten sich zum Beispiel Oskar Loerke und Wilhelm Leh-
mann den schlimmen Zeiten: „... Der Krieg der Welt ist
hier verklungene Geschichte, / Ein Spiel der Schmet-
terlinge, weilt die Zeit. / Mozart hat komponiert, und
Shakespeare schrieb Gedichte, / So sei zu hören sie
bereit.“[301] In seiner autobiographischen *Geschichte*

eines Deutschen schreibt Sebastian Haffner, dass in Deutschland in den Jahren von 1934 bis 1938 so viele Kindheitserinnerungen, Familienromane, Landschaftsbücher, Naturgedichte, so viele „zarte und zärtliche Sächelchen und Spielereien" geschrieben worden seien wie nie zuvor. „Eine ganze Literatur voller Herdenglöckchen und Gänseblümchen, voller Große-Ferien-Kinderglück und erster Liebe und Märchenduft und Bratäpfeln und Weihnachtsbäumen, eine Literatur von geradezu penetranter Innerlichkeit und Zeitlosigkeit, wie auf Verabredung massenhaft hergestellt, inmitten von Aufmärschen, Konzentrationslagern, Munitionsfabriken und Stürmerkästen."[302]

Die Literatur der inneren Emigration zeigt widersprüchliche Aspekte. Hans Dieter Schäfer spricht in seiner Untersuchung über die *Deutsche Kultur und Lebenswirklichkeit 1933–1945* von einem „gespaltenen Bewusstsein"[303]; denn manche Autoren, die das Verbrecherische des Nationalsozialismus erkannten, zogen sich dennoch nicht aus der Öffentlichkeit zurück; sie hatten bei ihren Veröffentlichungen auch keineswegs so große Schwierigkeiten durch die Zensur, wie sie nachträglich behaupteten. „Aufs Ganze gesehen haben wir ... im Inneren weit weniger unter Atemmangel gelitten, als es von heute aus den Anschein hat", stellte Joachim Günther 1968 fest. „Verlage wie Beck, Goverts, Rauch, S. Fischer und andere sowie so bedeutende Zeitschriften wie die ‚Neue Rundschau', die ‚Europäische Revue', die ‚Deutsche Rundschau', die ‚Literatur' und konfessionelle Organe wie ‚Hochland' und ‚Eckart' spezialisierten sich auf die Veröffentlichung beziehungsweise Rezension von nichtnationalsozialistischer Literatur." In der

Wochenzeitung *Das Reich* und der Zeitschrift *Das innere Reich* waren Autoren wie Emil Barth, Johannes Bobrowski, Günter Eich, Albrecht Fabri, Peter Huchel, Karl Krolow, Horst Lange, Wolf von Niebelschütz, Johannes Pfeiffer und Eugen Gottlob Winkler mit Veröffentlichungen vertreten. „Ein ganz und gar unpolitischer Debutant wie Karl Krolow konnte noch unmittelbar vor 1945 eine breite literarische Karriere beginnen, ohne daß es Schwierigkeiten mit der Zensur gab. In den letzten Kriegsjahren veröffentlichte er mehr als sechzig Gedichte und gut zwei Dutzend Betrachtungen und Rezensionen in der Presse, wobei er nur selten Kompromisse mit der NS-Ideologie schließen mußte. Auch Max Frisch machte sich in Deutschland schon unter der Hitler-Diktatur einen Namen. 1934 und 1937 publizierte er bei der Deutschen Verlags-Anstalt seine ersten beiden Prosabände ‚Jürg Reinhart. Eine sommerliche Schicksalsfahrt' und ‚Antwort aus der Stille', die von der deutschen Kritik mit Beifall begrüßt wurden. Mehr als ein Drittel von Günter Eichs Nachkriegsgedichtband ‚Abgelegene Gehöfte' (1948) wurde bereits während des Dritten Reiches geschrieben und zum Teil in Zeitschriften und Zeitungen gedruckt. Konflikte Eichs mit der Zensur sind unbekannt. Ähnliches gilt für Peter Huchel, der wie fast alle seine Generationsgefährten keineswegs ‚während der Hitlerzeit ... geschwiegen' hat. Bis einschließlich 1939 sind von ihm vierzehn Hörspieltitel bekannt. Eich behauptete, seine zweiundzwanzig von 1933 bis 1940 gesendeten Arbeiten seien damals kaum beachtet worden; dem steht die Tatsache entgegen, daß das den Semmelweis-Stoff behandelnde Spiel ‚Tod an den Händen' von den Hörern im Winter

1938/39 zu den beliebtesten Funkdichtungen gewählt
wurde."

Abgesehen von der relativ kleinen Gruppe von
Autoren, die sich durch eine radikale Verneinung des
Regimes auszeichneten (wie etwa Friedrich Percyval
Reck-Malleczewen, aus einer ostpreußischen protestantischen Junkerfamilie stammend, Offizier im Ersten
Weltkrieg, dann Arzt und Schriftsteller, im KZ Dachau
im Februar 1945 gestorben[304]) –, abgesehen von solchen Unbestechlichen, zeigte sich bei den meisten
Dichtern der inneren Emigration eine Mentalität, bei
der sich distinguierte Distanzierung mit zurückhalten-
dem Opportunismus verband. Exemplarisch dafür ist
der Dichter Hans Carossa, der durch den Willen
geprägt war, „innerlich zu leben", von der Not sich
abzukapseln und auf die „Welt der Werte" zu bauen.[305]
Schon in seinem Bericht aus dem Ersten Weltkrieg
(*Führung und Geleit*) findet sich die bezeichnende
Feststellung: „... wählte ich mir zum Schutzpatron
jenen flämischen Bauern, der in der Schlacht von
Waterloo zwischen den kämpfenden Heeren voll
Gelassenheit seinen Acker bestellte. Zum Lesen kam
ich nur selten in jener Zeit."[306] Carossa glaubte sich
mit Goethe einig, wenn er seine eigene Persönlichkeit
kultivierte. Hoch auf dem Rittsteig bei Passau führte er
das Leben eines „Weisen" – den verehrenden Wande-
rern „brachte die Hausfrau Milch, Nüsse, kroßgebak-
kenes Brot und frische Butter vom Gehöft".[307] Was sich
„kluger Erfahrung" darbot, wurde in fein ziselierte,
kunstgewerbliche Sätze verarbeitet: „Der Liebende der
Tierwelt aber, wie muß es ihn anmuten, wenn ihm auf
sonnigen Hängen bei Oberzell die Smaragdeidechse
begegnet, die ihn an südliche Reisen erinnert."[308]

Ob Eidechse oder Hitlers fünfzigster Geburtstag (1939) – der Stil war der gleiche: „Dieser Geburtstag war einer von denen, welche Rilke die ‚betonten' nannte: der fünfzigste. Eine bloße Gratulation wurde leider von vornherein als ungenügend bezeichnet; sie sollte mit einem klaren Bekenntnis zum Führer verbunden sein ... Ich stellte aus einigen meiner Bücher Zitate ... zusammen ... Wer sie richtig las, mußte in ihnen eine höflich-mittelbare Beschwörung des Mannes erkennen, von dessen Entschlüssen nun einmal unsere Zukunft abhing. Und so war auch der Segenswunsch am Schluß durchaus ernst gemeint ... Ich sandte mein Schreiben ab und verlor es bald aus dem Gedächtnis."[309] Peinlich ist weniger der Geburtstagsgruß an den „Führer"; er ist aus der Zeit heraus zu verstehen; blamabel ist, wie der Dichter im Nachhinein den Vorgang stilisiert, ihn in genüsslich-betulichen Satzgebilden einfängt, wo ein hartes, die traurige Situation aufreißendes Wort am Platz gewesen wäre. Nur ein Dichter deutscher Innerlichkeit konnte einen derartigen Geschmack der Geschmacklosigkeit entwickeln.

1938 hatte Carossa auf der festlichen Abschlusskundgebung der 5. Reichsarbeitstagung des Amtes Schrifttumspflege seine Rede „Einsamkeit und Gemeinschaft" gehalten. 1941 war er in einem Sammelband zum Geburtstag des „Führers" mit einer Hitler-Hymne vertreten. Im selben Jahr wurde er in Weimar zum Präsidenten einer „Europäischen Schriftstellervereinigung" gekürt. Dem Nationalsozialismus „abhold", ließ Carossa sich doch als Aushängeschild des Regimes gebrauchen.[310] Das Forum der seit 1938 etablierten und nach der kriegsbedingten Pause von

1939 jährlich stattfindenden Treffen linientreuer Schriftsteller diente der Ausdehnung der Reichskulturkammer auf internationales Terrain. (Hans Leip, Verfasser des Liedes *Lili Marleen* verfolgte empört, wie man den Begriff „Weimar" „zum Braunhemd zu verplätten" suchte.[311]

Am Beispiel seines Vaters Eberhard Meckel – eines erfolgreichen Schriftstellers der dreißiger Jahre – hat Christoph Meckel (*Suchbild*) die Typologie einer Schriftstellergeneration aufgezeigt, die sich mit dem Nationalsozialismus zwar nicht identifizierte, aber dennoch, von den schrecklichen Geschehnissen nicht sonderlich aufgewühlt, in ruhigen Lebenskreisen mit einer gewissen Selbstzufriedenheit sich bewegte. Während Bertolt Brecht, Alfred Döblin und Heinrich Mann emigrierten, Oskar Loerke und Ernst Barlach in Deutschland zu Tode erstickten, während Otto Dix und Oskar Schlemmer in abgelegenen Dörfern untertauchten, Musiker, Wissenschaftler und Regisseure verschwanden, Kollegen diffamiert, verfolgt und verboten, Bücher verbrannt und Bilder beschlagnahmt wurden, habe Meckel „ruhige Verse in traditioneller Manier" geschrieben und ein Haus gebaut, in dem er alt werden wollte. „Mit keinem Gedanken und keinem Wort verließ er den Umkreis einer verfestigten, geistesgläubigen, deutsch-literarischen Bürgerlichkeit. An Flucht oder Landwechsel wurde nicht gedacht. Es ist nicht anzunehmen, daß zwischen ihm und den Freunden von Emigration die Rede war. Eine Notwendigkeit schien nicht vorhanden. Sie konnten leben, hatten Familie und Haus, wurden beruflich kaum in Frage gestellt noch aus Gründen der Herkunft oder Gesinnung verfolgt. Sie hatten soeben mit der Arbeit begonnen, sich eingerichtet im ersten, bescheidenen Erfolg, in dichterischer, beruflicher und privater Selbstgewißheit, außerhalb Deutschlands hatten sie keine Chance, waren überhaupt zu jung und besaßen keinen Namen, der ein Dasein in anderen Sprachen getragen hätte. Mein Vater lebte unbehelligt im Dritten Reich, lebte blind in die kürzer werdende Zukunft, betonte Widerwillen, Verachtung, Stolz und vertraute machtlos auf die Macht des Geistes. Alles Weitere überließ er dem Schicksal. ‚Schicksal' – der Begriff stand kostenlos zur Verfügung und war ihm in die Wiege gemurmelt worden. Aufdringlich, dumpf und unabwendbar stand die Begriffswelt des deutschen Idealismus in den dreißiger Jahren herum, wurde von Staatspropaganda aufpoliert, verdeckte ganz andere Weltbilder und ließ sich – nach persönlichem Bedarf – zu erstaunlich dichten Scheuklappen umarbeiten. Er war, wie auch Martin Raschke, durchaus nicht unempfindlich für die ‚Atmosphäre' des nationalsozialistischen Fortschritts, aber er war und blieb außerstande, die reale Politik zu erkennen. ‚Ich lebe den Augenblick, ich lebe den Tag.' Die Naturlyrik richtete sich in der Laubhütte ein, aber die Laubhütte stand auf eisernem Boden und war von Mauern aus Stacheldraht umgeben.“[312]

Der Kampf als inneres Erlebnis

Die Propagierung von Kampf und Krieg in der NS-Weltanschauung trug als „wesentlichen Beitrag zur neuen Literatur“ eine bestimmte Art der Kriegsdichtung nach oben: zum Beispiel Werke von Werner Beumelburg, Friedrich Bethge, Hans Friedrich Blunck,

Edwin Erich Dwinger, Walter Flex, Hans Grimm, Hanns Johst, Franz Schauwecker, Heinz Steguweit, Josef Magnus Wehner, Hans Zöberlein. Es handelt sich dabei um völlig verzeichnete Bilder des Krieges, um die einseitige Verherrlichung des Kampfes. Eine pubertäre Romantik durchzieht diese Kriegsdichtung (deshalb auch der erbitterte Kampf der Nationalsozialisten gegen Erich Maria Remarques ungeschminkte Darstellung *Im Westen nichts Neues*): Raue, ehrliche Männerherzen finden sich im Schützengraben zusammen, dem Ort menschlicher Bewährung und höchsten Soldatenglücks. Dazu kommt die übliche Aushalte-Romantik und Kriegsweihnachts-Sentimentalität, die vor der wahren Tragödie des kriegerischen Geschehens die Augen verschließt. „Vor dem Gefreiten Siewers bleibt der Hauptmann stehen und sagt: ‚Lieber Siewers, Sie werden im Januar zum Offizierskurs in die Heimat kommandiert. Machen Sie die Sache weiterhin so gut wie bisher, Sie sind mit Ihren siebzehn Jahren früh zum Manne geworden.‘ Erich Siewers steht stramm vor dem Hauptmann und sieht ihm in die Augen. ‚Und dann ...‘, sagt der Hauptmann stockend, ‚hätte ich eigentlich noch ein Eisernes Kreuz erster Klasse zu verleihen. Aber es ist zwei Tage zu spät gekommen. ...‘ Es ist so still, daß man vom Weihnachtsbaum das leise Knistern der Lichter hören kann."[313]

Hatte Beumelburg sein *Sperrfeuer um Deutschland* noch Hindenburg gewidmet – „Ein Name aus jenen stählernen Jahren überleuchtet alle anderen. Er war Glaubensbekenntnis, Hoffnung und Zuversicht. Im Geiste der Millionen, der lebenden und der toten, ist dieses Buch als ein Gelöbnis und ein Bekenntnis Hin-

Verherrlichung des Kampfes in Arno Brekers Relief-Entwurf *Kameraden* von
1940. Breker galt als wichtigster Bildhauer des NS-Regimes, der mit seinem
Werk Sinnbilder der neuen Staatsmacht entwarf.

denburg gewidmet"[314] –, so nahm bald die Gestalt Hitlers den Platz des kriegerischen Idols für die NS-Barden ein.

Freilich war die Verherrlichung des Militanten und Kämpferischen auch in einer Literatur zu Hause, die nach Meinung nicht ideologisch vereinnahmter Kritiker zumindest literarästhetischen Maßstäben entsprach. Dic Nationalsozialisten konnten so indirekt dort profitieren, wo sie – trotz großen Werbens – direkt keine Erfolge hatten. „Kein anderes Zeichen ist mehr zu begrüßen, als daß die deutsche Jugend sich der symbolischen Erscheinung des Frontsoldaten als ihrem Vorbilde zuzuwenden beginnt", schrieb etwa Ernst Jünger in *Die totale Mobilmachung* (1930).[315] Man würde dann – hinter der „lackierten Fassade der Zivilisation" – „einer Größe begegnen, die mythische Maße besäße". „Nur dort, im Angesicht des Todes, war es möglich, daß die germanische Unschuld sich in den Herzen der Besten hielt." In den vorausgegangenen Büchern (*In Stahlgewittern, Der Kampf als inneres Erlebnis, Das Wäldchen 125, Feuer und Blut*) hatte Jünger die „Frontkämpferhaltung" der jungen heranwachsenden Generation in pathostrunkenem Stil vorzubereiten geholfen:

„Manchmal kamen sie zurück, standen träumend auf den Asphaltmeeren der Städte und schauten ungläubig auf das Leben, das strudelnd in seinen gewohnten Bahnen floß. Dann stürzten sie sich hinein, um keine Minute der kurzen Tage ungenützt verfließen zu lassen, tranken und küßten. Mit der ihnen zur Lebensform gewordenen Rücksichtslosigkeit schwangen sie in tollen Nächten den Becher, bis ihnen die Welt versank. Da ließ man die gefallenen Freunde

leben und scherte sich den Teufel um den nächsten
Tag. Und dann ging es wieder auf gewohnten Straßen
der Brandung zu. – Das war der deutsche Infanterist
im Kriege. Gleichviel, wofür er kämpfte, sein Kampf
war übermenschlich. Die Söhne waren über ihr Volk
hinausgewachsen. Mit bitterem Lächeln lasen sie das
triviale Zeitungsgewäsch, die ausgelaugten Worte
vom Helden und Heldentod. Sie wollten nicht diesen
Dank, sie wollten Verständnis. Kein Dank kann groß
genug sein. Ein Bild: der höchste Alpengipfel, ausge-
hauen zu einem Gesicht unter wuchtendem Stahlhelm,
das still und ernst über die deutschen Lande schaut,
den Rhein hinunter bis aufs freie Meer. – Einst wird
kommen der Tag ...“[316]

Als das Dritte Reich „ausbrach“, sah Jünger freilich, dass auch für ihn, den „Einzelgänger“, „Wald-
gänger“, Aristokraten, inmitten einer vulgären und
verbrecherischen Welt nur noch die innere Emigration
oder die „aristokratische Form der Emigration“ (wie
sie Gottfried Benn nannte), in die Armee nämlich,
übrig blieb.

Lyrische Gestimmtheit

Am Anfang der NS-Lyrik stehen Kampfgedichte – gern rezitiert von Mitgliedern mit „goldenem Parteiabzeichen" (also sehr frühen Anhängern der „Bewegung"):

Wetzt die langen Messer / auf dem Bürgersteig! / Laßt die Messer flutschen / in den Judenleib. / Blut muß fließen knüppelhageldick, / wir scheißen auf die Freiheit der Judenrepublik. / Kommt einst die Stunde der Vergeltung, / sind wir zu jedem Massenmord bereit.

Hoch die Hohenzollern / am Laternenpfahl! / Laßt die Hunde baumeln, / bis sie runterfalln! / Blut muß fließen ...

In der Synagoge / hängt ein schwarzes Schwein. / In die Parlamente / schmeißt die Handgranate rein! / Blut muß fließen ...

Reißt die Konkubine / aus dem Fürstenbett, / schmiert die Guillotine / mit dem Judenfett. / Blut muß fließen ...[317]

Allerdings kamen derlei brutal-primitive Kampfgesänge mehr für den internen Gebrauch in Frage. Die breite Masse sollte mit nationalsozialistischen Phrasen, hohlem Pathos und triefender Sentimentalität erbaut werden. Es zeigte sich, dass Hitler auch dafür Vorbild sein konnte, galten doch zum Beispiel seine Worte in dem Gerichtsverfahren im März 1924 (wegen des Putschversuchs von 1923) als Ausdruck einer neuen völkischen Lyrik – zumindest nach der Meinung des Herausgebers des „deutschen Volksbuches" *Ewiges Deutschland*, das als „Winterhilfsgabe" millionenfache Verbreitung fand.

Hitlers dürre, patriotisch aufgeputzte Prosa wird in Hölderlin-Rhythmen gesetzt und so angepriesen:

Die Tat des 8. Novembers ist nicht mißlungen. / Sie wäre mißlungen dann, / wenn eine Mutter gekommen wäre und gesagt hätte: / Herr Hitler, Sie haben auch mein Kind am Gewissen. / Aber das darf ich versichern, es ist keine Mutter gekommen. / Im Gegenteil. Tausende anderer sind gekommen / und haben sich in unsere Reihe gestellt. / Von den jungen Männern, die gefallen sind, wird es / dereinst heißen, / wie es am Obelisk zu lesen ist: / Auch sie starben für des Vaterlandes Befreiung ... / Jenes Gericht wird über uns richten, / über den Generalquartiermeister der alten Armee, / über seine Offiziere und Soldaten, / die als Deutsche das Beste gewollt haben für ihr Volk und Vaterland, / die kämpfen und sterben wollten. / Mögen sie uns tausendmal schuldig sprechen, / die Göttin des ewigen Gerichtes der Geschichte wird / lächelnd / den Antrag des Staatsanwaltes und das Urteil des / Gerichtes zerreißen, / denn sie spricht uns frei ...[318]

Um die Quantität der neuen Dichtung brauchte man sich nicht zu sorgen: So ziemlich jeder Text ließ sich – wenn er vom „Führer" oder von Führern stammte – in bekenntnishafte Lang- oder Kurzzeilen zerhacken:

Ich bin ein Deutscher. / Ich glaube an mein Volk. / Ich glaube an seine Ehre. / Ich glaube an seine Zukunft. / Ich glaube an sein Recht, / und ich trete ein für dieses Recht.
(*Führergedicht* – empfohlen zur Eröffnung schulischer Feiern)[319]

Es konnte nicht ausbleiben, dass die Dichter, die im Geiste Hitlers zu reimen anfingen, bald eine repräsentative Auszeichnung erhielten: Der Nationale Buchpreis 1937/38 wurde der österreichischen Hitlerjugend für ihr Liederbuch *Lied der Getreuen* verliehen, das mit der gebetsartigen Hymne *Adolf Hitler* anhob:

Zwei Menschen sind in dir vereint, / einer, der kalt und hart erscheint, / der, was er will, erzielt, / einer, der weich und gütig ist, / der auch den Ärmsten nicht vergißt, / mit dem Geringsten fühlt. / Zwei Ströme danken dir die Kraft, / von jeder Wurzel bist du Saft, und Same, der sie treibt. / Aus dir entband sich neuer Geist, / der uns zum Volk zusammenschweißt / und ewig in uns bleibt.[320]

„Die Gestalt Adolf Hitlers in ihrer schon mythischen Größe wird die Dichter immer wieder zu Gesang und Aussage treiben", hieß es in einer Besprechung von Gedichten über Hitler in der Zeitschrift *Die Literatur*.[321]

Versucht man die nationalsozialistische Lyrik (die Gedichte der Anacker, Baumann, Johst, Menzel, Schirach, Schumann und anderen) in bestimmte Kategorien zu ordnen, so muss man von vornherein auf ästhetische Wertmaßstäbe verzichten; alles ist gleichermaßen parterre. Man war meist zufrieden, wenn die Zeilen sich reimten; und auch bei der Handhabung dieser Kunst hielt man sich bei kleinen Unstimmigkeiten nicht auf. Baldur von Schirach etwa dichtete:

Als Hitler-Jungen schlug man tot / die Besten der Nation. / Wir sind das letzte Aufgebot, / wir tragen Fahnen blutigrot, / Die Fahnen der Ha-Jot.[322]

Aufgrund des Wort- und Metaphernschatzes, der bei
der NS-Lyrik Verwendung findet, ergaben sich folgende Gruppen: Blutlieder, Flammenlieder, Marschier-
und Landruflieder, Fahnenlieder. Als gängige und stereotyp immer wiederkehrende Reime boten sich an:
Blut – Glut, Flamme – Stamme, Nacht – Feuer ent-
facht, Morgenrot – Tod, Ruhm – Heiligtum, Fahnen
fliegen – Männer siegen, vom Ruf besessen – schrei-
ten vermessen. Eine zu strenge Scheidung der Kategorien voneinander ist freilich nicht möglich: Kaum
ein Blutlied, das ohne Flamme, kaum ein Flammenge-
sang, der ohne Fahne, kaum ein Fahnenspruch, der
ohne Beschwörung deutschen Bodens und deutschen
Blutes auskam. „Für den Glauben ans deutsche Blut /
wollte man fallen, dann war unser Leben gut" (Josefi-
ne Mayr)[323]; „deutscher Mütter höchstes Gut" war
„deutsches Blut, deutsches Blut" (Clemens Rößler)[324];
„Volk will zu Volk / Blut zu Blut" (Heinrich Gutberlet)[325]; „In den Ostwind hebt die Fahnen, denn im Ostwind stehn sie gut. / Dann befehlen sie zum Aufbruch,
und den Ruf hört unser Blut" (Heinrich Anacker)[326].

Mit solcher Lyrik verfocht man den Geltungsan-
spruch völkisch nationaler, „arteigener" rassischer
Kunst gegenüber der „jüdisch verseuchten, bastar-
disch und syrisch" gewordenen Dichtkunst der Moderne. Für das NS-Regime lag die Aufgabe der Zeit darin,
„eine heroische Kunst zu schaffen, die der heroischen
Weltauffassung und Lebenshaltung der deutschen
Bewegung entspricht und sie in großen Gesichten
gestaltet, und gleichzeitig diese heroische Bewegung
mit ihrem dröhnenden Schritt der Millionen durch die
Kräfte des Herzens und der Seele zu verinnerlichen. In
einer solchen heroischen Kunst, die nicht erstarrt in

Fassade und Gebärden, sondern durchseelt ist von tiefem, lebendigem Leben, sehen wir die heraufwachsende Gestaltwerdung unserer Zeit" (Gerhard Schumann).[327]

Die theatralische Sendung

„Gestaltung", und das hieß auch „Inszenierung" (wie sie die NS-Propaganda liebte), war ein Leitbegriff für die Politik des Dritten Reiches.[328] Das schloss eine hohe Bewertung des Theaters ein. Vor Theaterleuten erklärte Goebbels, dass sich auch die neuen politischen Leiter des Staates als „künstlerische Menschen" fühlten; er selbst empfand sich als genialer Regisseur (und hatte sich in seiner Jugend auch als Stückeschreiber versucht). Hitler galt als oberstes Genie, als einer, der als Führer von Volk und Staat zur gleichen Zeit mächtigster und verständnisvollster Beschützer der Künste sei. Er liebe die Künstler, weil er selbst ein Künstler sei.[329]

So wie Kunst generell Staatsangelegenheit sein sollte – dazu hatte Hitler sie am 1. September 1933 in einer Kulturrede auf dem ersten Parteitag nach der Machtübernahme erklärt[330] –, galt es, das Theater als eine Stätte, in der viele „Volksgenossen" und „Volksgenossinnen" Erhabenheit verordnet und Vorbildhaltungen suggeriert bekamen, aber auch sich gut unterhalten konnten, dem ideologischen Gesamtziel zu unterstellen.[331] Dem diente neben der Theaterabteilung im Propagandaministerium, zuständig für die gesamte Personal-, Zuschuss- und Spielplanpolitik, die Reichstheaterkammer als Teil der Reichskulturkammer. Auch wurde eine „Reichsdramaturgie" einge-

richtet – mit dem Ziel der Spielplanüberwachung (um
den „Geist von Weimar" auszurotten) und der Förderung von Theaterstücken völkischer und vaterländi-
scher Thematik, wodurch man längerfristig die Entstehung eines neuen deutschen Nationaltheaters erhoff-
te. Der am 1. Januar 1934 eingesetzte Leiter der
Reichsdramaturgie, Dr. Rainer Schlösser, übernahm
ein Jahr später zusätzlich die Leitung der Theaterabteilung im Propagandaministerium und das Präsidium
der Reichstheaterkammer.

Das am 15. Mai 1934 erlassene Theatergesetz, das
die Theaterunternehmen nicht mehr als „Erwerbsbe-
triebe", sondern als „Anstalten der nationalen Erziehung" definierte, fasste alle Theaterunternehmen zur
Erfüllung ihrer künstlerischen Aufgaben unter der
Führung des Reichspropagandaministeriums zusammen. Goebbels erhielt unter anderem „das Bestäti-
gungsrecht für die künstlerisch leitenden Personen,
also die Bühnenleiter, die Intendanten, die Theaterdi-
rektoren, die ersten Kapellmeister und die Oberspiel-
leiter". Mangel an „Zuverlässigkeit und Eignung"
konnte auch zur Untersagung der Tätigkeit von bereits
amtierenden künstlerischen Leitern führen. Schließlich hatte Goebbels das Recht, „die Aufführung
bestimmter Stücke zu untersagen durch Verbot oder
Absetzung, oder auch Verbot oder Absetzung zu verlangen, wenn es billigerweise den Theaterleitern zuge-
mutet werden kann".[332]

Quantitativ erfuhr der Theaterbetrieb einen großen
Aufschwung.[333] Das Darstellerkontingent an Sprech-
theaterbühnen wurde von rund dreitausend in der
Spielzeit 1932/33 auf über viertausend in der Spielzeit
1938/39 aufgestockt. Eine ähnliche Zuwachsrate gab

es bei den Ensembles der Musikbühnen. Die Orchester zeigten einen Zuwachs von rund fünftausend auf beinahe siebentausend Mitglieder. Die gesteigerte Wertbeimessung bekunden auch Zuschussleistungen des Reiches an die Theater; wurden für die einzelnen Unternehmen, Sonderveranstaltungen und Bauvorhaben im Jahre 1934 insgesamt rund zehn Millionen Reichsmark zur Verfügung gestellt, so belief sich 1942 die Summe der Fördermittel auf rund fünfundvierzig Millionen Reichsmark.

Die Zahl der Theaterbesucher stieg von fünfhundertzwanzigtausend im Jahr 1932 auf 1,6 Millionen im Jahr 1936, also auf das Dreifache an. Und nicht etwa durch Maßnahmen, welche die Bevölkerung als Zwang empfunden hätte! Zum einen wurde das Theaterangebot einschließlich der Öffentlichkeitsarbeit forciert – dazu sind die ungezählten Festwochen, Festspiele und Tourneen nationalsozialistischer Theatergruppen zu rechnen –, zum anderen wurde der Theaterbesuch als „nationale Pflicht" deklariert; er war Dienst am Aufbau der „neuen Zeit".

Der „Führer" ging mit gutem Beispiel und pressewirksamen Auftritten als Theaterfreund voran, das Volk wurde mit allgegenwärtigen Appellen angehalten, diesem Leitbild zu folgen. Kaum ein Lokalpolitiker, kaum ein Intendant, der nicht für seine Stadt und sein Theater die Werbetrommel gerührt hätte. Der Oberbürgermeister der „Stadt der Reichsparteitage" Nürnberg bemerkte in einem Geleitwort anlässlich der Einladung zur Platzmiete (Spielzeit 1939/40), dass die Besucherziffer in den letzten Jahren eine erfreuliche Steigerung erfahren habe. Aber immer noch hätten zahlreiche „Volksgenossen" dem Rufe des „Führers",

dass an dem Kulturgut der deutschen Bühnen alle
Kreise des deutschen Volkes teilhaben sollten, keine
Folge geleistet. Er richtete daher an alle Einwohner
von Nürnberg und Umgebung die „dringende Bitte",
Abonnementverträge abzuschließen und dem Theater
„zahlreiche neue Freunde zu gewinnen"; man könne
auf solche Weise „glückliche Stunden frohen und eindrucksvollen Erlebens" genießen und zugleich die
wirtschaftlichen Grundlagen des Theaters stärken.
Dies konnte noch als Werbung im konventionellen
Sinne gelten; die städtischen Angestellten und Beamten bekamen allerdings einen fein dosierten Druck zu
spüren, wenn sie per Direktorialverfügung angehalten
wurden, ein Abonnement bei den Städtischen Bühnen
abzuschließen. Auch die nationalsozialistischen Besu-
cherorganisationen wie KdF („Kraft durch Freude")
oder die „Jugendplatzmiete der HJ" leisteten einen
nicht unerheblichen Beitrag, wenn es darum ging, die
Häuser, die teilweise Abend- und Nachmittagsvorstel-
lungen boten, zu füllen und den Theatern neue Besu-
cherschichten zu erschließen.

Der Theater-Aufschwung galt auch als Sieg über
das „jüdisch-kulturbolschewistische" Theater der Weimarer Republik, das endgültig vernichtet werden sollte. Dabei wurde, wie bei der Literatur, die kleinbürgerliche und bürgerliche Antistimmung gegenüber jedem
avantgardistischen großstädtisch-urbanen Theater
genutzt; als Produkt „marxistisch-liberal-jüdischer
Verschwörung" war es schon in den zwanziger Jahren
vor allem von konservativen und rechten Kreisen
attackiert worden. Die durch ihre Nachschlagewerke
bekannte Literaturwissenschaftlerin Elisabeth Frenzel,
die nach 1945 unbekümmert weiter publizierte, pro-

movierte 1940 über *Die Gestalt des Juden auf der neueren deutschen Bühne* und verfasste in rascher Folge
viele Artikel, die sich fast ausschließlich mit der
„Judenfrage" beschäftigten. Dabei verwendete sie
reichlich die stereotypen Floskeln des Judenhasses.
„Von semitischen Krämerseelen wird ebenso gehandelt wie von gesinnungslosen Spekulanten und der
jüdischen Weltverschwörung. Jüdischen Schauspie-
lern spricht sie zwar eine gewisse Begabung zu; deren
Motivation jedoch, am Theaterleben teilzunehmen,
wird auf Geldgier und Prestigesucht, die sich im Star-
kult äußere, zurückgeführt. ... Das Ideologem einer
jüdischen, biologisch determinierten Inferiorität wurde zur Grundlage ihrer wissenschaftlichen Forschungen, aber auch ihres ästhetischen Urteils. Genealogi-
sches Interesse paart sich mit antisemitischem Denken, das die sogenannte arische Abstammung als einzige und ausschließliche Vorbedingung künstlerischer
Befähigung ansieht. Aus diesem eingeengten Blick-
winkel erschloß sich für Frenzel bis 1945 die gesamte
Theatergeschichte."[334]

Um den „jüdischen Theatersumpf auszutrocknen"
und den „deutschen Kunsttempel zu säubern", bildete
Goebbels im Bunde mit dem (organisatorisch konkur-
rierenden) Alfred Rosenberg[335] eine Phalanx von
überall den „Ariernachweis" einfordernden Inquisito-
ren. Schon „jüdisches Aussehen" konnte Misstrauen
bewirken; so beanstandete die Dienststelle Rosenberg
selbst den Schauspieler Otto Laubinger, den ersten
Präsidenten der Reichstheaterkammer, da er nicht
deutsch genug wirke. Und von dem beliebten Film-
komiker Theo Lingen hieß es, dass er beim deutschen
Volk den Eindruck erwecke, „als ob in der Entjudung

des deutschen Kulturlebens kein Fortschritt erzielt
worden sei".[336] Nur manchmal wurden Zugeständnisse
gemacht: etwa wenn bei Franz Lehár der Makel „jüdischer Versippung" übersehen wurde, weil Hitler für
dessen Operette *Die lustige Witwe* schwärmte.

Unter Nutzung eigens dafür geschaffener Gesetze
und Verordnungen sowie mithilfe von Repressionen,
Schikanen und Verfolgungen wurde ein Vernich-
tungsfeldzug gegen das „jüdische Element im deutschen Theater" geführt. Hunderte Theaterleute emigrierten, darunter die Regisseure Leopold Jessner, Leopold Lindtberg, Erwin Piscator, Max Reinhardt und die
Schauspieler und Schauspielerinnen Albert Basser-
mann, Ernst Deutsch, Fritz Kortner, Wolfgang Lang-
hoff, Elisabeth Bergner, Tilla Durieux, Grete Mosheim,
Helene Thimig. Es kam zu Selbstmorden und Ermor-
dungen.[337] Die NS-Staatsverbrecher fanden die Hilfe
von charakterlosen Geisteswissenschaftlern, Theater-
kritikern und „arischen" Autoren. Diese verhielten
sich nichtjüdischen Theaterleuten gegenüber häufig
gleichgültig oder wegsehend.

Freiräume beim Theater

Allerdings führten die Eigengesetzlichkeit des Thea-
terlebens ebenso wie besondere politische Verhältnisse
dazu, dass sich im Vergleich zu anderen Kunstsparten
die darstellende Kunst nur bedingt „gleichschalten"
ließ. Die Nationalsozialisten mussten sich, wollten sie
überhaupt Erfolg haben, auf Autoren, Darsteller,
Regisseure und Bühnenbildner stützen, die schon
Rang und Namen hatten. Eine gewisse Druckminde-
rung ergab sich auch aus der Konkurrenz, die zwi-

schen Alfred Rosenberg, Joseph Goebbels und Hermann Göring bestand, wobei der erstere sich als
besonders engstirnig erwies. Goebbels wiederum hatte
eine Schwäche für die romantische Aura, die vom
Theaterleben und der Boheme ausging, vor allem aber
für Schauspielerinnen; er war zudem klug genug zu
wissen, dass sich das Theater ohne gute Stücke nicht
erfolgreich entwickeln kann. Er „ahnte etwas von den
Zusammenhängen zwischen Zensur und kreativer
Leistung. Noch 1943, als es dem Ende entgegenging,
schrieb er in einem merkwürdigen Brief: ‚... bin ich
entschlossen, diese Beschränkung des deutschen Gei-
steslebens nach dem Krieg so bald wie möglich aufzu-
heben. Jede Zensur durch Beamte gefährdet die freie
Entwicklung des kulturellen Lebens ...‘ Da kam offen-
bar der junge Intellektuelle wieder zum Vorschein, der
sich einst bei Theodor Wolff um eine Redakteurstelle
beim linksliberalen ‚Berliner Tageblatt‘ beworben hatte, wenn auch vergebens."[338]

Göring, in zweiter Ehe mit der Schauspielerin
Emmy Sonnemann verheiratet, beanspruchte als preußischer Ministerpräsident die Unterstellung der Preußischen Staatstheater (das waren Oper und Schau-
spielhaus in Berlin und das Theater in Kassel) unter
seinen Machtbereich. Er spielte gerne die Rolle des
musisch-gönnerhaften, künstlerisch ambitionierten
Renaissancefürsten, was seiner extrem ausgebildeten
Eitelkeit schmeichelte.

In einem Loblied auf Göring hieß es in der Zeitschrift *Das Theater* (1935), dass dieser „leidenschaftli-
che Freund deutscher Kunst" das morsche Gebälk
beseitigt und neue starke junge Kräfte mit dem
Wiederaufbau der deutschen Theaterkunst beauftragt

Joseph Goebbels begrüßt bei der Reichstheaterwoche 1939 in Wien den
Generalintendanten des Preußischen Staatstheaters in Berlin, Gustaf
Gründgens.

habe. „Das Startum hat abgewirtschaftet. Eine
Gemeinschaft der Künstler verbindet sich zur künstlerischen Tat. Jeder Einzelne in dieser Gemeinschaft ist
wahrer Künstler und *nur* Künstler, ist Diener der Kunst
und ihrer Werke. ... Der Spielplan pflegt neben den
Werken der überlieferten wirklich guten Kunst die
Wiedergewinnung kostbarer Stücke in Oper und
Schauspiel für die Bühne unserer Zeit. ... Eine gewaltige Zahl prominenter Künstler in Oper und Schauspiel folgt der Leitung dieser Männer. Die hochwertig-
sten persönlichen künstlerischen Einzelleistungen ver-
schweißen sich im Leben der Berliner Staatstheater zu
einer monumentalen geschlossenen Einheit künstlerischen Wollens und Vollbringens."[339]
    Bei dem hochgelobten, von Göring zum Intendan-
ten des Berliner Schauspielhauses, dann des Preußi-

schen Staatstheaters bestellten Gustaf Gründgens – er
war in erster Ehe mit Erika Mann verheiratet gewesen
(ihr Bruder Klaus porträtierte den Schwager später in
einem Schlüsselroman als „Mephisto") –, bei diesem
meisterlichen Schauspieler und Regisseur, der früher
Sympathie für den Kommunismus gezeigt hatte, in der
Weimarer Republik am Deutschen Theater in Berlin
großen Erfolg hatte und 1936 zum preußischen
Staatsrat ernannt wurde, erfüllten sich die Propagan-
daerwartungen der Nationalsozialisten freilich nicht.
Er verstand es mit politischer Äquilibristik, dem Theater einen gewissen Freiraum zu verschaffen.

„Mit Fehling und Lothar Müthel hatte Gründgens
Jessners Regisseure im Haus, und ebenso einen star-
ken Stamm seiner Schauspieler: Bernhard Minetti,
Walter Franck, Albert Florath, Maria Koppenhöfer und
andere. Unter Gründgens kamen, wie er selbst, zum
Teil aus dem Reinhardt-Theater neue Kräfte dazu:
Werner Krauss, Hermine Körner, Käthe Gold, Marian-
ne Hoppe und andere. Im Deutschen Theater über-
nahm bald Heinz Hilpert die Führung, der Geist und
Stil Max Reinhardts weiterführte: immer bedacht auf
eine hohe, sinnliche, farbige Schauspielerkultur,
Atmosphäre der Szene, humanen Grundzug im Spiel-
plan wie im poetisch-philosophischen Spielablauf.
Hilpert verstand Regie als Dienst an der Dichtung;
Shakespeares und Molières Komödien, Shaws und
Hauptmanns Stücken galt seine Zuneigung. Seine
Klassiker-Aufführungen blieben (selbst ‚Faust' mit
Ewald Balser) gegenüber Fehlings zeitkritischer Wucht
leise, ohne Pomp. Konsequent vermied Hilpert einen
politischen Spielplan, umging immer wieder die For-
derung Schlössers, Stücke der jungen Autoren aufzu-

führen. (Erst Anfang 1944, am Beginn des Zusammenbruchs, sah er sich genötigt, Werner Deubels Kolberg-Stück ‚Die Festung' ins Programm zu nehmen.) Hilpert besaß Mut: Bei Goebbels setzte er 1938 die Freilassung Ernst Wiecherts aus dem KZ durch, weil er dessen ‚Verlorenen Sohn' spielen wollte. Er liebte das zarte Kammerspiel, pflegte in Reinhardts kleinem Haus das (heitere) Konversationsstück, bis der Kriegsausbruch ihn ‚durch das Verbot feindausländischer Gesellschaftsstücke' in eine schwere Krise stürzte. Man dachte an seine Ablösung. Aber Goebbels wußte, daß er ihn brauchte."[340]

Auch der dritte der Direktoren der großen Berliner Bühnen, Heinrich George, hatte seine Wurzeln im Theater der Weimarer Republik. Er hatte ursprünglich mit den Kommunisten sympathisiert und war einer der wichtigsten Schauspieler bei Erwin Piscator gewesen. Als Hauptkraft für Gründgens und Fehling ab 1934 verschaffte ihm sein Verzicht auf die frühere politische Haltung die Förderung durch Goebbels. 1938 wurde er Intendant des Schiller-Theaters mit Günther Weisenborn als Chefdramaturg. „Er war der erste Schauspieler seines Hauses (‚Der Richter von Zalamea', ‚Der große Kurfürst', ‚Wallenstein'). George kam aus dem Expressionismus. In Horst Caspar und Will Quadflieg erzog er sich junge, idealistisch wirkende klassische Helden. Sie waren bald die Lieblinge Berlins. Georges Klassikerspielplan, den er durch viele Stücke aus Skandinavien ergänzte, stützte sich auf sie."[341]

Erneuerte Spielplangestaltung

Hinsichtlich der Theaterspielpläne[342] stellte die NS-
„Kunstberichterstattung" – Kunst*kritik* wurde von
Goebbels als Ausdruck „jüdischer Kunstüberfrem-
dung" am 27. November 1936 offiziell verboten[343] –
schon bald nach der Machtübernahme triumphierend
fest, dass sie gereinigt, erneuert, erweitert worden
seien. Das war nach Richtlinien geschehen, die das
dramaturgische Büro des „Kampfbundes für deutsche
Kultur" 1933 aufgestellt hatte und als deren Ziel „eine
lebendige deutsche Spielplangestaltung" deklariert
war. Die dargebotenen Werke hätten „einem deutschen Publikum wesens- und artgemäß" zu sein, „in
ihrer geistigen Haltung, in ihren Menschen und deren
Schicksalen deutschem Empfinden, deutschen
Anschauungen, deutschem Wollen und Sehnen, deutschem Lebensernst und deutschem Humor" zu ent-
sprechen. „Da das Werk des Dichters nicht von seiner
Persönlichkeit und seiner blutgebundenen Wesensart
zu trennen ist, dürfen auf einer deutschen Bühne in
erster Linie nur deutschblütige Dichter zu Worte kommen, die ihre deutsche Art nicht verleugnen. Das
deutsche Theater darf nicht mehr wie bisher der Tum-
melplatz artfremden oder in nationaler Beziehung
charakterlosen Geistes sein."[344]

Im Januar 1936 vermelden die Dresdner Nachrichten befriedigt: „Heute bereits, nach drei Jahren nationalsozialistischen Neubaues des deutschen Theaters,
zeigt sich das Gesamtbild einer gereinigten, erneuer-
ten, erweiterten deutschen Schaubühne in klaren
Umrissen. Verschwunden sind die artfremden, den
übelsten Instinkten schmeichelnden Sensationsstücke,

die marxistisch eingestellten ‚Zeitdramen', die aufhet-
zerischen ‚Reportagen'. An ihre Stelle sind – außer der
Klassikerpflege und dem alten, guten, deutschen
Unterhaltungsstück – das neue Geschichtsdrama, die
völkische Zeitdramatik, die Schöpfungen des neuen
jungen Dichtergeschlechts getreten. Diese grundlegen-
de Umschichtung des ganzen geistigen Unterbaues
unseres gegenwärtigen Theaters ist eine der fühlbar-
sten, auf das gesamte Volk einwirkenden Folgen der
weltanschaulichen Läuterung des Bühnenwesens
durch die nationalsozialistische Bewegung."[345]

Schon vor der Machtübernahme hatte es eine Reihe von Stücken gegeben, deren Autoren dem Nationalsozialismus anhingen oder mit ihm sympathisier-
ten.[346] Dazu gehörte neben Walter Flex, Paul Ernst,
Dietrich Eckart[347] vor allem Hanns Johst. „Am 20.
April 1933, Hitlers erstem Geburtstag als Reichskanzler, fand im Preußischen Staatstheater am Berliner
Gendarmenmarkt die Uraufführung seines Ruhr-
kampf-Schauspiels ‚Schlageter' statt. Das Stück war
noch vor der NS-‚Machtergreifung' im Druck erschienen und ‚Adolf Hitler in liebender Verehrung und
unwandelbarer Treue' gewidmet. ... Das Stück – weitgehend ein konventionelles Rededrama in Zimmer-
dekorationen – zeigt, wie der Weltkriegsoffizier und
Freikorpskämpfer Schlageter sich zur terroristischen
Aktion durchringt: zum Bombenattentat auf einen
Zug, der 1923 französische Soldaten und Ruhrkohle –
nach der französischen Besetzung des Ruhrgebiets
wegen angeblich mangelhafter deutscher Reparations-
leistungen – abtransportiert. Die Reichsregierung hatte damals den (nur) passiven Widerstand dagegen pro-
klamiert. Schlageter sieht in den ersten Akten des

Stücks in den ‚Novemberverbrechern‘, vor allem in
den sozialdemokratischen Anführern der Erschöp-
fungs-Revolution von 1918, den Hauptfeind und läßt
sich erst im Verlauf des Stückes zum Terrorismus
gegen die Franzosen mitreißen, den sein heißsporniger
Gefolgsmann Friedrich Thiemann (gespielt von dem
Staatstheaterschauspieler und späteren Filmregisseur
Veit Harlan) vertritt: ‚Brüderlichkeit, Gleichheit, Freiheit, Schönheit und Würde ... Nein, hier wird scharf
geschossen! Wenn ich Kultur höre, entsichere ich meinen Browning.‘ Nur gelegentlich wird rhetorisch das
Parkett angesprochen, so wenn am Ende des zweiten
Aktes ein Gefolgsmann Schlageters ausruft, die
Jugend stehe zu ihm, weil er nicht nur der letzte Sol-
dat des Weltkrieges, sondern weil er der ‚erste Soldat
des Dritten Reiches‘ sei.“[348]

Klaus Peter Winkler benennt drei Kategorien von
Stücken, welche die NS-Ideologen bei der Spielplangestaltung favorisierten[349]:

1. Die „Revisions“-Stücke. In ihnen werden republi-
   kanische, sozialistische und humanitäre Werte
   zugunsten des Wertes „Vaterland“ aufgegeben.
2. Die „Fronterlebnis“-Stücke. Sie basieren auf Erlebnissen aus den Schützengräben des Ersten Weltkriegs, thematisieren oft den „Verrat“ der „republikanischen Kriegsgewinnler“ 1918 („Dolchstoß-
   Legende“). An die Überlebenden wird appelliert,
   die „Wiedergeburt Deutschlands“ als Verpflichtung
   gegenüber den Gefallenen zu begreifen.[350]
3. „Euphorie“-Stücke. Die Autoren verherrlichen den
   Anbruch des „tausendjährigen Reiches“, wobei
   Massenauftritte und eine hymnisch-überschwängli-

che Sprache bevorzugt Verwendung finden. Dazu gehörten auch die von den Nationalsozialisten ins Leben gerufenen „Thing-Spiele" (Festspiel- und Freilichttheater), die aber ziemlich erfolglos blieben.

Rund zweitausend Bühnenstücke solcher Art sollen zwischen 1933 und 1945 uraufgeführt worden sein; aber der größte Teil war von der Qualität her so schlecht, dass die Novitäten rasch abgesetzt und auch meist nicht von anderen Theatern übernommen wurden.

So musste man auf Klassiker und bewährte Unterhaltungsstücke zurückgreifen. Dies bot nicht nur die Möglichkeit, die NS-Weltanschauung zu unterlaufen, zumal in den Ensembles weiterhin hervorragende, künstlerisch nicht ohne weiteres zu manipulierende Schauspielerinnen und Schauspieler tätig waren, sondern auch gelegentlich verdeckten Widerstand zu leisten. Man stritt zwar darüber, ob Shakespeare „undeutsch" oder doch „nordisch-germanisch" oder wenigstens dem Ariertum wesensverwandt sei, aber er konnte genauso gespielt werden wie andere Autoren, die kaum der NS-Weltanschauung unterzuordnen waren, obwohl dies versucht wurde (was selbst Nationalsozialisten als lächerlich empfanden). Auch die Werke Goethes konnten ohne Einschränkung passieren; nach einer Phase der Unsicherheit seitens der NS-Theater-Theoretiker avancierte er zu den meistgespielten klassischen Autoren in Deutschland. Sein *Faust I. Teil* wurde in der Spielzeit 1936/37 insgesamt zweihundertzwanzigmal gegeben und als das „ewige Drama der Deutschen" interpretiert. *Egmont* verstand man als eine Auseinandersetzung der nordisch-puritani-

schen Welt mit der jesuitischen. Friedrich Schillers
Räuber erschienen als „Bekenntnis zum autoritären
Staat".

Insgesamt konnten die Schiller-Dramen hohe Auf-
führungszahlen erreichen. Schon 1932 hatte der Jurist
und damalige Geschäftsführer der Reichstagsfraktion
der NSDAP Hans Fabricius das Buch *Schiller als*
Kampfgenosse Hitlers. Nationalsozialismus in Schil-
lers Dramen veröffentlicht. Und da auch Hitler Schiller als „Vorläufer des Nationalsozialismus" empfand,
konnten „Missverständnisse" wie der Ausruf des Mar-
quis von Posa in *Don Carlos*: „Geben Sie Gedanken-
freiheit!" von Fall zu Fall in Kauf genommen werden.
(Der *Wilhelm Tell* war allerdings seit 1941 verboten.)

Ganz ähnlich verfuhr man beim Umgang mit
Christian Friedrich Hebbel, Heinrich von Kleist, Christian Dietrich Grabbe und Gotthold Ephraim Lessing
(dessen *Nathan der Weise* freilich als „liberalistisches
und semitophiles Tendenzstück" verboten war).

Schwieriger verliefen die Versuche der Nazis, die
Werke noch lebender, nicht gänzlich konformer Auto-
ren für den NS-Spielplan zu vereinnahmen, wie der
Fall Gerhart Hauptmann zeigt. Verschiedene Werke
Hauptmanns wurden als „gefährlich" eingestuft. Als
„unbedenklich" galten die in Hellas angesiedelten
Spätwerke *Iphigenie in Delphi* (1941) und *Iphigenie in*
Aulis (1943) sowie die meisten Werke der naturalisti-
schen Phase (mit Ausnahme der verbotenen *Weber*).
Auch andere naturalistische Autoren wurden empfoh-
len, wenn sich den Stücken eine Lesart gemäß der
Blut-und-Boden-Weltanschauung abgewinnen ließ;
dazu gehörte Max Halbe, der selber den Schritt vom
Naturalismus (*Jugend*, 1892, *Der Strom*, 1903) zur

politisch erwünschten „Blubo"-Ideologie (*Scholle und Schicksal, Autobiographie I*, 1930; *Erntefest*, 1937) vollzogen hatte.

Für unbrauchbar hielt die nationalsozialistische Dramaturgie „überzarte Seelendramen" von Autoren wie Jens Peter Jacobsen, Henrik lbsen, Anton Tschechow, da es sich um eine Kunst handelte, die man als überfeinert, dekadent und krank ablehnte.

In der Aufführungspraxis erwiesen sich als herausragend – im Sinne „alter" Theatertradition – etwa Jürgen Fehlings Inszenierungen von Schillers *Don Carlos* (1935) und Hebbels *Kriemhilds Rache* (1936) in Hamburg sowie seine Inszenierung von William Shakespeares *Richard III.* mit Werner Krauss 1936 in Berlin. Dort führte Gustaf Gründgens drei Monate nach Beginn des Krieges Regie bei Georg Büchners *Dantons Tod* und sechs Tage nach dem 20. Juli 1944 bei Schillers *Die Räuber*. Dass der Mephisto von Gründgens in den *Faust*-Inszenierungen der Berliner Staatstheater, die Gründgens von 1936 bis 1945 leitete, „die künstlerische Sensation vieler Jahre war, verwies heimlich darauf, in wessen Hand die Welt lag".[351]

Gereinigte Musik

Wie bei den Klassikern des Wortes und des Schauspiels wurde auch versucht, die „großen Deutschen" der Musik und der Oper unter die nationalsozialistische Weltanschauung zu subsumieren – ziemlich wahllos, oft allein deshalb, weil sie eben „klassisch" und populär waren. Die Reichsmusikkammer und in letzter Instanz Joseph Goebbels entschieden, welche Musik als erwünscht zu gelten hatte und welche „auszumerzen" war; (wie die jüdische, zum Beispiel Felix Mendelssohn Bartholdy, Gustav Mahler; bei der Operette Oscar Straus, Leo Fall, Victor Hollaender, Paul Abraham, Emmerich Kálmán).[352]

Einer breiten Öffentlichkeit war der Unterschied zwischen den Werken „nichtarischer" und „arischer" Komponisten nicht leicht zu verdeutlichen, etwa zwischen einer Symphonie Felix Mendelssohn Bartholdys und einer Robert Schumanns; eine Partituranalyse konnte dabei nicht weiterhelfen. Auch tat man sich schwer bei dem Beweis, dass ein jüdischer Geiger die deutsche Musik „verhunze" und ein jüdischer Dirigent nicht „artgemäß" das Orchester leite – zumal führende Interpreten mit weltweitem Ruf jüdischer Herkunft waren (Yehudi Menuhin, Bruno Walter, Otto Klemperer). Schließlich stammten die beliebtesten Schlager- und Operettenmelodien häufig von jüdischen Komponisten.

Beim Musiktheater war man nicht zuletzt wegen der ausgesprochenen Abneigung gegenüber „Neutönern" wie Arnold Schönberg und Alban Berg auf das Opern-Repertoire des neunzehnten Jahrhunderts angewiesen. Es gab taktisch bestimmte Ausnahmen: Man verzieh Modernität, wenn man „Deutsches" am Werk sah – wie etwa anfänglich (vor seiner Emigration) bei Paul Hindemith, bei Hans Pfitzner und vor allem bei Richard Strauss, der zudem sehr bekannt war. Hindemiths Werk *Mathis der Maler* wurde allerdings trotz des „echt-deutschen" Sujets bereits 1934 verboten, was sogar bei dem von den Nationalsozialisten als Aushängeschild umworbenen Dirigenten Wilhelm Furtwängler Protest hervorrief. Richard Strauss, der bei Einsetzung der Reichsmusikkammer als deren Präsident fungierte, musste auf Geheiß von Goebbels 1935 „freiwillig" zurücktreten, als in der Dresdner Staatsoper seine *Schweigsame Frau* nach einer Textvorlage von Stefan Zweig uraufgeführt wurde; (nach einer weiteren Aufführung wurde die Oper abgesetzt und verboten).[353]

Dass Werner Egk erfolgreich sein konnte, beruhte nicht nur auf seinem Opportunismsus gegenüber den Machthabern, sondern war auch der raffinierten, durchaus infam zu nennenden Methode zuzuschreiben, mit der er seine Modernität „maskierte": Die Bezüge auf Jacques Offenbach, Igor Strawinsky, Kurt Weill, Hanns Eisler und den Jazz intonierte er als Auseinandersetzung mit „entarteter Musik"; in der Oper *Peer Gynt* (1938) wird damit die Trollwelt als diejenige der jüdischen oder bolschewistischen Untermenschen gekennzeichnet.[354]

Carl Orff war „halb geduldet, halb unerwünscht, biswcilen von obrigkeitlicher Gnade beleuchtet". Einerseits wurde seine archaisch sich gebende Rhythmik „gesund", „bodenständig", „echt", „klar" und vor allem „deutsch" genannt; andererseits beanstandeten NS-Ideologen, hauptsächlich aus dem Rosenberg-Kreis, die bei ihm erkennbaren „Entartungserscheinungen". An den mit großem Publikumserfolg 1937 in Frankfurt aufgeführten *Carmina Burana* wurde kritisiert, dass er diesen das Latein des christlichen Mittelalters als einer undeutschen Epoche zugrunde gelegt habe. „Was den Stimmungsumschwung zugunsten Orffs letztlich bewirkte, kann man nicht mit Sicherheit sagen. Hitler soll die ‚Carmina Burana' gesehen und gemocht haben. Sie machten vor allem in der Kriegszeit ihren Weg, genau wie die Musik von Werner Egk

und Rudolf Wagner-Regeny. Die letzte Weihe erhielten
Egk und Orff, da ihr Porträt aus der Feder des bekannten Musikkritikers Werner Oelmann 1941 in Goebbels'
Blatt ‚Das Reich' erschien. Hans Pfitzner, letzter Vertreter der spätromantischen Wagner-Richtung, der
sich über öffentliche Wertschätzung ebenfalls nicht
beklagen konnte, soll angesichts der Anerkennung
seiner Komponistenkollegen im Frühjahr 1942 auf die
Frage, was er von ihnen halte, neidvoll gespottet
haben: ‚Egk mich am Orff!'"355

Im Mittelpunkt des NS-Musiklebens stand der
Wagner-Kult, der durch das Haus Wagner in Bayreuth
entschieden unterstützt wurde. Laut *Mein Kampf* hatten die Opern Wagners im „Führer" schon sehr früh
das eigene Sendungsbewusstsein gestärkt, ja hervor-
gerufen. „Mit einem Schlage war ich gefesselt. Die
jugendliche Begeisterung für den Bayreuther Meister
kannte keine Grenzen. Immer wieder zog es mich zu
seinen Werken, und ich empfinde es heute als besonderes Glück, daß mir durch die Bescheidenheit der
provinziellen Aufführung die Möglichkeit einer späteren Steigerung erhalten blieb."356 Der germanische
Mythos, den Wagner auf „geweihte Bühne" stellte,
entsprach der nationalsozialistischen Doktrin vom
Supremat des Nordischen. Was die Musik selbst betraf,
so musste sie mit ihrem theatralischen Pomp, ihrem
Kultcharakter (bei überdimensionaler Orchestrierung)
ein ungebildetes Ohr, besonders wenn es allen talmi-
romantischen Verzückungen offen stand, tief beein-
drucken. Es ist in diesem Zusammenhang auch auf-
schlussreich, in Goebbels' Tagebüchern der Frühzeit
(*Vom Kaiserhof zur Reichskanzlei*) nachzulesen, wie
gerade Wagner „Erholung" für jene bedeutete, die

zwischen Blutrausch und Hassgesängen die „deutsche
Zukunft schmiedeten". „Ich spreche vor den sächsi-
schen Amtswaltern, und es gelingt mir, alles wieder
hochzureißen. Gleich danach wieder im Flugzeug
nach Berlin zurück, und abends höre ich in der Lin-
den-Oper ‚Tristan' in einer vollendeten Aufführung.
Diese Musik ist unbeschreiblich süß und berückend.
Man kann sich Schöneres kaum denken. Die Stimmen
sind wie Samt und klingen wie Celli. Erschüttert und
im Tiefsten ergriffen, verläßt man das Theater" (9.
Oktober 1932). – „Einen Sonntag Ferien vom Ich. Zu
Hause wird gelesen, geschrieben und musiziert.
Abends hören wir in der Städtischen Oper ‚Die Götterdämmerung' und sind ergriffen von dem ewigen
Genius Wagners. Nun hat man wieder Kraft für eine
ganze Woche Arbeit" (26. Februar 1933).[357]

Die gesamte NS-Elite und die NS-Mitläufer stimmten in die Wagner-Begeisterung des „Führers" ein –
genauso wie das Heer der Musikkritiker und der offiziellen Kulturamtswalter. (Etwas zurückhaltender war
Alfred Rosenberg, der bei Wagner noch gewisse
„christliche Vorstellungen" wirksam sah.) Besonders
hektisch gebärdete sich Hans Schemm, der als Gauleiter von Oberfranken und der Ostmark sozusagen pro
domo sprach: „Daß wir gerade in unserer Zeit uns
inniger mit Wagner verbunden fühlen als vor uns
lebende und vielleicht auch als nach uns kommende
Geschlechter, liegt in der geschichtlich-weltanschau-
lichen Größe unserer Zeit begründet. ... Wenn wir aus
dem Ideengut Wagners den Begriff des Heldischen in
seinem Kampf gegen das Pazifistische, Feige und
Spießerische lösen, streichen wir zugleich den Begriff
der Sehnsucht nach Rassenreinheit."[358]

Der *Völkische Beobachter* feierte Wagner von den frühen Tagen der „Bewegung" an als Nationalheros.[359] Über eine Aufführung von *Tristan und Isolde* heißt es am 24. Juli. 1928: „Solange durch die weißhäutige Menschheit noch arisches Bluterbe fließt, wird das hohe Lied von der Liebe Tristans und Isoldens nicht verklingen; denn es verstehen, mitfühlend erleben kann nur der nordische oder nordisch bestimmte Mensch. Andersblütige Menschen mögen wohl hier und da von der wundervoll blühenden Melodik dieser in sich einzigartigen Partitur gepackt werden, allein ein Verständnis für das die ganze Schöpfung durchflutende seelische Fluidum können sie nicht aufbringen." Über den *Ring des Nibelungen* schreibt der Kritiker des *Völkischen Beobachters* am 9. Dezember 1927: „Hier hat uns Richard Wagner diese uralte arische Erkenntnis in das Heldenhafte unserer rassischen Art ins Mystische gespiegelt, in einer gewaltigen Erfindung, Verklärungsgesang auf den Tod eines Helden, versinnlicht, während der mischrassige August Strindberg uns genau diese Erkenntnis in den Niederungen der Gegenwart vorführt, in Menschen, denen jeder heroische Zug fehlt."

Der Kreis um Richard Wagner – seine Frau Cosima, sein Schwiegersohn Houston Stewart Chamberlain und seine Schwiegertochter Winifred – förderte völkisches, dann nationalsozialistisches Denken nach Kräften. In Bayreuth traf sich die „große Welt", jene fatale Mischung aus Feudaladel und industriellem Großbürgertum, welche die antidemokratische und antiliberal eingestellte Oberschicht vor und nach 1919 ausmachte. Dadurch wurde – wie es der Cosima-Biograph Max von Millenkovich-Morold 1937 formulier-

Während einer Aufführungspause der *Götterdämmerung* am 23. Juli 1940 in Bayreuth grüßt Hitler von einem Fenster des Festspielhauses die jubelnde Menge.

te – die grundsätzliche und weitschauende Verknüpfung des Gedankens von Bayreuth mit der gesamten völkischen Bewegung vorgenommen.

Rechtsradikale, Deutschnationale, „Alldeutsche" und Nationalisten verschiedenster Parteiung gehörten zur Bayreuther Wagner-Gemeinde. 1924, bei der Wiedereröffnung der Festspiele, fanden sie sich – mit Erich Ludendorff an der Spitze – demonstrativ gegen die „Judenrepublik" zusammen. Es war also keineswegs zufällig, dass die Nationalsozialisten 1933 in Bayreuth besondere politische Erfolge feiern konnten. In der von dem damaligen Oberbürgermeister 1939 herausgegebenen Festschrift *Bayreuth – festliche Stadt* heißt es bezeichnenderweise: „Bei den tiefsten geistigen Zusammenhängen zwischen der nationalsozialistischen Weltanschauung und dem Bayreuther Werke

Richard Wagners muß es als selbstverständlich erscheinen, daß Bayreuth in der schmachvollsten Zeit der deutschen Geschichte die wachen Kräfte der deutschen Selbstbesinnung angezogen hat. Frühzeitig wurde darum auch die Stadt Richard Wagners eine Hochburg der nationalsozialistischen Freiheitsbewegung Adolf Hitlers."[360]

Mit Musik geht alles besser

Die „eigenste musikalische Schöpfung" des NS-Staates bestand in Liedern und Märschen, welche die Parteiformationen und die ihr angeschlossenen Organisationen, vorwiegend Hitlerjugend, BDM, Arbeitsdienst und Wehrmacht, in „Bewegung" bringen und halten sollten. „Auf dem Heimabend wird viel gesungen", meint Georg Usadel, ein führender Mann der HJ, „und zwar wird Gott sei Dank viel und gut im Jungvolk gesungen. Neben den alten Landsknechtsliedern, Soldaten- und Volksliedern auch schon die neuen Kampflieder, die vielleicht der schönste Beweis für den Nationalsozialismus sind, daß er eine gewaltige Erneuerung für das deutsche Volk ist. Denn eine Bewegung, die Volkslieder hervorbringt, zeigt, daß sie das Geheimnis besitzt, eine Saite im Volke erklingen zu lassen, die nur diejenigen finden, die selbst von ganz Großem beseelt sind."[361]

Die Lieder – „kleinbürgerliche Sofaromantik, versetzt mit Schlägerinstinkten" (Karl Schwedhelm) – verherrlichten Kampf und Krieg und huldigten der beliebten und stereotypen Landser-Mädel-Romantik: „Wie schön ist doch die Welt, / wenn die tapfere Frau ihren feldgrauen Mann / in ihren Armen zärtlich hält."

Beliebte Titel waren: *Heil, mein Lieb, der Morgen graut,
Braun sind die Hemden und rot ist das Blut, Es zittern
die morschen Knochen der Welt vor dem großen Krieg,
Als die gold'ne Abendsonne, Deutsche Mädel, Am
Westwall blüht ein Rosenstrauch, Wir Deutsche stehen
marschbereit, Es ist so schön Soldat zu sein, Bomben
auf Engelland, Auf der Heide blüht ein Blümelein, In
den Ostwind hebt die Fahnen, Unsere Fahne flattert
uns voran, Von Finnland bis zum Schwarzen Meer.*[362]
Das Lied *Die Fahne hoch* des SA-Führers Horst Wessel,
der aus einem nationalistisch orientierten Pfarrhaus
stammte (der Vater schwärmte vom „heiligen Krieg"),
erhielt geradezu sakrale Bedeutung. Der Zweiund-
zwanzigjährige war am 14. Januar 1930 von kommu-
nistischen Gegnern in seiner Wohnung überfallen und
durch einen Pistolenschuss lebensgefährlich verwun-
det worden. „Den Folgen dieser Verletzungen erlag er
sechs Wochen später. Mit dem Tod kam der Kult. Der
junge Mann avancierte zum Märtyrer der NS-Bewe-
gung, und das von ihm geschaffene Kampflied stieg
zur NSDAP-Parteihymne (‚Weihelied') und 1933 zur
zweiten deutschen Nationalhymne auf: ‚Die Fahne
hoch! Die Reihen fest geschlossen! S.A. marschiert mit
ruhig festem Schritt. / Kam'raden, die Rotfront und
Reaktion erschossen, / marschier'n im Geist in unsern
Reihen mit. // Die Straßen frei den braunen Bataillo-
nen! / Die Straße frei dem Sturmabteilungsmann! / Es
schau'n aufs Hakenkreuz voll Hoffnung schon Millionen. / Der Tag für Freiheit und für Brot bricht an. //
Zum letzten Mal wird Sturmalarm geblasen! / Zum
Kampfe steh'n wir alle schon bereit. / Bald flattern Hit-
lerfahnen über allen Straßen, / die Knechtschaft dauert
nur noch kurze Zeit!'"[363]

Musikalisches lockeres „Ohrenfutter" wiederum
diente dazu, die Menschen, vor allem im Krieg, von
bedrückenden Erlebnissen und Erfahrungen abzulen-
ken. Das geschah durch Schlager, die häufig in Revue-
filmen und in den Unterhaltungssendungen des Rundfunks präsentiert wurden.[364] „Mit Musik geht alles
besser" – und so tanzte man, während Deutschland
unterging, „in den siebenten Himmel hinein". In solchem Zusammenhang erinnerte man sich selbst an die
kessen, lasziven, charmanten, beschwingten zwanziger Jahre; das Lustspiel, im Besonderen die Klamotte
und die Operette aus dieser Zeit fanden großen
Anklang (ob auf dem Theater oder verfilmt).[365] Der
Erfolg von Schlagern wie *Kann denn Liebe Sünde
sein?*, *Ich wünsche dir Glück, Jonny*, *O mia bella
Napoli*, *Ich werde jede Nacht von Ihnen träumen*, *Bel
ami*, *La Paloma*, *Das kann doch einen Seemann nicht
erschüttern*, *Wir machen Musik*, *Ich weiß, es wird
einmal ein Wunder geschehn*, *Ich wollt' ich wär' ein
Huhn*, *Kauf dir einen bunten Luftballon* und anderen
zeigte, welche Sehnsüchte die Massen wirklich beweg-
ten. Als Komponisten intonierten Peter Kreuder, Wer-
ner Bochmann, Peter Igelhoff, Ralph Benatzky, Nico
Dostal die trivial-ästhetischen Fluchtbewegungen;
Protagonistinnen und Protagonisten des „süßen
Lebens" waren Ilse Werner, Margot Hielscher, Margot
und Hedi Höpfner, Evelyn Künneke, Marika Rökk,
Lilian Harvey, Johannes Heesters, Wilhelm Strienz,
Hans Albers, vor allem auch die Schwedin Zarah
Leander, die freilich mehr das tragische (süß-saure)
Genre vertrat. Der schnelle Foxtrott *Die Nacht ist
nicht allein zum Schlafen da*, in der Interpretation von
Gustaf Gründgens, aus einem der bekanntesten

Kostümfilme des Dritten Reiches (*Tanz auf dem Vulkan*, 1938) konnte mit seiner Beschwörung der Pariser Atmosphäre geradezu als Zeichen des Widerstands empfunden werden.

> *... Wenn im Glase perlt der Sekt*
> *unter roten Ampeln*
> *und die Mädchen süß erschreckt*
> *auf dem Schoß uns strampeln,*
> *küssen wir die Prüderie*
> *von den roten Mündern.*
> *Amnestie, Amnestie*
> *allen braven Sündern.*[366]

Mit dem 1940 von Hans Leip getexteten und von Norbert Schultze vertonten Schlagerlied *Lili Marleen* gelang sogar mitten im Krieg der Durchbruch zur Internationalität.

> *Vor der Kaserne,*
> *vor dem großen Tor*
> *stand eine Laterne*
> *und steht sie noch davor,*
> *so woll'n wir da uns wiederseh'n,*
> *bei der Laterne woll'n wir steh'n*
> *wie einst, Lili Marleen.*[367]

Verbreitet war das Lied in über fünfzig Sprachen, dargeboten von einer Vielzahl bekannter und unbekannter Interpretinnen, die sich aber fast alle an der Deutschen Lale Andersen, geborene Bunnenberg, verheiratete Wilke, orientierten. Die Nationalsozialisten behinderten allerdings ihre künstlerische Tätigkeit, erteilten ihr auch einmal ein Auftrittsverbot. (Nach dem Mai 1945 wurde die Insel Langeoog, wohin die Sängerin bei Kriegsende aus Berlin geflüchtet war, zum Wallfahrtsort vor allem alliierter Soldaten, die darauf brannten, die Andersen sehen und hören zu können.)

Jazz in jeder Form gehörte als „Nigger-Jazz" zur „entarteten" Musik und war jahrelang diffamiert (freilich weiterhin gepflegt von den so genannten „Swing-Heinis", die ihrer Begeisterung für amerikanische Musik im Untergrund frönten und sich den vorherrschenden Kulturmustern nicht anpassten[368]). „Lange bevor Hitler 1933 Reichskanzler wurde, hatten in der Weimarer Zeit NS-Stoßtrupps Jazzkonzerte gestört; nach 1933 waren Arbeitsmöglichkeiten für deutsche und ausländische Jazzmusiker schrittweise abgeschafft worden. Jazz sollte völlig verschwinden. Am 12. Oktober 1935 hatte der Chef der ‚Reichs-Rundfunk-Gesellschaft', Eugen Hadamovsky, verfügt: ‚Mit dem heutigen Tage spreche ich ein endgültiges Verbot des Nigger-Jazz für den gesamten deutschen Rundfunk aus.' Trotz – oder vielleicht auch wegen – dieser Verbotspolitik schaffte die unterdrückte Musik mit Beginn der vierziger Jahre ein unerwartetes Comeback in Deutschland."[369]

Nachdem schon im Frühjahr 1941 aus den Geheimen Lageberichten des Sicherheitsdienstes (SD) der SS hervorgegangen war, dass die Hörer die Tanzabende mit Polka und Rheinländer eher langweilig fanden und lieber rhythmisch stärker betonte Musik wünschten, hatte Goebbels mit einer Anweisung an den Reichsintendanten Heinrich Glasmeier zugunsten solcher Hörerwünsche reagiert. Es wurde ein „Deutsches Tanz- und Unterhaltungsorchester" gegründet, das der

Plakat zur Ausstellung „Entartete Musik" 1938. Vor allem der Jazz, der als
„Nigger-Musik" diffamiert wurde, sollte völlig verschwinden. Trotz Verbots-
politik erlebte er Anfang der 1940er Jahre ein unerwartetes Comeback in
Deutschland.

„Judenmusik" eines Benny Goodman wie dem Sound
von Glenn Miller deutsche Töne entgegensetzen sollte
und einen eigenen deutschen Swing entwickelte.
Deutsche Schlager wurden unter Nutzung jazznaher
Elemente arrangiert, was einen durchaus neuen Klang
in die Unterhaltungsmusik einbrachte – aber auch und
vor allem zur Aufmunterung der allgemeinen Kriegs-
stimmung gedacht war.

Film und Ideologie

Die Funktion von Film und Kino im Dritten Reich
unterschied sich nicht grundsätzlich von derjenigen
der anderen Kunstgattungen; sie war der Rolle des
Rundfunks besonders ähnlich. Zum einen sollte fana-
tischer Rassismus, verbunden mit Hass auf Juden und
„Minderwertige" angestachelt und gestärkt werden;
zum anderen die Leichtigkeit des Daseins in Kompensation der ständig abverlangten Mühen und Entbeh-
rungen suggeriert werden. „Kino im Nationalsozialismus war vor allem stimmungsselige Simulation des
Ernstfalls, war der Versuch, Bedürfnisse wie die Sehnsucht nach Liebe, Geborgenheit, Abenteuer und Erhabenheit zu wecken und alle Energien auf eine Sache
hin zu bündeln: der Sieg des Herrenmenschen über
den Rest der Welt. Dazu brauchte man Soldaten, die
sich gehorsam, ja freudig bis zum Letzten als willen-
lose Masse benutzen lassen, bis in den eigenen
Tod."[370] Als Sedativum gegenüber solcher anthropolo-
gisch-psychologischen Überforderung – wer wollte
schon sein Leben als ständig hoch geputschte Bereitschaft zum heroischen Opfergang begreifen – wurden
eine Vielzahl von Unterhaltungsfilmen in den Genres

Komödie, Klamotte, Posse, Boulevard, Revue den
„Hakenkreuzfilmen" beziehungsweise den historischen Monumentalfilmen zur Seite gestellt; in ihnen
brillierten Schauspieler und Schauspielerinnen wie
Heinz Rühmann, Theo Lingen, Hans Moser, Fita Benk-
hoff, Grete Weiser unter der Regie versierter Filme-
macher wie Helmut Käutner, Wolfgang Liebeneiner,
Kurt Hoffmann. Es gelangen durchaus anspruchsvolle
Unterhaltungsfilme, wie etwa Josef von Bakys
Münchhausen (das Drehbuch durfte der mit Berufsverbot belegte Erich Kästner unter Pseudonym schreiben) und Helmut Käutners *Große Freiheit Nr. 7*; bei-
des Farbfilme mit Hans Albers. Von Goebbels wurde
die Parole ausgegeben, dass Optimismus genauso
wichtig sei wie Kanonen und Gewehre.

Ende März 1933, zwei Wochen nach seiner Ernen-
nung zum Reichspropagandaminister, hatte Joseph
Goebbels in einer Rede vor Filmschaffenden heuchle-
risch festgestellt, dass die Kunst frei sei und frei bleiben solle; allerdings müsse sie sich an bestimmte Normen gewöhnen. Was damit gemeint war, zeigte dann
das Filmkammergesetz vom 14. Juni 1933; die
„Gleichschaltung" des zu Zeiten der Weimarer Republik international anerkannten deutschen Films wurde
dadurch eingeleitet; die Berufsausübung konnte nun
denjenigen entzogen werden, die nicht die „erforder-
liche Zuverlässigkeit" besaßen. Das waren vor allem
jüdische Produzenten, Regisseure, Schauspieler und
Schauspielerinnen. Das Reichslichtspielgesetz vom
Februar 1934 bot die Handhabe, Filme zu verbieten,
die „nationalsozialistisches Empfinden" verletzten;
bereits im ersten Jahr betraf dies mehr als einhundert
Streifen.[371]

Unter dem von 1933 bis 1945 als „Schirmherr des deutschen Films" fungierenden Goebbels – er war von der Montagetechnik des russischen Films beeindruckt und schätzte die „Rezepte Hollywoods" – sorgte dann der Reichsfilmintendant und Leiter der Abteilung Film im Reichspropagandaministerium Dr. Fritz Hippler dafür, dass die im Dritten Reich hergestellten etwa tausendeinhundert abendfüllenden Spielfilme sowie die sechsundsechzig deutsch-ausländischen Produktionen und die sechshundert importierten ausländischen Filme (darunter *King Kong, Meuterei auf der Bounty* und *Anna Karenina*) ihren Zweck als Mittel sowohl der Indoktrination als auch der Unterhaltung voll erfüllten.

Der künstlerische Verlust aufgrund der Unterdrückungspolitik des NS-Regimes war auch im Filmbereich ungemein groß; es emigrierten neben den schon erwähnten Stars Asta Nielsen, Ernst Deutsch, Curt Goetz, Peter Lorre, Ernst Lubitsch, Alexander Moissi, Max Ophüls, Erich Pommer, Otto Preminger, Robert Siodmak, Conrad Veidt, Billy Wilder, Adolf Wohlbrück (insgesamt über tausendfünfhundert Filmschaffende). Es kam vor, dass Schauspieler mit jüdischen Ehepartnern oder solche mit teiljüdischer Abstammung eine – freilich jederzeit widerrufbare – Sondergenehmigung für ihre Arbeit erhielten. 1941 bezichtigte die Gestapo die Frau des beliebten jungen Schauspielers Joachim Gottschalk der „Rassenschande" und gab ihr und dem acht Jahre alten Sohn einen Tag, um das Land zu verlassen. Die Eltern töteten das Kind und begingen gemeinsam Selbstmord; der tragische Tod löste tiefe Erschütterung in Künstlerkreisen aus.[372]

Der holländische Star Johannes Heesters im Film *Immer nur du* von 1941. Im selben Jahr besuchte er das Konzentrationslager Dachau und sang dort für die SS.

Auch Fritz Lang hatte 1933 Deutschland verlassen, obwohl er mit seinen Filmen *Metropolis, Das Testament des Dr. Mabuse* und *Die Nibelungen* Elemente des nationalsozialistischen heroischen Monumentalstils vorweggenommen hatte (weshalb ihm Goebbels anbot, Leiter der deutschen Filmwirtschaft zu werden). Lang war in der Stummfilmzeit zunächst auch die Regie des Films *Das Kabinett des Dr. Caligari* übertragen worden, die er jedoch wegen einer anderen Arbeit wieder abgab. Diese vom Konzept her revolutionäre, die Allmacht der Staatsautorität brandmarkende Schauergeschichte in der Nachfolge E. T. A. Hoffmanns wurde – dem antidemokratischen Denken weiter Kreise der Weimarer Republik entsprechend – bei der Verwirklichung des Films „umgedreht": Verherrlicht wurden nun autoritäre Verhaltensweisen, und deren Widersa-

cher bezichtigte man des Wahnsinns. Für Siegfried
Kracauer ereignete sich dann 1933 in Deutschland,
was der expressionistische Film seit Anbeginn hatte
ahnen lassen; die von ihm beschworenen Gestalten
traten aus der Leinwand heraus und ins Leben hinein.
Selbstherrliche „Caligaris" schwangen sich zu Hexen-
meistern auf. Tobsüchtige „Mabuses" begingen straflos
grausame Verbrechen, und wahnsinnige Despoten
erdachten unerhörte Folterungen.[373]

Dass die kinofreundlichen Deutschen der Droge des
nationalsozialistischen Films zunehmend verfielen –
1939 gingen sie sechshundertvierundzwanzig Millionen Mal ins Kino, vier Jahre später war die Zahl der
Filmbesuche auf 1,1 Milliarden angestiegen –, war
nicht nur eine Folge der allgemeinen Identifikation
mit dem NS-Regime, sondern auch ein Erfolg der von
Goebbels raffiniert gehandhabten Filmpolitik. Er setzte weniger auf plump-direkte, sondern vielmehr auf
latent-unterschwellige Beeinflussung. Paradox war
auch, dass er als einer der zynischsten und autoritärs-
ten Verfechter der NS-Ideologie dem Film (wie auch
dem Theater) einen gewissen Spielraum einräumte,
was ihm eine Phalanx von Gegnern aus Partei, Wehrmacht und dem Amt Rosenberg einbrachte. Allerdings
wirkte auch die Filmwirtschaft mäßigend: „Bis zum
Ende des Dritten Reiches wurden Filme in privatrecht-
licher Verantwortung produziert; auch die Reichsführer konnten ihren Einfluß nur durch indirekten Druck
geltend machen. Eine Schlüsselrolle spielten dabei die
Produktionschefs der sieben wichtigen Gesellschaften
– allesamt keine gestandenen Nazis, sondern zuerst
versierte Geschäftsleute und Verhandlungspartner. In
Goebbels' Diktat heißt es im Februar 1943 beinahe

resigniert: ‚Wen einsetzen, wenn man niemand hat.‘
Ohne geeigneteres Personal an Bord fuhr der Unter-
haltungsdampfer ‚Deutsches Kino‘ einen steten, wenn
auch nicht rekordverdächtigen Kurs, der die Forderungen der Politik nie schnell genug nachzeichnete und
dies in der Regel weder wollte noch – strukturell –
konnte. Ein weiteres Hemmnis war der oberste Lotse:
Adolf Hitler hat im Kino schwerblütige Melodramen
und leichte Unterhaltung, auch Krimis, geliebt, ansonsten wurde er schnell müde. Was die Propaganda
betraf, forderte er, der dann den ganzen Krieg über
keinen einzigen Spielfilm mehr gesehen haben soll,
die eindeutige, sichtbare Tendenz. Hier war ihm Goebbels eindeutig überlegen – ohne es je besser als der
‚Führer‘ wissen zu wollen –, der an der Stelle des ideologischen Holzhammers immer wieder ein ästhetisches
Programm postulierte.“[374]

Das war auch der Hauptgrund dafür, dass die
Nationalsozialisten hinreichend bedeutsame Protago-
nisten und Regisseure fanden, die sich auf eine künstlerische Tätigkeit in der Diktatur einließen[375] – zum
Beispiel Hans Albers, Josef von Baky, Willy Birgel,
Heinrich George, Gustaf Gründgens, Emil Jannings,
Helmut Käutner, Wolfgang Liebeneiner, Theo Lingen,
Hans Moser, Erich Ponto, Arthur Maria Rabenalt,
Heinz Rühmann, Paul Wegener, Käthe Haack, Heide-
marie Hatheyer, Brigitte Horney, Zarah Leander, Mari-
ka Rökk, Ilse Werner. Manche Künstler und Regisseure waren dem Nationalsozialismus besonders ergeben,
wie Hans Steinhoff (*Hitlerjunge Quex*), Karl Ritter
(*Urlaub auf Ehrenwort*), Veit Harlan (*Jud Süß*), Luis
Trenker (ein Spezialist für Bergfilme) und der Senior
der Regisseure, Carl Froelich (*Es war eine rauschende*

Ballnacht). Leni Riefenstahl, die in den zwanziger Jahren in den von dem Regisseur Arnold Fanck entwickelten Bergfilmen mitgewirkt hatte und dann zur führenden Filmregisseurin des Dritten Reiches aufstieg, setzte die nationalsozialistische Euphorie in faszinierende Bilder um; deren Suggestion trug wesentlich dazu bei, dass sich der Einzelne, obwohl Element der Massenchoreographie, nicht unterjocht, sondern als Teil eines höherwertigen Ganzen und somit aufgewertet fühlte.[376]

Nach Hilmar Hoffmann kann man die Filme des Dritten Reiches, mit deren Hilfe das Regime die Bevölkerung weltanschaulich ausrichtete oder sich ihr anbiederte, in elf Kategorien gliedern:

- der genuin ideologische Film
- der historische Film
- der gemeinschaftsbildende Film
- der Film gegen den gewollten Feind
- der antisemitische Film
- der Wehrertüchtigungsfilm
- der Jugendfilm
- der patriotische Film
- der Kriegsfilm
- der Durchhaltefilm
- der Unterhaltungsfilm.

Die Grenzen waren fließend. Es dominierten Themen, die Führertum, Rasse, „Volksgemeinschaft" und Heimat glorifizierten und dabei große Gestalten aus Kunst, Medizin, Politik und Militär für den nationalen Mythos vereinnahmten. Der auf die Rolle des Preußenkönigs Friedrich II. spezialisierte Theater- und Filmschauspie-

Bedeutende Schauspieler wie Werner Krauss und Ferdinand Marian stellten sich 1940 unter der Regie von Veit Harlan für den Hetzfilm *Jud Süß* zur Verfügung.

ler Otto Gebühr dürfte den „großen König" (unter anderem auch Titel eines Filmes von Veit Harlan, 1943) wohl über fünfzigmal gespielt haben.

Hetzfilme wie *Jud Süß* (unter der Regie von Veit Harlan mit Ferdinand Marian, Werner Krauss, Kristina Söderbaum) wurden noch untertroffen von Machwerken wie *Der ewige Jude*, ein „Dokumentarfilm" (1942), für den Fritz Hippler – nach dem Krieg weiterhin publizistisch tätig – verantwortlich zeichnete. Er drehte in einem von der SS eingerichteten polnischen Ghetto, in dem er die erniedrigten, geschundenen, für die Massenvernichtung vorgesehenen Menschen als „Parasiten" und „Schädlinge" diffamierte (der Film wurde allein in Berlin gleichzeitig in sechsundsechzig Kinos gestartet). „Wo Ratten auftauchen, verbreiten sie Krankheiten und tragen Vernichtung ins Land. Sie sind hinterlistig, feige und grausam und treten meist in großen Scharen auf – nicht anders als die Juden unter den Menschen."[377]

Kunst der leeren Formen

Dass Hitler nach seinem Weggang aus Linz in Wien an der Akademie der bildenden Künste abgewiesen wurde und als kleiner gescheiterter Maler sich seinen Lebensunterhalt zu verdienen suchte, dürfte die Entwicklung seiner autoritären Persönlichkeitsstruktur wesentlich bestimmt haben. Kaum zum Reichskanzler berufen, begann er als selbst ernannter Praeceptor Germaniae seine schon in *Mein Kampf* dargelegte Kunstauffassung in staatliche Politik umzusetzen. Das Ende der „verjudeten und bolschewisierten Kunst" sei mit dem Dritten Reich gekommen; angesichts der „krankhaften Auswüchse irrsinniger und verkommener Menschen"[378] – mit dieser Sammelkritik bedachte er fast alle künstlerischen Strömungen seit dem Naturalismus – sei es nun Sache der Staatsleitung, zu verhindern, dass ein Volk dem geistigen Wahnsinn in die Arme getrieben werde.[379] In der Reichstagsdebatte zum Ermächtigungsgesetz (am 23. März 1933) erklärte er: „Die Kunst wird stets Ausdruck und Spiegel der Sehnsucht und der Wirklichkeit einer Zeit sein. Die weltbürgerliche Beschaulichkeit ist im raschen Entschwinden begriffen. Der Heroismus erhebt sich leidenschaftlich als kommender Gestalter und Führer politischer Schicksale. Es ist Aufgabe der Kunst, Ausdruck dieses bestimmenden Zeitgeistes zu sein. Blut und Rasse werden wieder zur Quelle der künstlerischen Intuition werden."[380]

Hitler und Goebbels mit Gefolge bei der Eröffnung der 2. Großen Deutschen Kunstausstellung im „Haus der Deutschen Kunst" in München am 10. Juli 1938

Hitler liebte den Klassizismus des ausgehenden neunzehnten Jahrhunderts – abgeklatschte Landschaften, mythologisch verfremdetes nacktes Frauen- und Mannestum, überhaupt kernige Gestalten (muskelstark und geistesschwach), idyllische Stillleben, bäuerliche Genreszenen mit Herdbuchvieh, heroische Kampfesszenen mit Schützengrabenromantik.

Wegen seines Kunstverständnisses wurde Hitler von der Linken vor seiner Machtübernahme als „Wilhelm III." bespöttelt. In der Tat war Hitlers Geschmacklosigkeit derjenigen Wilhelms II. ziemlich ähnlich. Was der deutsche Kaiser zum Beispiel bei der Enthüllung von Denkmälern in der Siegesallee zu Berlin 1901 sagte, hätte auch von Hitler stammen können: „Beim Anblick der herrlichen Überreste aus der alten klassischen Zeit überkommt einen auch wieder

dasselbe Gefühl; hier herrscht auch ein ewiges, sich
gleich bleibendes Gesetz: das Gesetz der Schönheit
und Harmonie, der Ästhetik ... Mögen Sie auf dieser
Höhe stets stehenbleiben, mögen auch meinen Enkeln
und Urenkeln, wenn sie mir dereinst erstehen werden,
die gleichen Meister zur Seite stehen."[381] Zur Eröffnung der 2. Großen Deutschen Kunstausstellung am
10. Juli 1938 (die erstc fand 1937 statt, sieben weitere folgten bis 1944) rhapsodierte Hitler im Stil Wilhelms II.: „Mögen Sie alle, die Sie dieses Haus besu-
chen, nicht versäumen, in die Glyptothek zu gehen,
und mögen Sie dann erkennen, wie herrlich schon
einst der Mensch in seiner körperlichen Schönheit war
und wie wir von Fortschritten nur darin reden dürfen,
wenn wir diese Schönheit nicht nur erreichen, sondern wenn möglich noch übertreffen. Mögen aber
auch die Künstler daran ermessen, wie wunderbar sich
das Auge und das Können jenes Griechen Myron uns
heute offenbaren; jenes Griechen, der vor fast
zweieinhalb Jahrtausenden das Werk schuf, vor dessen römischem Abbild wir heute in tiefer Bewunderung stehen. Und mögen Sie daraus alle einen Maß-
stab finden für die Aufgaben und Leistungen unserer
eigenen Zeit. Mögen Sie alle zum Schönen und Erhabenen streben, um in Volk und Kunst ebenfalls der
kritischen Bewertung von Jahrtausenden standzuhal-
ten."[382]

Anknüpfend an die Fehlinterpretation des klassischen Schönheitsbegriffs im neunzehnten und zwanzigsten Jahrhundert, dekretierten die Nationalsozialisten eine Ästhetik, die sich scheinbar an antiken Vor-
bildern orientierte – mit einer Anmut, die ins Brutale
umgemünzt wurde, und einer Würde, die sich als ein

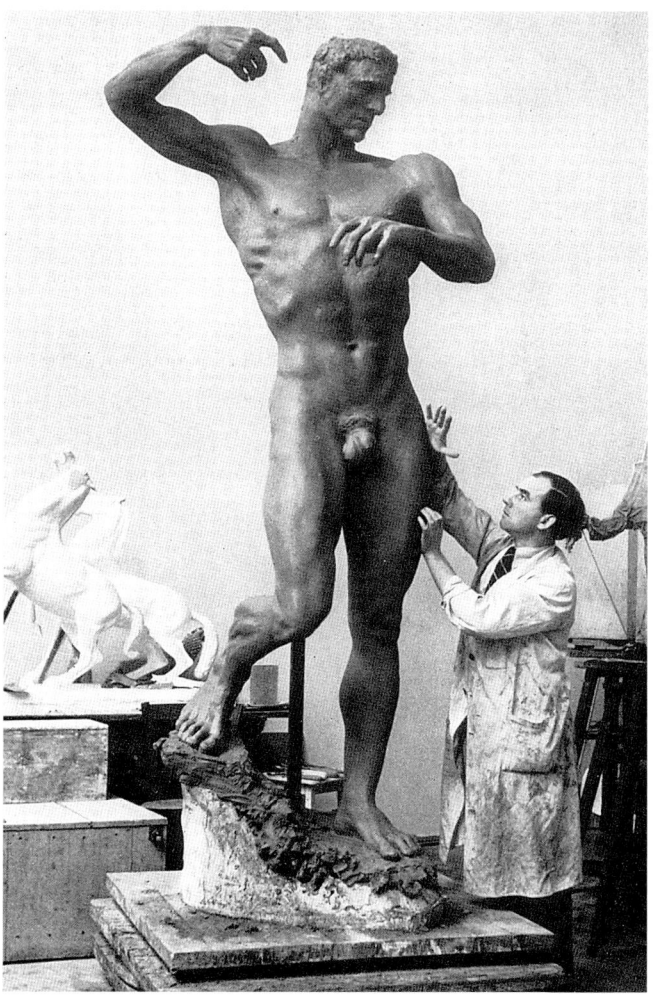

Arno Breker, im Dritten Reich einer der meistbeschäftigten Bildhauer, 1938
in seiner Werkstatt bei der Arbeit an der Plastik *Prometheus*

auf Anatomie gegründeter Rassenhochmut gab.[383] Im
Namen der Klassik wurde die Klassik aufgehoben: Der
Mensch war schön, um zur rassischen Begattung
anzureizen. Die „arteigene" NS-Kunst hat denn auch
mit der jeder Pornographie eigenen Monotonie die
NS-Kunsttempel mit Zuchtidealen männlicher und
weiblicher Spezies eifrig beschickt. „Wir sind nicht
prüde", meinte Gocbbels. Biologistische Machwerke,
wie Arno Brekers stiernackige Skulpturen, fanden
höchste Anerkennung.

Die Motive und Themen der Bilder blieben durch
alle NS-Ausstellungen hindurch gleich: Führerbilder,
Gestalten der HJ, SA, SS, des Militärs, zum Ausgleich
Landschaften, Bilder von Braunau (dem Geburtsort
Hitlers), dann Bauern und Zuchtvieh, antike und länd-
liche Nackedeis und so weiter.[384] „Wir haben", meinte
Joseph Goebbels anlässlich der Tagung der Reichskulturkammer in Berlin am 1. Mai 1939, „in unseren kulturellen Leistungen der Demokratie gegenüber einen
Vorsprung errungen, der gar nicht mehr einzuholen
ist. ... Eine der Schönheit und Harmonie dienende
deutsche Malerei, eine junge revolutionäre und schöpferische Plastik und vor allem eine Architektur, die
mit ihren monumentalen Bauten, Projekten und Ent-
würfen bereits ein ganzes Volk in Atem hält."[385]

Wenn Hitler von bildender Kunst sprach, dann
meist im Zusammenhang mit Architektur.[386] In seiner
Jugend wollte er erst Maler, dann Baumeister werden.
Mit Albert Speer[387], den er mit der Planung von Groß-
projekten, darunter die neue Berliner Reichskanzlei
und das Nürnberger Reichsparteitagsgelände, geradezu überhäufte – 1937 ernannte er ihn zum General-
bauinspektor für die Reichshauptstadt – verband ihn

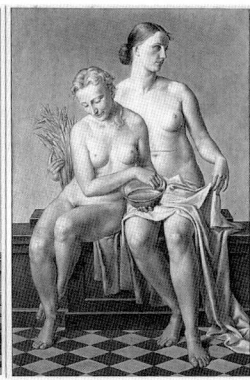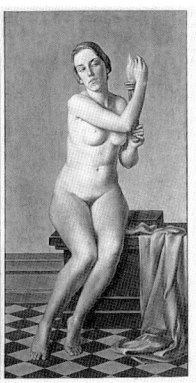

Die vier Elemente von Adolf Ziegler (vor 1937), der von 1936 bis 1941 Präsident der Reichskammer der bildenden Künste war. Hitler erwarb das Gemälde für einen Salon im Münchner „Führerhaus".

eine enge Freundschaft; er schätzte und bewunderte Speers Einfallsreichtum und technisches Können. Gigantische Bauten erschienen ihm eine Garantie für den Ewigkeitswert des Nationalsozialismus zu sein. Aus dem zerbombten Berlin sollte nach dem Krieg „Germania" als Mittelpunkt des angestrebten großgermanischen Reiches entstehen. „Unsere Dome sind Zeugen der Größe der Vergangenheit! Die Größe der Gegenwart wird man einst messen nach den Ewigkeitswerten, die sie hinterläßt. Nur dann wird Deutschland eine neue Blüte seiner Kunst erleben und unser Volk das Bewußtsein einer höheren Bestimmung."[388]

In Linz, Hitlers Heimatstadt, sollte ein europäisches Kunstzentrum, eine Art Mekka oder Rom entstehen, eine neue nationale Metropole, die das kosmopolitische Wien ersetzen würde. Geplant war ein Super-Museum mit den berühmtesten Werken der neueren und neuen „germanischen Klassik" (aus allen europäischen Ländern zusammengeraubt), womit die deutsche kulturelle Vormachtstellung demonstriert werden sollte.[389]

Die repräsentativen Bauten des Nationalsozialismus waren „Mausoleumsarchitektur", pompöse Symbole für die Unterdrückung von Freiheit und Humanität. Und auch dort, wo die Spitzenfunktionäre wohnten, dominierte ein feierlich-pathetisches Design im Stil von Bestattungsinstituten. Das sterile, aufwändige Dekor war freilich auch mit folkloristischer Niedlichkeit durchsetzt, denn die Schreibtischtäter und Massenmörder hatten durchaus einen Sinn für „Gemütlichkeit". Der Kommandant des Vernichtungslagers Auschwitz-Birkenau, Rudolf Höß, schuf sich in der Nähe der rauchenden Schornsteine der Krematorien ein idyllisches Domizil.

Neben der neuen Reichskanzlei mit ihren von Paul Ludwig Troost gestalteten Räumen, Möbeln, Insignien, Bildern, Lüstern – sakrale Vorzeigearchitektur, auf Einschüchterung angelegt – schuf sich Hitler mit dem Berghof auf dem Obersalzberg bei Berchtesgaden ein holzvertäfeltes Alpen-Dorado: Kachelöfen, Handwebereien, Nippes, plüschene Fauteuils und trauter Lampenschein sollten „Schönheit mit einfachem Herzen" vorführen.[390] Für die heimliche Geliebte Hitlers, Eva Braun, waren sowohl in der Reichskanzlei wie auf dem Obersalzberg bescheidenere Räume vorgesehen; die Zimmer des einfachen „süßen Mädels" aus München – „eher nett und frisch als schön" (Albert Speer)[391] – sollten offensichtlich bewusst im Schatten von Hitlers Prachtentfaltung stehen.[392]

Die Architektur- und Designhistorikerin Sonja Günther spricht bei der stilgeschichtlichen Einord

Nach den Ideen von Hitler sollte Albert Speer die Reichshauptstadt Berlin zu einem Monument imperialer Größe (Welthauptstadt „Germania") umgestalten. Modell von 1941

nung der Innenräume, wie sie die Repräsentanten des Dritten Reiches bevorzugten, vom „Dampferstil", der in seiner Vermischung barocker und klassizistischer Elemente mit Attributen des deutschen Art déco alle Natürlichkeit vernichtet habe. Für ein Pathos der Distanz sollte der so genannte „Mastaba-Stil" (abgeleitet von dem arabischen Wort für den altägyptischen Grabbau) sorgen. Er machte nicht nur Anleihen beim Königsgrab der Ägypter, sondern auch bei der Stufenpyramide der Inkas. Indem die Designer des Dritten Reichs einige tausend Jahre historischer Entwicklung übersprangen, schufen sie damit „die Wohnung für den göttergleichen Hellenen", der Macht über Leben und Tod besaß.[393]

Zu der eklektischen Collage beim nationalsozialistischen „gearteten" Wohnen gehörte schließlich der

„Brauhausstil"; der germanisch-nordischen Variante, sozusagen einer feudalisierten Abart der bei den Massen besonders beliebten bäuerlich-kleinbürgerlichen Holdrio-Heimeligkeit, frönte im Besonderen Hermann Göring, der sich in der Schorfheide bei Berlin einen pompösen Jagdsitz schuf, den er zum Andenken an seine 1931 an Tuberkulose gestorbene erste (schwedische) Frau „Carinhall" nannte – ein Mittelpunkt von Festen und Staatsjagden.[394] „Auf dem Giebel des Hauses kreuzen sich Pferdeköpfe – Mythos bewacht die gute Stube" (Ernst Bloch).[395]

„Geartete Kunst" sollte mit ihrer „strahlenden" Schönheit besonders in Abgrenzung von der „entarteten Kunst", die als Ausgeburt einer jüdischen „Verfallskunst" diffamiert wurde, in Erscheinung treten. Die Verherrlichung des Leibes und muskulöser Nacktheit fand ihr Gegenstück in der Ablehnung des „hässlichen" Körpers sowie des „Hässlichen" in der Kunst schlechthin. „Hässlich" war alles, was der Vorstellung von polierter Glattheit, seichter Problemlosigkeit und oberflächlich-optimistischer Weltanschauung nicht entsprach.

Da half es auch nicht, wenn Maler wie Emil Nolde[396] oder Ernst Ludwig Kirchner[397] in ihrem Denken (nicht in ihrem Stil) sich dem Nationalsozialismus annäherten. Kirchner gehörte zu den vielen europäischen Künstlern, deren schwärmerische Politikferne in der Zwischenkriegszeit auf eine hochgradig politisierte Atmosphäre traf. Sie stimmten auf ihre Weise in die nationalistische Heilserwartung und Führersehnsucht ein: Ihre Sehnsucht nach Gemeinschaft, nach dem Aufgehen des vereinzelten und marginalisierten Künstlers im Volk und ihre Hoffnung auf das Auftre-

ten charismatischer Genies, die Kunst und Gesellschaft
versöhnen und erneuern sollten, machte sie anfällig
für den Nationalismus des „Zeitalters der Extreme".
Kirchners Vorstellung von der Wichtigkeit deutscher
Kunst, deren in der „Rasse des Geistes" verankerte
Eigenständigkeit er als Voraussetzung für weltweite
Anerkennung empfand, ließ ihn auch unkritisch den
Nationalsozialisten gegenüberstehen. Es war sein
Glück, dass er seinen Wohnsitz in der Schweiz (Davos)
genommen hatte, denn sofort nach der nationalsozialistischen Machtübernahme 1933 gehörte er zu den
„entarteten" Künstlern. Sein antisemitisch eingefärb-
ter Glaube an den „germanischen Strang" der Kunstgeschichte konnte nicht verhindern, dass er der Verfe-
mung anheim fiel. Die brutale Diffamierung war ein
wesentlicher Grund, dass der gesundheitlich schwer
angeschlagene Kirchner, von dem fünfundzwanzig
seiner besten Ölgemälde in der NS-Ausstellung „Entartete Kunst" an den Pranger gestellt wurden, 1938
seinem Leben ein Ende setzte.

Eine Kunst, die das menschlich Ergreifende, das
Aufwühlende, Erschütternde, damit auch das Hässli-
che, Schreckliche, Furchtbare, das Mahnende, For-
dernde, kurz das Menschliche gestaltete, hatte in der
Welt der marschierenden nationalsozialistischen
Kolonnen keine Bedeutung. Zu Ernst Barlachs Magde-
burger Kriegerdenkmal schrieb Rosenberg im *Völkischen Beobachter*: „Kleine, halbidiotisch dreinschau-
ende Mixovariationen undefinierbarer Menschensor-
ten mit Sowjethelmen sollen deutsche Landsturmmän-
ner versinnbildlichen! Ich glaube: Jeder gesunde SA-
Mann wird hier das gleiche Urteil fällen wie bewußte
Künstler."[398]

Neben Rosenbergs *Mythus des 20. Jahrhunderts* war vor 1933 eines der übelsten Bücher dieser Form der „Kunstkritik" Paul Schultze-Naumburgs *Kunst und Rasse* (1928). Indem der Verfasser moderne Bilder mit Abbildungen medizinischer Anomalien konfrontierte, wollte er „kunstwissenschaftlich" aufzeigen, wie wenig „gesund" und „hygienisch" moderne Kunst sei und wie „gesund" sie sein könne, wenn sie sich dem Arisch-Nordischen verschriebe. „Wo die Rasse zerfällt, muß natürlich auch das Rassegefühl schwinden, und wo das Rassegefühl schwindet, kann auch das Zielbild, wie es in jeder echten Rasse wurzelt, nicht erhalten bleiben. Wenn es noch eines Beweises bedürfte, daß ein bedenklich hoher Teil der Bevölkerung, wie sie heute innerhalb unserer Grenzen lebt, sich rassisch in einem ungeahnten Abstieg befand, so müßte es das Absterben des Gefühls für Körperschönheit in der Kunst zeigen. Man steht hier vor dem Lebensschicksal eines Volkes, dem ein großer Teil des nordischen Blutes anvertraut war, vor der Frage seines Lebens oder Vergehens. Es gibt zwar genug menschliche Straußenvögel, die ihren Kopf tief in den Sand stecken und denken: ach, so schlimm wird es ja nicht werden; immer hat jede Zeit Wandlungen für gefährlich und drohend angesehen und so wird es wohl auch bei uns sein. ... In der weichen Natur der Einen liegt es, sich widerstandslos dem Verhängnis zu fügen, während das mächtig fortreißende Ethos der Anderen ihm vorschreibt, prometheisch selbst dem Willen der Götter zu trotzen. Da in unserem Volke immer noch genug von diesem heldischen Blut lebt, mußte es aus seinem innersten Wesen heraus die Frage stellen: wie kann ich dieses Schicksal wenden?"[399]

Nach dieser Methode hatte man die Ausstellung „Entartete Kunst" in München (Altes Galeriegebäude der Hofgartenarkaden) angelegt und am 19. Juli 1937 eröffnet; sie wurde dann auch in anderen Städten gezeigt und fand insgesamt großen Zulauf. Auf Anweisung von Goebbels war Adolf Ziegler beauftragt worden, „die im deutschen Reichs-, Länder- und Kommunalbesitz befindlichen Werke deutscher Verfallskunst seit 1910 auf dem Gebiete der Malerei und der Bildhauerei zum Zwecke einer Ausstellung auszuwählen und sicherzustellen".[400] Ziegler, ein mittelmäßiger Maler, war 1933 von Hitler zum Professor an der Münchner Kunstakademie und Sachverständigen der NSDAP ernannt worden; von 1936 bis 1941 fungierte er als Präsident der Reichskammer der bildenden Künste. Der Volkswitz, dessen Äußerungen im Dritten Reich bekanntlich mit schwersten Strafen geahndet wurden, bemerkte zu Zieglers Wirken für die Kunst: „Kennst Du das Haus: auf Säulen ruht kein Dach, / von Blut und Boden strotzet das Gemach / und Zieglers nackte Mädchen sehn Dich an: / Was hat man dir, du arme Kunst, getan?"[401] Wegen seiner altmeisterlich ausgepinselten, äußerst naturalistischen Aktdarstellungen wurde Ziegler auch als der „Maler des deutschen Schamhaares" bespöttelt.

Unterstützt von einem fünfköpfigen Ausschuss ließ er in ganz Deutschland alle ihm als „entartet" erscheinenden Werke beschlagnahmen und nach München bringen; das waren Bilder von über hundert Künstlern – darunter Ernst Barlach, Willi Baumeister, Max Beckmann, Georges Braque, Marc Chagall, Lovis Corinth, Otto Dix, Max Ernst, Lyonel Feininger, George Grosz, Erich Heckel, Karl Hofer, Wassily Kandinsky, Ernst

Freier Eintritt zur diffamierenden Ausstellung „Entartete Kunst" in München am 19. Juli 1937: Besucher warten am Eingang des Galeriegebäudes am Hofgarten auf Einlass.

Ludwig Kirchner, Paul Klee, Oskar Kokoschka, Wilhelm Lehmbruck, Max Liebermann, August Macke, Franz Marc, Paula Modersohn-Becker, Otto Mueller, Edvard Munch, Ernst Wilhelm Nay, Emil Nolde, Max Pechstein, Pablo Picasso, Oskar Schlemmer, Karl Schmidt-Rottluff. „Die Gemälde waren, wie von Narrenhand, ohne Sinn und Verstand ringsum verteilt, möglichst dicht in einem wüsten Über- und Nebeneinander, hoch und tief, wie es gerade traf ... versehen mit aufhetzenden Unterschriften, ‚Erläuterungen' oder unflätigen Späßen."[402] Zieglers geifernde Eröffnungsansprache ist eines der erbärmlichsten Zeugnisse der durch die Nationalsozialisten deutscher und internationaler Kunst angetanen Schmach. „Wir befinden uns in einer Schau, die aus ganz Deutschland nur einen Bruchteil dessen umfaßt, was von einer großen Zahl

von Museen für Spargroschen des deutschen Volkes
gekauft und als Kunst aufgestellt worden war. Sie
sehen um uns herum diese Ausgeburten des Wahnsinns, der Frechheit, des Nichtkönnertums und der
Entartung. ... Es sind die hier gezeigten Produkte allerdings nur ein Teil der in den vorgenannten Anstalten
noch vorhandenen. Es hätten Eisenbahnzüge nicht
gereicht, um die deutschen Museen von diesem
Schund auszuräumen. Das wird noch zu geschehen
haben, und zwar in aller Kürze. ... Es muß einem das
Grauen kommen, wenn man als alter Frontsoldat
sieht, wie der deutsche Frontsoldat beschmutzt und
besudelt wird, oder wenn in anderen Werken die deutsche Mutter als geile Dirne oder als Urweib und im
Gesicht mit dem Ausdruck einer stupiden Blödheit
durch solche Schweine verhöhnt wird. – Es fehlt mir
hier die Zeit, um alles das Ihnen, meine Volksgenossen, vorführen zu können, was diese Burschen im
Auftrag und als Schrittmacher des internationalen
Judentums an Verbrechen an der deutschen Kunst sich
erlaubten. Niedrigstes und Gemeinstes waren hohe
Begriffe. Die ausgesuchteste Häßlichkeit wurde zum
Schönheitsideal. ... Die Geduld ist nunmehr für alle
diejenigen zu Ende, die sich innerhalb der vier Jahre
nationalsozialistischer Aufbauarbeit auf dem Gebiet
der bildenden Kunst nicht eingereiht haben. Das deutsche Volk mag sie richten, wir brauchen dieses Urteil
nicht zu scheuen. Es wird, wie in allen Dingen unseres Lebens, so auch hier sehen, daß es rückhaltlos dem
Manne vertrauen kann, der heute sein Führer ist und
weiß, welchen Weg die deutsche Kunst zu gehen hat,
wenn sie ihre große Aufgabe, Künderin deutscher Art
und deutschen Wesens zu sein, erfüllen will."[403]

Mit der Eröffnung der Ausstellung „Entartete Kunst" war auch die Einweihung des „Hauses der Deutschen Kunst" verbunden. Diese begann am 18. Juli mit einem Festzug unter dem Motto „2000 Jahre deutsche Kunst". Am Tag darauf hielt Hitler dann eine programmatische Rede, bei der er unter anderem seinen „unabänderlichen Entschluß" verkündete, „genauso wie auf dem Gebiet der politischen Verwirrung, nunmehr auch hier mit den Phrasen im deutschen Kunstleben aufzuräumen. ‚Kunstwerke', die an sich nicht verstanden werden können, sondern als Daseinsberechtigung erst eine schwulstige Gebrauchsanweisung benötigen, um endlich jenen Verschüchterten zu finden, der einen so dummen oder frechen Unsinn geduldig aufnimmt, werden von jetzt ab den Weg zum deutschen Volke nicht mehr finden!

Alle diese Schlagworte wie: ‚Inneres Erleben', ‚eine starke Gesinnung', ‚kraftvolles Wollen', ‚zukunftsträchtige Empfindung', ‚heroische Haltung', ‚bedeutsames Einfühlen', ‚erlebte Zeitordnung', ‚ursprüngliche Primitivität' usw., alle diese dummen, verlogenen Ausreden, Phrasen oder Schwätzereien werden keine Entschuldigung oder gar Empfehlungen für an sich wertlose, weil einfach ungekonnte Erzeugnisse mehr abgeben. ...

Es muß daher ein Künstler, der damit rechnet, in diesem Haus zur Ausstellung zu kommen oder überhaupt noch in Zukunft in Deutschland aufzutreten, über ein Können verfügen. Das Wollen ist doch wohl von vornherein selbstverständlich!

Denn es wäre schon das Allerhöchste, wenn ein Mensch seine Mitbürger mit Arbeiten belästigte, in denen er am Ende nicht einmal was wollte. Wenn die-

se Schwätzer nun aber ihre Werke dadurch schmack-
haft zu machen versuchen, daß sie sie eben als den
Ausdruck einer neuen Zeit hinstellen, so kann ihnen
nur gesagt werden, daß nicht die Kunst neue Zeiten
schafft, sondern daß sich das allgemeine Leben der
Völker neu gestaltet und daher oft auch nach einem
neuen Ausdruck sucht. Allein, das, was in den letzten
Jahrzehnten in Deutschland von neuer Kunst redete,
hat die neue deutsche Zeit jedenfalls nicht begriffen.
Denn nicht Literaten sind die Gestalter einer neuen
Epoche, sondern die Kämpfer, d. h. die wirklich gestal-
tenden, völkerführenden und damit Geschichte
machenden Erscheinungen.

Dazu werden sich aber diese armseligen, verworre-
nen Künstler oder Skribenten wohl kaum rechnen.

Außerdem ist es entweder eine unverfrorene Frechheit oder eine schwer begreifliche Dummheit, ausgerechnet unserer heutigen Zeit Werke vorzusetzen, die
vielleicht vor zehn- oder zwanzigtausend Jahren von
einem Steinzeitler hätten gemacht werden können. Sie
reden von einer Primitivität der Kunst, und sie vergessen dabei ganz, daß es nicht die Aufgabe der Kunst
ist, sich von der Entwicklung eines Volkes nach rückwärts zu entfernen, sondern daß es nur ihre Aufgabe
sein kann, diese lebendige Entwicklung zu symboli-
sieren. ...

Mit der Eröffnung dieser Ausstellung aber hat das
Ende der deutschen Kunstvernarrung und damit der
Kulturvernichtung unseres Volkes begonnen. Wir werden von jetzt ab einen unerbittlichen Säuberungskrieg
führen gegen die letzten Elemente unserer Kulturzer-
setzung."[404]

Untergang und Neuanfang

Es bedurfte der furchtbaren Opfer des Zweiten Weltkriegs, dass mit der Beseitigung der nationalsozialistischen Herrschaft auch die von ihr etablierte und praktizierte Unkultur ihr Ende fand. Ausgangspunkt des mühevollen Weges in eine menschlichere Zukunft war der Untergang Adolf Hitlers – eines gigantomanischen Staatsverbrechers und Amok laufenden Spießers. Der von den Alliierten errungene Sieg über Deutschland und die dann von ihnen mit der Besetzung übernommene Regierungsgewalt ermöglichte, zumindest im Westen, die Rückkehr zu der von den Nationalsozialisten ideologisch verschütteten kulturellen Entwicklung. Die Befreiung der Deutschen aus ihrer weitgehend selbstverschuldeten Knechtschaft, bei der sie die Sensibilität für das Gute, Schöne und Wahre fast völlig verloren hatten, bot die Chance für die Begründung eines freiheitlich und demokratisch konstituierten Kulturstaates, wie ihn seit der Aufklärung und Klassik eine Minderheit erstrebt hatte. Der Bildungsbürger, der über den Untertan auf den „Volksgenossen" heruntergekommen war, bekam nun die durch das Grundgesetz der Bundesrepublik Deutschland ga-

rantierte Möglichkeit, Kultur-Staats-Bürger zu werden. Friedrich Schillers visionärer Entwurf eines
„ästhetischen Staates" konnte als Realutopie begriffen
werden.

1945: ein Ende mit Schrecken. Und dann: So viel
Anfang war nie![405] „Wir sind die Generation ohne
Bindung und ohne Tiefe. Unsere Tiefe ist der Abgrund.
Wir sind die Generation ohne Glück, ohne Heimat und
ohne Abschied. Unsere Sonne ist schmal, unsere Liebe
grausam und unsere Jugend ist ohne Jugend. Und wir
sind die Generation ohne Grenze, ohne Hemmung und
Behütung – ausgestoßen aus dem Laufgitter des Kind-
seins in eine Welt, die die uns bereitet, die uns darum
verachten. ... Wir sind eine Generation ohne Abschied,
die sich davonstiehlt wie Diebe, weil sie Angst hat vor
dem Schrei ihres Herzens. Wir sind eine Generation
ohne Heimkehr, denn wir haben nichts, zu dem wir
heimkehren könnten, und wir haben keinen, bei dem
unser Herz aufgehoben wäre – so sind wir eine Generation ohne Abschied geworden und ohne Heimkehr.
Aber wir sind eine Generation der Ankunft. Vielleicht
sind wir eine Generation voller Ankunft auf einem
neuen Stern, in einem neuen Leben. Voller Ankunft
unter einer neuen Sonne, zu neuen Herzen. Vielleicht
sind wir voller Ankunft zu einem neuen Lieben, zu
einem neuen Lachen, zu einem neuen Gott. Wir sind
eine Generation ohne Abschied, aber wir wissen, daß
alle Ankunft uns gehört" (Wolfgang Borchert).[406]

Was seit Kriegsende in der Bundesrepublik gelang
oder misslang, welche Hoffnungen verwirklicht und
welche Chancen versäumt wurden, ist nicht mehr Thematik dieses Buches. Auch wenn man pessimistisch
der Feststellung zuneigen mag: Viel Anfang war nie!

(heute etwa angesichts der Inkompetenzkompensationskompetenz der Politik in der Berliner Republik[407]): Das zivilgesellschaftliche Engagement ist doch in diesem unserem Lande so stark entwickelt, nicht zuletzt als klare Absage an den neuen Rechtsextremismus, dass begründeter Optimismus angebracht ist. Der tiefste Fall der deutschen Geschichte und Kultur hat zugleich einen neuen Anfang vorgebracht. Denjenigen, die aus der Asche verbrannter Ideen und kultureller Errungenschaften neue Hoffnung entfachten, vor allem den zurückgekehrten Emigranten, den Opfern der Unterdrückung und auch denjenigen, die in der inneren Emigration integer blieben, gebührt großer Dank.

Man kann mit großer nachträglicher Befriedigung zur Kenntnis nehmen, dass zumindest einmal Hitler bei seinen als Visionen ausgegebenen Drohgebärden Recht behalten hat: „Das deutsche Volk hat einst die Kriege mit den Römern überstanden. Das deutsche Volk hat die Völkerwanderung überstanden. Das deutsche Volk hat dann die späteren großen Kämpfe des frühen und späten Mittelalters überstanden. Das deutsche Volk hat dann die Glaubenskämpfe der neueren Zeit überstanden. Das deutsche Volk hat dann später die Napoleonischen Kriege, die Freiheitskriege, es hat sogar einen Weltkrieg überstanden, sogar die Revolution [von 1918], es wird auch mich überstehen!"[408]

Die Geschichte als Weltgericht brauchte zwölf Jahre, bis sie ihr Urteil über die „niederen Dämonen" (Ernst Niekisch), die den deutschen Geist zu liquidieren suchten, sprach. Die Zeit tiefster Erniedrigung muss durch Erinnerungs- und Trauerarbeit gegenwärtig bleiben, damit eine solche nicht wiederkehrt.

Gefühle der Schuld, Schande, Scham angesichts der nationalsozialistischen „Herkunft" sind Grundlage für eine sich radikal, also bis in die Wurzeln reichenden davon absetzenden Zukunft. Doch auch „Stolzarbeit" ist möglich angesichts dessen, was seit dem Ende des Dritten Reiches in der Bundesrepublik Deutschland, in beschränktem Maße auch in der Deutschen Demokratischen Republik (vor allem in den „Nischen" dort) an humaner Kulturarbeit geleistet wurde.

Die Hoffnung ist begründet, dass die Deutschen – mit dem Menetekel des Dritten Reiches im Rücken – mehr als je in ihrer Geschichte im Sinne Immanuel Kants den Mut haben, sich ihres eigenen Verstandes zu bedienen (sapere aude!), und sich nicht mehr in Unmündigkeit hineintreiben lassen oder diese selbst verschulden.

Anmerkungen

Mit Hinweisen auf relevantes Schrifttum zu den einzelnen Themen.

[1] Eine Liste des umfangreichen Schrifttums von Hermann Glaser zur Thematik des Dritten Reiches findet sich im Literaturanhang auf Seite 278.

[2] Vgl. H. Arendt: Eichmann in Jerusalem. Ein Bericht von der Banalität des Bösen. München 1964.

[3] Unverständlich, dass ein so guter Kenner des Nationalsozialismus wie Götz Aly, unter Missachtung der höchst umfangreichen Forschungsliteratur, zu einem ganz anderen Ergebnis kommt: „Wie konnte das geschehen? Wie konnten die Deutschen aus ihrer Mitte heraus beispiellose Massenverbrechen zulassen und begehen – insbesondere den Mord an den europäischen Juden? Der staatlich forcierte Hass gegen alles ‚Minderwertige‘, gegen ‚Polacken‘, ‚Bolschewiken‘ und ‚Juden‘ gehörte gewiss zu den Voraussetzungen. Doch ergibt sich daraus keine Antwort. Die Deutschen waren in den Jahrzehnten vor der Regierung Hitler nicht ressentimentbeladener als die übrigen Europäer, ihr Nationalismus nicht rassistischer als der anderer Nationen. Es gab keinen deutschen Sonderweg, der sich in eine plausible Beziehung zu Auschwitz setzen ließe. Der Meinung, in Deutschland habe sich ein spezieller, ein exterminatorischer Antisemitismus und Fremdenhass früh entwickelt, fehlt jede empirische Basis. Es ist irrig anzunehmen, für eine besonders folgenschwere Fehlentwicklung müssten sich spezielle, langfristig angelegte Gründe finden. Die NSDAP eroberte und konsolidierte ihre Macht aufgrund der situativen Konstellationen. Die wichtigsten Faktoren dafür finden sich in den Jahren nach 1914, nicht davor." (G. Aly: Hitlers Volksstaat. Raub, Rassenkrieg und nationaler Sozialismus. Frankfurt a. M. 2005, S. 35.) Vgl. auch: Engstirniger Materialismus. Der Historiker Hans-Ulrich Wehler kritisiert Götz Alys Darstellung von „Hitlers Volksstaat". In: Der Spiegel 14/2005, S. 50 ff.: „An die wahre Natur der Führerdiktatur, an ihre erstaunlichen Legitimationserfolge, ihre Loyalitätsbasis, ihre Leistungsfähigkeit, ihre

mörderische Programmatik und Praxis kommt man auf Alys Weg nicht nah genug heran."

[4] Zuletzt H. Glaser: Spießer-Ideologie. Von der Zerstörung des deutschen Geistes im 19. und 20. Jahrhundert und dem Aufstieg des Nationalsozialismus. Mit einem neuen Vorwort. Frankfurt a. M. 1985.

[5] Vgl. u. a. H. Glaser: Deutsche Kultur 1945–2000. München, Wien 1997. (Aktualisierte Ausgabe Berlin 1999.)

[6] Vgl. H. Glaser (Hg.): Soviel Anfang war nie. Deutscher Geist im 19. Jahrhundert. Ein Lesebuch. München 1981.

[7] Th. Mann: Deutsche Hörer! Fünfundfünfzig Radiosendungen nach Deutschland. In: Werke. Das essayistische Werk. Taschenbuchausgabe in acht Bänden. Hg. von H. Bürgin. Politische Schriften und Reden. 3. Bd. Frankfurt a. M. (u. a.) 1968, S. 290.

[8] B. Brecht: Kriegsfibel (1955) In: Gesammelte Werke. Hg. vom Suhrkamp Verlag in Zusammenarbeit mit E. Hauptmann. Bd. 10. Frankfurt a. M. 1967, S. 1048: „Das da hätt einmal fast die Welt regiert. / Die Völker wurden seiner Herr. Jedoch / ich wollte, dass ihr nicht schon triumphiert: / Der Schoß ist fruchtbar noch, aus dem das kroch."

[9] H. M. Enzensberger: schwierige arbeit. In: blindenschrift. Frankfurt a. M. 1964, S. 58 f.

[10] M. Domarus: Hitler. Reden und Proklamationen 1932–1945. Bd. 1. Würzburg 1962, S. 643.

[11] Vgl. F. J. Brüggemeier: Der deutsche Sonderweg. In: L. Niethammer u. a.: Bürgerliche Gesellschaft in Deutschland. Historische Einblicke, Fragen, Perspektiven. Frankfurt a. M. 1990. Ferner H. Plessner: Die verspätete Nation. Stuttgart 1959.

[12] G. Lucácz: Deutsche Literatur im Zeitalter des Imperialismus. In: Skizze einer Geschichte der neueren deutschen Literatur. Berlin 1953, S. 102.

[13] H. Marcuse: Über den affirmativen Charakter der Kultur. In: Kultur und Gesellschaft I. Frankfurt a. M. 1965, S. 63, 66.

[14] R. Grimm/J. Hermand (Hg.): Deutsche Feiern. Wiesbaden 1977, S. 7.

[15] Vgl. H. J. Koch (Hg.): Wallfahrtsstätten der Nation. Zwischen Brandenburg und Bayern. Frankfurt a. M. 1986. Vgl. auch U. Krenzlin: J. G. Schadow. Die Quadriga. Vom preußischen Symbol zum Denkmal der Nation. Frankfurt a. M. 1991, S. 64.

[16] F. Nietzsche: Unzeitgemäße Betrachtungen. In: Werke I. Hg. von K. Schlechta. Frankfurt a. M. (u. a.) 1979, S. 144. Nachfolgend S. 162, 145, 137.

[17] Vgl. U. Engelhardt: „Bildungsbürgertum". Begriffs- und Dogmengeschichte eines Etiketts. Stuttgart 1986. J. Kocka (Hg.): Bürger und Bürgerlichkeit im 19. Jahrhundert. Göttingen 1987; ders.: Bürgertum im 19. Jahrhundert. 3 Bde. München 1988; ders.: Bildungsbürgertum im 19. Jahrhundert. Teil IV: Politischer Einfluß und gesellschaftliche Formation. Stuttgart 1989, S. 9 ff.; R. Koselleck/M. R. Lepsius (Hg.): Bildungsbürgertum im 19. Jahrhundert. Teil I: Bildungssystem und Professionalisierung in internationalen Vergleichen. Teil II: Bildungsgüter und Bildungswissen. Teil III: Lebensführung und ständische Vergesellschaftung. Teil IV: Politischer

Einfluß und gesellschaftliche Formation. Stuttgart 1989 ff. Vgl. auch M. R. Lepsius (Hg.): Bildungsbürgertum im 19. Jahrhundert. Teil III: Lebensführung und ständische Vergesellschaftung. Stuttgart 1992.

[18] Zit. nach R. Koselleck: Einleitung – Zur anthropologischen und semantischen Struktur der Bildung. In: R. Koselleck (Hg.): Bildungsbürgertum im 19. Jahrhundert. Teil II: Bildungsgüter und Bildungswissen. Stuttgart 1990, S. 11.

[19] Zit. nach D. Langewiesche: Bildungsbürgertum und Liberalismus im 19. Jahrhundert. In: J. Kocka (Hg.): Bildungsbürgertum im 19. Jahrhundert. Teil IV: Politischer Einfluß und gesellschaftliche Formation. Stuttgart 1989, S. 95 ff.

[20] Vgl. H. H. Gerth: Bürgerliche Intelligenz um 1800. Zur Soziologie des deutschen Frühliberalismus. Göttingen 1976, S. 27 ff.

[21] D. W. Johnston: Der deutsche National-Mythos. Ursprung eines politischen Programms. Stuttgart 1990, S. 9. Vgl. auch W. v. Baeyer-Katte (u. a.) (Hg.): Autoritarismus und Nationalismus – ein deutsches Problem? Frankfurt a. M. 1964.

[22] J. Kocka (Hg.): Bildungsbürgertum im 19. Jahrhundert. Teil IV: Politischer Einfluß und gesellschaftliche Formation. Stuttgart 1989, S. 9 f.

[23] R. Hamann/J. Hermand: Epochen deutscher Kultur von 1870 bis zur Gegenwart. Bd. 2: Naturalismus. Frankfurt a. M. 1977, S. 14.

[24] Th. Nipperdey: Wie das Bürgertum die Moderne erfand. Berlin 1988.

[25] Vgl. H. Schilling: Kleinbürger. Mentalität und Lebensstil. Frankfurt a. M. (u. a.) 2003, u. a. S. 10.

[26] B. Franke: Der Kleinbürger. Begriff, Ideologie, Politik. Frankfurt a. M., New York 1988, S. 13, 17.

[27] Eugène Ionesco. Zit. nach B. Brecht: Die Kleinbürgerhochzeit. Theaterprogramm. LTT (Landestheater Tübingen) 6, 1985/86. – Die Literatur über Bürger-, Kleinbürger-, Spießertum ist umfangreich. Vgl. E. H. Maurer: Der Spätbürger. Bern (u. a.) 1963. R. Nitsche: Der häßliche Bürger. Leistung, Versagen, Zukunft. Gütersloh 1969. Ö. v. Horváth: Der ewige Spießer. In: Gesammelte Werke. Bd. 3. Frankfurt a. M. 1970/71. A. Berend: Die gute alte Zeit. Bürger und Spießbürger im 19. Jahrhundert. Hamburg 1972. H. Schlaffer: Der Bürger als Held. Sozialgeschichtliche Auflösungen literarischer Widersprüche. Frankfurt a. M. 1973. M. Loeckle: Die blockierte Republik. Deutschland zwischen Wahn und Wirklichkeit. Baden-Baden 2004.

[28] Th. Nipperdey: Deutsche Geschichte 1866–1918. Bd. 1: Bürgerwelt und starker Staat. 5. Aufl. München 1991; Bd. 2/1: Arbeitswelt und Bürgergeist. 2. Aufl. München 1991; Bd. 2/2: Machtstaat vor der Demokratie. München 1992, S. 822 f. Vgl. auch D. Sternberger: Panorama oder Ansichten vom 19. Jahrhundert. Hamburg 1955.

[29] Vgl. A. Schickel: Die Nationalversammlung von Weimar. Personen, Ziele, Illusionen vor fünfzig Jahren. In: Aus Politik und Zeitgeschichte. Beilage zur Wochenzeitung „Das Parlament", 8.2.1969, S. 6 f. Ferner H. Glaser: Sigmund Freuds zwanzigstes Jahrhundert. Seelenbilder einer Epoche. Materialien und Analysen. München (u. a.) 1976, S. 218 ff.

[30] Vgl. K. Sontheimer: Antidemokratisches Denken in der Weimarer Republik. München 1962.

[31] G. Bollenbeck: Das Ende des Bildungsbürgers. In: Die Zeit, 14.1.1999.

[32] „Seine Literaturwissenschaft, die einerseits die ‚Erkenntnis des völkischen Schatzes' befördern und zugleich seine Verderber identifizieren und als Gegenrasse ausgrenzen will, hat wesentlichen Anteil daran gehabt, Antisemitismus ‚aus guten Gründen' zum verbindlichen Teil nationaler Haltung werden zu lassen. Antisemitismus mit Bartels, das war keine Sache für knüppelschwingende Fanatiker, sondern eine wissenschaftlich begründete kulturelle Notwendigkeit für belesene, vaterlandsliebende Patrioten. Die Weimarer Botschaft lautete: ‚Wer in unserer Zeit nicht Antisemit ist, der ist auch kein guter Deutscher.'" (V. Knigge: Professor Bartels' Bücher. Nicht mehr Goethe, Liszt und Bauhaus: Zu Weimar gehört auch Adolf Bartels, einer der einflussreichsten Propheten des Nationalsozialismus. In: Die Zeit, 11.11.2004.)

[33] Zit. nach G. Bollenbeck: Das Ende des Bildungsbürgers. In: Die Zeit, 14.1.1999. Vgl. ders.: Tradition, Avantgarde, Reaktion. Deutsche Kontroversen um die kulturelle Moderne 1880–1945. Frankfurt a. M. 1999. Ferner K. Schlechta: „Entmythologisierung" des „Willens zur Macht". In: Frankfurter Hefte 1/1956; E. Salin: Vom deutschen Verhängnis. Gespräch an der Zeitenwende: Burckhardt – Nietzsche. Hamburg 1959; E. Sandvoss: Hitler und Nietzsche. Göttingen 1969.

[34] Zu dessen Person und Rolle M. Wortmann: Baldur von Schirach – Hitlers Jugendführer. Köln 1982.

[35] Zit. nach G. Rühle: Erbarmt Euch übers Vaterland. Die Ausstellung „Klassiker in finsteren Zeiten 1933–1945" in Marbach. In: Frankfurter Allgemeine Zeitung, 25.6.1983. Vgl. ferner D. Kühn: Schillers Schreibtisch in Buchenwald. Bericht. Frankfurt a. M. 2005.

[36] Vgl. W. Frühwald: Büchmann und die Folgen. Zur sozialen Funktion des Bildungszitats in der deutschen Literatur des 19. Jahrhunderts. In: R. Koselleck/M. R. Lepsius (Hg.): Bildungsbürgertum im 19. Jahrhundert. Teil IV: Politischer Einfluß und gesellschaftliche Formation. Stuttgart 1989, S. 204 f.

[37] E. Friedell: Kulturgeschichte der Neuzeit, 2. Bd. München 1928, S. 468.

[38] Vgl. K. Kraus: Beethoven und Goethe – Vorbilder und Lebensführer. In: Auswahl aus dem Werk. München 1957, S. 38.

[39] H. Hesse: Der Steppenwolf. Frankfurt 1961, S. 75 f.

[40] Über den „wahren" Goethe und seine Fehlinterpretation vgl. H. Kohn: Wege und Irrwege. Vom Geist des deutschen Bürgertums. Düsseldorf 1962, S. 39 ff., 266 ff.

[41] Vgl. H. Schwerte: Faust und das Faustische. Ein Kapitel deutscher Ideologie. Stuttgart 1962.

[42] Vgl. H. Ueberhorst: Deutsche Turnbewegung und deutsche Geschichte. Friedrich Ludwig Jahn und die Folgen. In: Aus Politik und Zeitgeschichte: Beilage zur Wochenzeitung „Das Parlament", 15.7.1978.

[43] R. Beutler (Hg.): Das Wort der Antike. Bd. II: Juvenal. Satiren. Übertragen von U. Knoche. München 1951, S. 104, 114.

44 D. Frymann (= H. Claß): Das Kaiserbuch. Geschrieben 1912; hier zit. nach
    der Neuaufl., Berlin 1935, S. 86. („Vieles von dem, was Frymann zur Ret-
    tung Deutschlands vorschlug, ist durch den Sieg der NSDAP Wirklichkeit
    geworden.") Vgl. auch O. Bonhard: Geschichte des Alldeutschen Verban-
    des, o. O. 1922; A. Kruck: Geschichte des Alldeutschen Verbandes
    1890–1939. Wiesbaden 1954.

45 G. Rießer: Zu Schillers 100. Geburtstag. 10. Nov. 1859. Zit. nach J. Hohl-
    feld: Dokumente der Deutschen Politik und Geschichte von 1848 bis zur
    Gegenwart. Bd. 1. Berlin (u. a.) 1951, S. 87.

46 Zit. nach J. Hohlfeld: Dokumente der deutschen Politik und Geschichte
    von 1848 bis zur Gegenwart. Bd. 1. Berlin (u. a.) 1951, S. 85 ff.

47 Vgl. M. Stürmer: Das ruhelose Reich. Deutschland 1866–1918. Berlin
    1983. Ferner S. Freud: Die ‚kulturelle' Sexualmoral und die moderne Ner-
    vosität (1908). In: A. Mitscherlich/A. Richards/J. Strachey (Hg.): Sigmund
    Freud. Studienausgabe. Bd. IX. Frankfurt a. M. 1969 ff.; H. Glaser: Bil-
    dungsbürgertum und Nationalismus. Politik und Kultur im Wilhelmini-
    schen Deutschland. München 1993.

48 Th. Mann: Kultur und Politik. In: Gesammelte Werke. 12. Bd. Berlin 1955,
    S. 828.

49 Zit. nach K. Sontheimer: Thomas Mann und die Deutschen. München
    1961, S. 92. Vgl. auch F. Lion: Romantik als deutsches Schicksal. Stutt-
    gart (Neudruck) 1963; H. Heigert: Deutschlands falsche Träume. Hamburg
    1968.

50 K. Schwedhelm (Hg.): Propheten des Nationalismus. München 1969,
    S. 266. Vgl. G. Lucácz: Die Zerstörung der Vernunft. Der Weg des Irratio-
    nalismus von Schelling zu Hitler. Berlin 1955.

51 M. Lurker: Wörterbuch der Symbolik. Stuttgart 1988, S. 496.

52 Vgl. hierzu H. Plessner: Die verspätete Nation. Stuttgart 1959; H. Pross:
    Dokumente der deutschen Politik. 1806–1870. Frankfurt a. M. 1963 (Vom
    Agrarland zur Industriegesellschaft, S. 11 ff.) Über die „verspätete Indu-
    strialisierung" in Deutschland mit ihren politischen Folgen R. Dahrendorf:
    Gesellschaft und Freiheit. München 1962, S. 261. Über den Widerstand
    gegen die Industrialisierung, den „Kampf" der „Altstadt" gegen die
    „Neustadt" vgl. auch F. Lion: Romantik als deutsches Schicksal. Stuttgart
    (Neudruck) 1963, S. 143.

53 A. J. Langbehn: Rembrandt als Erzieher. Von einem Deutschen. Leipzig
    1891, S. 19, 205.

54 Vgl. K. Tremel-Eggert: Barb. Der Roman einer deutschen Frau. Zit. nach
    dem 270. Tausend. München 1939, S. 25. Vgl. auch W. Killy: Deutscher
    Kitsch. Göttingen 1961 (S. 141 ff.: „Meine Heimat"); F. Schonauer: Deut-
    sche Literatur im Dritten Reich. Olten (u. a.) 1961 (mit vielen Beispielen,
    u. a. S. 77 ff., 82 ff.)

55 Der Nationalismus der Jugendbewegung vor und nach der Jahrhundert-
    wende 1900 zeigte später eine gewisse Affinität zum Nationalsozialismus
    und zu dessen Jugendkult, doch war man auch von der NS-Brutalität
    abgestoßen. Obwohl die Jugendbewegung sich als antibürgerliche Revol-
    te verstand, „transportierte" sie Elemente, die dem Spießertum zu Eigen

waren: rassische Überheblichkeit, antisemitische Aggressivität, völkischen Sendungswahn. Indem die Jugendbewegung auf die Gestalt des strahlenden Führers, den männlichen Mann, sich ausrichtete, formierte sie das Bewusstsein der Jugend auf den elitären Kampf hin, der als Erfüllung seelischer Erwartung gedeutet wurde. Die Jugendbewegung erwies sich somit als der verkrampfte Versuch, die moderne Nervosität und kulturpubertäre Unruhe nicht durch „Aufarbeitung", sondern durch eine eigene Form der Verdrängung beziehungsweise durch eine (aus der Verdrängung erwachsende) neurotische Über-Ich-Projektion zu überwinden. Im Oktober 1913 trafen sich auf dem Hohen Meißner (im nordhessischen Bergland zwischen der unteren Fulda und der Werra) rund zweitausend Mitglieder der Jugendbewegung, um den ersten freideutschen Jugendtag zu feiern; sie beschlossen, „aus eigener Bestimmung vor eigener Verantwortung, mit innerer Wahrhaftigkeit ihr Leben zu gestalten". Die *Iphigenie* wurde aufgeführt; man tanzte und der Pädagoge Wyneken sprach. Diese Gemeinschaft Gleichgesinnter begeisterte sich am Pathos humanitärer Aufrufe, denen der Mangel an Reflexion aus allen syntaktischen und semantischen Blößen schaute. Das spektakuläre Ereignis machte allerdings zugleich deutlich, wie weit jugendliches Bewusstsein von der zwielichtig-trüben Welt der Doppelmoral sich entfernt hatte – wenn auch die Sonne des Auf- und Ausbruchs über realitätsfernen Vorstellungen schien. – Hans Blüher, mitten in der Jugendbewegung stehend und der sie prägenden Neurosen voll teilhaftig, hat auf der anderen Seite sehr früh *Die deutsche Wandervogelbewegung als erotisches Phänomen* (Berlin 1912) im Besonderen als Folge sexueller Inversion gedeutet und damit dem Mangel an jugendbewegter Selbstreflexion abgeholfen. Blüher hob die homoerotische Komponente des Wandervogels hervor, die im Sinne Sigmund Freuds als Symptom gescheiterter Kulturarbeit zu begreifen war – als vergebliches Bemühen, das Defizit bei der Erfüllung der Norm durch heroisches Anderssein auszugleichen.

Als in der Jugendbewegung das Realitätsprinzip vollends verloren ging, blieb nur noch der Absprung in die Psychose kämpferischer Bewährung. Der Hohe Meißner erwies sich dabei als Vor-Ort von Langemarck. Bei dieser belgischen Ortschaft kämpften im Herbst 1914 Freiwilligenregimenter, die zum großen Teil aus Studenten und Jugendbewegten bestanden, mit dem Deutschlandlied auf den Lippen und erlitten schwere Verluste. Der Opfergang wurde zum Höhepunkt pubertärer Fixierung. Vgl. H. Glaser: Sigmund Freuds zwanzigstes Jahrhundert. Seelenbilder einer Epoche. Materialien und Analysen. München (u. a.) 1976, S. 147 ff. – Zum Problemkreis siehe auch J. Müller: Die Jugendbewegung als deutsche Hauptrichtung neukonservativer Reform. Zürich 1911; Chr. Lütkens: Die deutsche Jugendbewegung. Ein soziologischer Versuch. Frankfurt a. M. 1925; W. Gerber: Zur Entstehungsgeschichte der deutschen Wandervogelbewegung. Bielefeld 1927; S. Copalle/H. Ahrens: Chronik der freien deutschen Jugendbewegung. Bd. 1: Die Wandervogelbünde von der Gründung bis zum Ersten Weltkrieg. Bad Godesberg 1954; K. Seidelmann: Bund und Gruppe als Lebensformen deutscher Jugend. Versuch einer Erscheinungskunde des deutschen Jugendlebens in der ersten Hälfte des 20. Jahrhunderts. München 1955; K. O. Paetel: Das Bild vom Menschen in der deutschen Jugendführung. Bad Godesberg 1956; W. Helwig: Die blaue Blume des Wandervogels. Gütersloh 1960; K. O. Paetel: Jugendbewegung und Politik. Bad Godesberg 1961; F. Raabe: Die bündische Jugend. Stuttgart 1961; E. Korn (u. a.) (Hg.): Die Jugendbewegung. Düsseldorf 1963; H. Pross: Jugend. Eros. Politik. Die Geschichte der deutschen Jugendverbände. Bern (u. a.) 1964; W. Paul: Das Feldlager. Jugend zwischen Langemarck und Stalingrad. Esslingen (u. a.) 1978; U. Aufmuth: Die deutsche Wandervogelbewegung unter soziologischem Aspekt. Göttingen 1979; H. Giesecke: Vom Wandervogel bis zur Hitlerjugend – Jugendarbeit zwischen Politik und Pädagogik. München 1981; O. Neuloh/W. Zilius: Die Wandervogel. Göttingen 1982; M. Jovy: Jugendbewegung und Nationalsozialismus. Münster 1984; Th. Koebner/R.-P. Janz/F. Trommler (Hg.): „Mit uns zieht die neue Zeit." Der Mythos Jugend. Frankfurt a. M. 1985; G. Levi/J.-C. Schmitt (Hg.): Geschichte der Jugend. Von der Aufklärung bis zur Gegenwart. Frankfurt a. M. 1997.

56 Nach einer persönlichen Mitteilung von L. L. Schücking an den Verfasser.

57 L. Klages: Der Geist als Widersacher der Seele, 3 Bände. Leipzig 1929 ff.

58 L. Bauer in der von L. Schwarzschild herausgegebenen politisch-kulturellen Wochenschrift „Das Tagebuch", 2.1.1932. Zit. nach K. Sontheimer: Antidemokratisches Denken in der Weimarer Republik. München 1962, S. 44.

59 E. M. Arndt; zit. nach E. Weymar: Das Selbstverständnis der Deutschen. Ein Bericht über den Geist des Geschichtsunterrichts der höheren Schulen im 19. Jahrhundert. Stuttgart 1961, S. 45.

60 A. Funke: F. Schöninghs Ausgaben deutscher Klassiker. Goethes „Hermann und Dorothea", Erläuterungen. Paderborn 1907, S. 137.

61 Cosima Wagner, geb. Liszt (Tochter einer Französin, in Frankreich aufgewachsen); zit. nach H. Kohn: Wege und Irrwege. Vom Geist des deutschen Bürgertums. Düsseldorf 1962, S. 220 (dort auch über Wagners Frankreichhass). Vgl. ferner L. Marcuse: Das merkwürdige Leben des Richard Wagner. München 1963.

62 Vgl. E. Weymar: Das Selbstverständnis der Deutschen. Ein Bericht über den Geist des Geschichtsunterrichts der höheren Schulen im 19. Jahrhundert. Stuttgart 1961, S. 191, 35, 39, 94 ff.

63 A. J. Langbehn: Rembrandt als Erzieher. Von einem Deutschen. Leipzig 1891, S. 325.

64 A. Wahl: Die Ideen von 1789 in ihren Wirkungen auf Deutschland. In: Zeitwende 1/1925, S. 113 ff. „Damit wird das Jahr 1789 aus der Geschichte gestrichen", meinte Goebbels in einer Rundfunkrede zum Judenboykott; eine Formulierung, die er in ähnlicher Form des Öfteren vorbrachte. Vgl. K. D. Bracher/W. Sauer/G. Schulz: Die nationalsozialistische Machtergreifung. Köln (u. a.) 1960, S. 7.

65 A. Moeller van den Bruck: Das Dritte Reich. Hg. von H. Schwarz. Hamburg 1932, S. 87. Dazu H. J. Schwierskott: Arthur Moeller van den Bruck und der revolutionäre Nationalismus in der Weimarer Republik. Göttingen

1962, besonders S. 139 ff. Ferner vgl. K. V. Klemperer: Konservative Bewegungen zwischen Kaiserreich und Nationalsozialismus. München (u. a.) 1957, u. a. S. 13; H. Gerstenberger: Der revolutionäre Konservatismus. Berlin 1969; B. Jenschke: Zur Kritik der konservativ-revolutionären Ideologie in der Weimarer Republik. München 1971; G.-K. Kaltenbrunner (Hg.): Rekonstruktion des Konservativismus. Freiburg i. Br. 1972; K. Mannheim: Konservativismus. Ein Beitrag zur Soziologie des Wissens. Hg. von D. Kettler/V. Meja/N. Stehr. Frankfurt a. M. 1984; H. G. Schumann (Hg.): Konservativismus. Bodenheim 1984; M. Greiffenhagen: Das Dilemma des Konservativismus in Deutschland. Frankfurt a. M. 1986; P. Kondylis: Konservativismus. Geschichtlicher Gehalt und Untergang. Stuttgart 1986; K. Lenk: Deutscher Konservativismus. Frankfurt a. M. 1989; A. Mohler: Die Konservative Revolution in Deutschland 1918–1932. Darmstadt 1989 (1950); W. Ribhegge: Konservative Politik in Deutschland. Von der Französischen Revolution bis zur Gegenwart. Darmstadt 1989; St. Breuer: Anatomie der konservativen Revolution. Darmstadt 1993; A. Schildt: Konservatismus in Deutschland. Von den Anfängen im 18. Jahrhundert bis zur Gegenwart. München 1998; St. Breuer: Ordnungen der Ungleichheit. Die deutsche Rechte im Widerstreit ihrer Ideen 1871–1945. Darmstadt 2001.

66 P. Arnsberg: Heinrich Heine als linksintellektuelles Antisymbol. In: Tribüne 6/1963, S. 643 ff.

67 Th. Fritsch: Antisemitenkatechismus. Eine Zusammenstellung des wichtigsten Materials zum Verständnis der Judenfrage. 23. vermehrte Aufl. Leipzig 1892, S. 28.

68 Zit. nach H. Kohn: Wege und Irrwege. Vom Geist des deutschen Bürgertums. Düsseldorf 1962, S. 113. Vgl. auch W. Boehlich (Hg.): Der Berliner Antisemitismusstreit. Frankfurt a. M. 1965.

69 Ausführlich hierzu H. Arendt: Elemente und Ursprünge totalitärer Herrschaft. Frankfurt a. M. 1955. Ferner H. G. Adler: Die Juden in Deutschland. Von der Aufklärung bis zum Nationalsozialismus. München 1960.

70 W. Marr: Der Sieg des Judentums über das Germanentum. Bern 1879. Vgl. auch H. Greive: Geschichte des modernen Antisemitismus in Deutschland. Darmstadt 1983.

71 D. Goldschmidt: Zur Soziologie des Antisemitismus. Schriften der Akademie für politische Bildung. Reihe A, Heft 3. Tutzing 1960, S. 1; auf S. 12 ff. eine ausführliche Bibliographie zu „Judentum und Judenfeindschaft". Buchhinweise auch bei K. Thieme (Hg.): Judenfeindschaft. Darstellungen und Analysen. Frankfurt a. M. 1963, S. 289 ff. – Ferner siehe W. Kampmann: Deutsche und Juden. Studien zur Geschichte des deutschen Judentums. Heidelberg 1963; N. Cohn: Die Protokolle der Weisen von Zion. Der Mythos von der jüdischen Weltverschwörung. Köln 1969; H. Berding: Moderner Antisemitismus in Deutschland. Frankfurt a. M. 1988; I. Geiss: Geschichte des Rassismus. Frankfurt a. M. 1988; L. Poliakov: Geschichte des Antisemitismus. Bd. V: Die Aufklärung und ihre judenfeindliche Tendenz. Worms 1983. Bd. VIII: Am Vorabend des Holocaust. Frankfurt a. M. 1988; J. Katz: Vom Vorurteil bis zur Vernichtung.

Der Antisemitismus 1700–1933. München 1989; P. Freimark/A. Jankows-
ki/I. S. Lorenz (Hg.): Juden in Deutschland. Emanzipation, Integration,
Verfolgung und Vernichtung. Hamburg 1991; G. B. Ginzel (Hg.): Antisemitismus. Erscheinungsformen der Judenfeindschaft gestern und heute.
Köln 1991; G. Aly: Macht, Geist, Wahn. Kontinuitäten deutschen Denkens. Berlin 1997; Ch. Schoell-Glass: Aby Warburg und der Antisemitismus. Kulturwissenschaft als Geistespolitik. Frankfurt a. M. 1998; St.
Scheil: Die Entwicklung des politischen Antisemitismus in Deutschland
zwischen 1881 und 1912. Eine wahlgeschichtliche Untersuchung. Berlin
1999; O. Blaschke/A. Mattioli (Hg.): Katholischer Antisemitismus im 19.
Jahrhundert. Ursachen und Traditionen im internationalen Vergleich.
Zürich 2000; M. Brumlik: Deutscher Geist und Judenhaß. Das Verhältnis
des philosophischen Idealismus zum Judentum. München 2000; Chr.
Nonn: Eine Stadt sucht einen Mörder. Gerücht, Gewalt und Antisemitismus im Kaiserreich. Göttingen 2002; H. W. Smith: Die Geschichte des
Schlachters. Mord und Antisemitismus in einer deutschen Kleinstadt. Göttingen 2002; F. Bajohr: Unser Hotel ist judenfrei. Bäder-Antisemitismus
im 19. und 20. Jahrhundert. Frankfurt a. M. 2003.

[72] R. Wagner: Das Judentum in der Musik. 1859. Vgl. auch H. Mayer:
Richard Wagner. Reinbek 1959; H. Kohn: Wege und Irrwege. Vom Geist
des deutschen Bürgertums. Düsseldorf 1962, S. 218 ff.; L. Marcuse: Das
denkwürdige Leben des Richard Wagner. München 1963, S. 274 ff.;
W. Schüler: Der Bayreuther Kreis von seiner Entstehung bis zum Ausgang
der wilhelminischen Ära. Wagnerkult und Kulturreform im Geiste völkischer Weltanschauung. München 1971; H.-K. Metzger/R. Riehn/R. Tadday
(Hg.): Richard Wagner – wie antisemitisch darf ein Künstler sein? Mün-
chen 1978; J. Katz: Richard Wagner – Vorbote des Antisemitismus. Eine
Veröffentlichung des Leo-Baeck-Instituts. Königstein/Ts. 1985; D. D.
Scholz: Richard Wagners Antisemitismus. Würzburg 1993; A. Hein: Es ist
viel Hitler in Wagner. Rassismus und antisemitische Deutschtumsideolo-
gie in den Bayreuther Blättern. Tübingen 1996; J. Köhler: Wagners Hitler.
Der Prophet und sein Vollstrecker. München 1997; D. Borchmeyer/A.
Mayaani/S. Vill (Hg.): Richard Wagner und die Juden. Stuttgart 2000. –
Sein Antisemitismus hinderte Wagner nicht daran, jüdische Förderer und
Bewunderer wie Joseph Rubinstein, Angelo Neumann, Hermann Levi zu
akzeptieren und auszunützen. Vgl. auch: Das Pumpgenie. Richard Wagner und das Geld. Bearbeitet von H. Kesting. Frankfurt a. M. 1993. Ferner
siehe M. Karbaum: Studien zur Geschichte der Bayreuther Festspiele
1876–1976. Teil 1: Textteil; Teil 2: Dokumente und Anmerkungen.
Regensburg 1976; H. Zelinsky (Hg.): Richard Wagner – ein deutsches Thema. Dokumentation zur Wirkungsgeschichte Richard Wagners.
1876–1976. Frankfurt a. M. 1976; M. Gregor-Dellin: Richard Wagner.
Sein Leben. Sein Werk. Sein Jahrhundert. München 1980; H.-J. Bauer
(Hg.): Richard Wagner: Briefe. Stuttgart 1995; J. Köhler: Der letzte der
Titanen. Richard Wagners Leben und Werk. München 2001; G. Rienäcker:
Richard Wagner. Nachdenken über sein „Gewebe". Berlin 2001; D. Borch-
meyer: Richard Wagner. Ahasvers Wandlungen. Frankfurt a. M. 2002; U.

Bermbach: Blühendes Leid. Politik und Gesellschaft in Richard Wagners Musikdramen. Stuttgart 2003; P. Hofmann: Richard Wagners politische Theologie. Kunst zwischen Revolution und Religion. Paderborn 2003.

[73] Zit. nach E. G. Reichmann: Die Flucht in den Haß. Die Ursachen der deutschen Judenkatastrophe. Frankfurt a. M. 1956, S. 191.

[74] H. St. Chamberlain: Die Grundlagen des 19. Jahrhunderts. Volksausgabe München 1909, S. 312.

[75] Vgl. F. Roderich-Stoltheim: Das Rätsel des jüdischen Erfolgs. Leipzig 1928, S. 109 f.: „Es ist bezeichnend, dass die ersten Kaufhäuser großen Stils in der genusssüchtigsten aller Weltstädte, in Paris, entstanden sind, um der leichtlebigen Frauenwelt eine bequeme Entnahmestelle aller ihrer hundertfältigen Bedürfnisse zu ermöglichen ... In unsere Großstädte mit ihren vielen Läden und Kaufgelegenheiten haben die Hebräer die Bazar-Kopien übertragen ohne eine andere Berechtigung dazu als die der Spekulation auf die Bequemlichkeit, Verblendung, Genusssucht und Kritiklosigkeit der großen Masse, namentlich der Frauen."

[76] Th. Fritsch: Antisemiten-Katechismus. Eine Zusammenstellung des wichtigsten Materials zum Verständnis der Judenfrage. Leipzig 1892 (23. Aufl.), S. 21, 346.

[77] H. v. Treitschke: Ein Wort über unser Judentum. Preußische Jahrbücher 1879, S. 575. Vgl. auch H. Arendt: Elemente und Ursprünge totalitärer Herrschaft. Frankfurt a. M. 1955, S. 74 ff.; H. G. Adler: Die Juden in Deutschland. Von der Aufklärung bis zum Nationalsozialismus. München 1960, S. 101; G. Ritter: Vom sittlichen Problem der Macht. Bern (u. a.) 1961, S. 111: „... wir deutschen Historiker haben besonders an Treitschkes Beispiel gelernt (oder sollten es jedenfalls gelernt haben), in welche Gefahr der Verdunkelung nüchterner Wirklichkeitssicht und politischer Entgleisung eine solche Prophetenrolle hineinführen kann."

[78] Vgl. A. Kruck: Geschichte des Alldeutschen Verbandes 1890–1939. Wiesbaden 1954, S. 19.

[79] P. de Lagarde: Deutsche Schriften. Göttingen 1886. Juden und Indogermanen. 1888, S. 339.

[80] Arthur Graf Gobineau: Die Ungleichheit der Menschenrassen. 1856.

[81] E. K. Dühring: Die Judenfrage als Frage der Rassenschädlichkeit. 1886.

[82] Zum Beispiel K. Frantz: Literarisch-politische Aufsätze. München 1876.

[83] Vgl. G. Mann: Deutsche Geschichte des 19. und 20. Jahrhunderts. Frankfurt a. M. 1958, S. 458.

[84] Zit. nach E. V. v. Rudolf: Georg Ritter von Schönerer, der Vater des politischen Antisemitismus; o. O. 1936, S. 61.

[85] Vgl. etwa den Hirtenbrief des katholischen Bischofs von Linz, Dr. Göllner, 1933. Veröffentlicht in: Schönere Zukunft, 5.2.1933; die Jahrgänge dieser katholischen Zeitschrift stellen eine fortwährende Judenhetze dar.

[86] Novalis: Die Christenheit oder Europa. In: Werke. Hg. von H. Friedemann. Berlin, Leipzig, Wien (u. a.) o. J. Vierter Teil, S. 131.

[87] Th. Mann: Gedanken im Kriege. In: Die Neue Rundschau 25/1914, S. 1471.

[88] Spengler, geboren 1880, starb 1936 weitgehend unbeachtet. Sein Werk hatte sich für die NS-Ideologie nicht instrumentalisieren lassen. Vgl.

Th. W. Adorno: Zu Oswald Spenglers 70. Geburtstag. Spengler nach dem
Untergang. In: Der Monat 20/1950, S. 115 ff.

[89] Rassenstolz und Rassenhass (vor allem auf die Juden) sind weltanschaulich im 19. Jahrhundert (wie dann auch später) stets eng miteinander ver-
flochten. Zu diesem Komplex vgl. G. L. Mosse: Rassismus. Ein Krank-
heitssymptom in der europäischen Geschichte des 19. und 20. Jahrhunderts. Königstein/Ts. 1978; L. Poliakov/Chr. Delacampagne/P. Girard: Über
den Rassismus. Sechzehn Kapitel zur Anatomie, Geschichte und Deutung
des Rassenwahns. Berlin (u. a.) 1984; Chr. Geulen: Wahlverwandte. Ras-
sendiskurs und Nationalismus im späten 19. Jahrhundert. Hamburg 2004;
Chr. Delacampagne: Geschichte des Rassismus. Geschichte und Mythos.
Düsseldorf (u. a.) 2005. S. Neitzel; Neue deutsche Qualität. Die Verbindung
von Nationalismus und Rassismus um 1900. In: Frankfurter Allgemeine
Zeitung, 27.1.2005: „Am Ende des 19. Jahrhunderts vollzog sich ein tief-
greifender Wandel des Nationalismus, der sich nicht nur radikalisierte,
sondern mit der Umdeutung der Nation zu einem biopolitischen Programm eine vollkommen neue Form entwickelte."

[90] H. St. Chamberlain: Die Grundlagen des 19. Jahrhunderts. Volksausgabe
München 1909, S. 8, 863 f., 259.

[91] Zit. nach A. Kruck: Geschichte des Alldeutschen Verbandes, 1890 bis
1939. Wiesbaden 1954, S. 5.

[92] „Er sollte nicht mehr genesen. Sein Gemüt verdunkelte sich. Als ihn die
Dämonen erniedrigen wollten, starb er 1925 einen germanischen Tod." (H.
Schwarz: Das Dritte Reich [Moeller van den Bruck]. Hamburg 1932, Nach-
wort S. 248.)

[93] Die Begriffe Germane oder Arier werden in der vornationalsozialistischen
und nationalsozialistischen Literatur fast nie voneinander abgegrenzt.

[94] A. J. Langbehn: Rembrandt als Erzieher. Von einem Deutschen. Leipzig
1891, S. 328.

[95] R. Pechel in: A. Moeller van den Bruck u. a.: Die neue Front. Berlin 1922,
S. 72 ff.

[96] F. G. Jünger: Aufmarsch des Nationalismus. Leipzig 1926, S. XIX.

[97] „Ein blondes wundervolles Volk erwächst im Norden. In überquellender
Fruchtbarkeit sendet es Welle auf Welle in die südliche Welt." Zit. nach H.
Graf Kessler: Walter Rathenau. Mit einem Kommentar von H. Fürstenberg.
Wiesbaden o. J., S. 410.

[98] Vgl. F. Schöninghs Ausgaben deutscher Klassiker. Goethes „Hermann und
Dorothea". Mit ausführlichen Erläuterungen von A. Funke. Paderborn
1907, 14. Aufl., S. 137: „Inwiefern ist ‚Hermann und Dorothea' ein echt
deutsches Epos? Parzival, Oberon und Cid sind nicht ins Volk gedrungen,
weil ihnen der nationale Charakter fehlte. Anders bei ‚Hermann und
Dorothea'. Es ist ein echt deutsches Epos. 1. Es spielt auf deutschem
Boden, und zwar a) in der Nähe des echt deutschen Rhein-Stromes, b) in
einem anmutigen deutschen Städtchen mit seinem geweißten Kirchturm,
seinen reinlichen Straßen, geraden Kanälen, dem ‚Goldenen Löwen', der
Engelapotheke usw. 2. Es spielt in einer echt deutschen Familie, a) mit
ihrer Sittlichkeit und strengen Ordnung, die sich zeigt in der Verteilung

der Beschäftigung (Hermann: Feld und Stallung; Vater: Gastwirtschaft; Mutter: Hauswesen) und im Gegensatz zum welschen Nachbar (dem Sitte, Zucht und Achtung vor der Ehe abgehen), b) überhaupt alle Hauptpersonen sind Deutsche: der Löwenwirt (sorgt hausväterlich für die Stadt und die Seinen), die Wirtin (fleißig, gemütvoll, liebevoll), Hermann (anhänglich an den deutschen Boden, Zartheit seines Benehmens gegen Dorothea), Dorothea (Reinheit bei der Verteidigung der Unschuld ihrer Gespielinnen; Zurückhaltung gegen Hermann, dem sie notgedrungen ihre Liebe verrät). 3. Deutsch sind auch einzelne kleine Züge, namentlich die Trinkszene."

99   Vgl. H. Schwerte: Faust und das Faustische. Ein Kapitel deutscher Ideologie. Stuttgart 1962. Ferner ders.: Faust und das Faustische. Ein Kapitel deutscher Ideologie (mit dem Anhang: Dürers „Ritter, Tod und Teufel". Eine ideologische Parallele zum „Faustischen"). Stuttgart 1962; ders.: Deutsche Literatur im Wilhelminischen Zeitalter. In: Wirkendes Wort 4/1964.

100   C. Harms: Schleswig-Holsteinischer Gnomon. Ein allgemeines Lesebuch insonderheit für die Schuljugend. Kiel 1843.

101   W. Meyer (Hg.): Die Briefe F. L. Jahns. Leipzig 1913.

102   M. v. Schenkendorf: Wenn alle untreu werden. Später als Treuelied der SS verwendet. Vgl. auch H. J. Gamm: Der braune Kult. Hamburg 1962, S. 82.

103   Zit. nach H. Schwerte: Faust und das Faustische. Stuttgart 1962, S. 102. Vgl. auch A. Timm: Der Kyffhäuser im deutschen Geschichtsbild. Göttingen 1961.

104   L. Ganghofer: Die stählerne Mauer. Reise zur deutschen Front. Zwei Teile. Berlin (u. a.) 1915, S. 88.

105   Die Gartenlaube, Jahrgang 1871, S. 365 (Gedicht von A. Traeger).

106   F. Fröbel: Kleine politische Schriften. Stuttgart 1866. Zit. nach H. Pross: Die Zerstörung der deutschen Politik. Dokumente 1871–1933. Frankfurt a. M. 1959, S. 11.

107   F. Nietzsche: Menschliches, Allzumenschliches. Ein Buch für freie Geister. 2. Bd. In: Werke I. Hg. von K. Schlechta. Frankfurt a. M. (u. a.) 1979, S. 852.

108   E. Weymar: Das Selbstverständnis der Deutschen. Ein Bericht über den Geist des Geschichtsunterrichts der höheren Schulen im 19. Jahrhundert. Stuttgart 1961, S. 105 (vor allem auch S. 89 ff.). Vgl. ferner P. Baumgart (Hg.): Bildungspolitik in Preußen zur Zeit des Kaiserreichs. Stuttgart 1980.

109   Vgl. H. Grimm: Volk ohne Raum. München 1928, S. 9.

110   H. St. Chamberlain: Die Grundlagen des 19. Jahrhunderts. (Volksausgabe) München 1909. – Über den Weg der Kirchen in ihr teilweise selbstverschuldetes Verhängnis nach 1933 vgl. H. Buchheim: Glaubenskrise im Dritten Reich. Stuttgart 1953; F. v. Zipfel: Kirchenkampf in Deutschland 1933–1945. Berlin 1965; J. S. Conway: Die nationalsozialistische Kirchenpolitik 1933–1945. München 1969. – Zur protestantischen Kirche vgl. G. van Norden: Kirche in der Krise. Die Stellung der evangelischen Kirche zum nationalsozialistischen Staat im Jahre 1933. Düsseldorf 1963; K. Meier: Kirche und Judentum. Die Haltung der evangelischen Kirche zur

Judenpolitik des Dritten Reiches. Göttingen 1968; K. Scholder: Die Kirchen und das Dritte Reich. Bd. I: Vorgeschichte und Zeit der Illusionen 1918–1934. Frankfurt (u. a.) 1977. Bd. II: Das Jahr der Ernüchterung 1934. Berlin 1985; K. Meier: Kreuz und Hakenkreuz. Die evangelische Kirche im Dritten Reich. München 1992. – Zur katholischen Kirche vgl. E.-W. Böckenförde: Der deutsche Katholizismus im Jahre 1933. In: Hochland 2/1961; E. Deuerlein: Zur Vergegenwärtigung der Lage des deutschen Katholizismus 1933. In: Stimmen der Zeit 7, 8/1961; C. Amery: Die Kapitulation oder Deutscher Katholizismus heute. Reinbek 1963; H. Müller: Katholische Kirche und Nationalsozialismus. Dokumente 1930 bis 1935. München 1963; G. Lewy: Die katholische Kirche und das Dritte Reich. München 1965; G. Binder: Irrtum und Widerstand. Die deutschen Katholiken in der Auseinandersetzung mit dem Nationalsozialismus. München 1968; K. Breuning: Die Vision des Reiches. Deutscher Katholizismus zwischen Demokratie und Diktatur (1929–1934). München 1969; H. Hürten: Deutsche Katholiken 1918–1945. Paderborn (u. a.) 1992.

[111] A. J. Langbehn: Rembrandt als Erzieher. Von einem Deutschen. Leipzig 1891, S. 311; vgl. auch S. 24: „Echte Religiosität, diese tief deutsche Leidenschaft, ist ihm (dem deutschen Wesen) in hohem und bis jetzt unübertroffenem Grade eigen."

[112] C. G. Seibert: Deutsche Abende. Barmen 1857. Zit. nach E. Weymar: Das Selbstverständnis der Deutschen. Ein Bericht über den Geist des Geschichtsunterrichts der höheren Schulen im 19. Jahrhundert. Stuttgart 1961, S. 136.

[113] W. Bölsche: Was muß der neue deutsche Mensch von Naturwissenschaft und Religion fordern? Berlin-Charlottenburg 1934, S. 47.

[114] So H. St. Chamberlain: Die Grundlagen des 19. Jahrhunderts. (Volksausgabe) München 1909.

[115] Bismarcks Gedanken und Erinnerungen. Zit. nach J. Hohlfeld: Dokumente der deutschen Politik und Geschichte von 1848 bis zur Gegenwart. 8 Bde. Berlin (u. a.) 1951 ff. Bd. 1, S. 257. Vgl. Auch Chr. Rak: Krieg, Nation und Konfession. Die Erfahrung des deutsch-französischen Krieges von 1870/71. Paderborn 2004.

[116] Zit. nach J. Hohlfeld: Dokumente der deutschen Politik und Geschichte von 1848 bis zur Gegenwart. 8 Bde. Berlin (u. a.) 1951 ff. Bd. 2, S. 255.

[117] H. Düntzer: Erläuterungen zu den deutschen Klassikern. Faust 1. Teil. Jena 1859, S. 113.

[118] D. Frymann (= H. Claß, Vorsitzender des Alldeutschen Verbandes): Wenn ich der Kaiser wär'. Politische Wahrheiten und Notwendigkeiten, o. O. 1913, S. 118 f.

[119] W. Flex: Der Wanderer zwischen beiden Welten. Ein Kriegserlebnis. München o. J., S. 48.

[120] H. Clauren: Mimili. Berlin o. J. Zit. nach W. Killy: Deutscher Kitsch. Göttingen 1961, S. 117.

[121] Vgl. G. Erdmann (Hg.): Ernst Moritz Arndt. Ausgewählte Gedichte und Schriften. Berlin 1969; J. Paul: Ernst Moritz Arndt. Göttingen 1971; K. S. Pinson: Pietism as a factor in the rise of German nationalism. New York

1934; G. Kaiser: Pietismus und Patriotismus im literarischen Deutschland. Ein Beitrag zum Problem der Säkularisation. Wiesbaden 1961. In diesem Zusammenhang vor allem die Kapitel 5–9; u. a. S. 83, 125, 135. Vgl. auch H. H. Muchow: Jugend und Zeitgeist. 1. Teil. Reinbek 1962.

[122] Vgl. G. Kaiser: Pietismus und Patriotismus im literarischen Deutschland. Ein Beitrag zum Problem der Säkularisation. Wiesbaden 1961, S. 124 ff.

[123] Aus den Erinnerungen des Professors Konrad Biesalski. In: Deutsche Corpszeitung, Februarnummer 1961 (sic!), S. 17.

[124] Bismarcks Programmrede in der Budgetkommission des Hauses der Abgeordneten vom 30.12.1862. Zit. nach J. Hohlfeld: Dokumente der deutschen Politik und Geschichte von 1848 bis zur Gegenwart. 8 Bde. Berlin (u. a.) 1951 ff. Bd. 1, S. 125. Ferner E. Eyck: Bismarck. Leben und Werk. Zürich 1941 ff.

[125] H. v. Treitschke: Deutsche Kämpfe. Leipzig 1935, S. 390. Hierzu auch G. Ritter: Das deutsche Problem. München 1962, S. 62 ff.

[126] A. J. Langbehn: Rembrandt als Erzieher. Von einem Deutschen. Leipzig 1891.

[127] Zit. nach A. Kruck: Geschichte des Alldeutschen Verbandes 1890–1939. Wiesbaden 1954, S. 69.

[128] Th. Mann: Friedrich und die Große Koalition. Berlin 1915, S. 11.

[129] Vgl. W. Beumelburg: Sperrfeuer um Deutschland. Oldenburg o. J.

[130] E. Jünger: Der Kampf als inneres Erlebnis. Berlin 1929, S. 33 f., 47. A. Rosenberg: Der Mythus des 20. Jahrhunderts. München 1934, S. 448 pries die entsprechenden Kriegerdenkmäler in den Dörfern und Städten: „Die Gesichter, die unter Stahlhelmen auf den Kriegsdenkmälern hervorschauen, sie haben fast überall eine mystisch zu nennende Ähnlichkeit. Eine steile durchfurchte Stirn, eine starke gerade Nase mit kantigem Gerüst, ein fest geschlossener schmaler Mund mit der tiefen Spalte eines angespannten Willens. Die weit geöffneten Augen blicken geradeaus vor sich hin. Bewußt in die Ferne, in die Ewigkeit." Über das Verhältnis Ernst Jüngers zum Krieg ausführlich H. P. Schwarz: Der konservative Anarchist. Politik und Zeitkritik Ernst Jüngers. Freiburg 1962, u. a. S. 67 ff., 123 ff. („Jüngers Krieg ist so etwas wie eine gigantische Titanenmensur"), S. 260 ff.

[131] Zu Nachfolgendem auch F. Heer: Der Glaube des Adolf Hitler. Anatomie einer politischen Religiosität. München (u. a.) 1968; W. C. Langer: Das Adolf-Hitler-Psychogramm. Eine Analyse seiner Person und seines Verhaltens. München 1972; W. Maser: Adolf Hitler. Legende – Mythos – Wirklichkeit. München (u. a.) 1974; S. Haffner: Anmerkungen zu Hitler. München 1978.

[132] A. Bullock: Hitler. Eine Studie über Tyrannei. Düsseldorf 1971. Vgl. auch W. Zdral: Die Hitlers. Frankfurt a. M. 2005.

[133] R. Binion: „daß ihr mich gefunden habt". Hitler und die Deutschen. Eine Psychohistorie. Stuttgart 1978.

[134] B. Hamann: Hitlers Wien. Lehrjahre eines Diktators. München 2000, S. 7. Vgl. auch M. Wladika: Hitlers Vätergeneration. Die Ursprünge des Nationalsozialismus in der k. u. k. Monarchie. Köln (u. a.) 2005.

[135] Zit. nach W. Daim: Der Mann, der Hitler die Ideen gab. München 1958, S. 107, 25, 51, 89, 124, 128, 146.

[136] Vgl. A. Hitler: Mein Kampf (1925, 1927). München 1934, S. 107.

[137] Ebd., S. 59.

[138] B. Hamann: Hitlers Wien. Lehrjahre eines Diktators. München 2000, S. 578.

[139] E. Nolte: Der Faschismus in seiner Epoche. München 1963, S. 356 f.

[140] Vgl. H. J. Gordon: Hitlerputsch 1923. Machtkampf in Bayern 1923–1924. Frankfurt 1971. Zur Rolle des rechtsextremistischen Erich Ludendorff dabei – er war im Ersten Weltkrieg zusammen mit Paul von Hindenburg Leiter der Heeresführung – vgl. D. J. Goodspeed: Ludendorff. Soldat, Diktator, Revolutionär. Gütersloh 1968.

[141] R. Blasius: Hotelvollzug in Zelle 7. Vor achtzig Jahren wurde Adolf Hitler vorzeitig aus der Landsberger Festungshaft entlassen. In: Frankfurter Allgemeine Zeitung, 20.12.2004.

[142] Vgl. W. Maser: Hitlers „Mein Kampf". Entstehung, Aufbau, Stil und Änderungen, Quellen und Quellenwert. München (u. a.) 1966; Chr. Zentner: Adolf Hitlers „Mein Kampf". Eine kommentierte Auswahl. München 1974; G. Weinberg (Hg.): Hitlers zweites Buch. Ein Dokument aus dem Jahr 1928. Stuttgart 1961; M. Broszat: Betrachtungen zu Hitlers zweitem Buch. In: Vierteljahrshefte für Zeitgeschichte 4/1961; E. Jäckel (Hg.): Hitler. Sämtliche Aufzeichnungen 1905–1924. Stuttgart 1980.

[143] Vgl. H. Glaser: „Mein Kampf" als Spießerspiegel. In: Deutsche Rundschau 4/1960, S. 326 ff. Vgl. auch U. Linse: Barfüßige Propheten. Erlöser der zwanziger Jahre. Berlin 1983.

[144] A. Hitler: Mein Kampf (1925, 1927). München 1934, S. 2.

[145] Ebd., S. 239.

[146] R. Höß: Kommandant in Auschwitz. Autobiographische Aufzeichnungen. Hg. von M. Broszat. München 1963, S. 23 f., 134.

[147] Heinrich Himmler bei der SS-Gruppenführertagung in Posen am 4.10.1943. Zit. nach W. Hofer: Der Nationalsozialismus. Dokumente 1933–1945. Frankfurt a. M. 1957, S. 113.

[148] A. Hitler: Mein Kampf (1925, 1927). München 1934, S. 180.

[149] Ebd., S. 180.

[150] Ebd., S. 180.

[151] Vgl. L. v. Rudolph: Die Lüge, die nicht stirbt. Die „Dolchstoßlegende" von 1918. Nürnberg 1958.

[152] A. Hitler: Mein Kampf (1925, 1927). München 1934, S. 72.

[153] Ebd., S. 186.

[154] Ebd., S. 61.

[155] Vgl. H. Glaser: Beim Wiederhören nationalsozialistischer Reden – Anmerkungen zur Behandlung der Zeitgeschichte im Unterricht. In: Frankfurter Hefte 6/1959, S. 388 ff.

[156] Vgl. H. Preiß (Hg.): Adolf Hitler in Franken, Reden aus der Kampfzeit, Nürnberg 1939, S. 144.

[157] M. Domarus: Hitler. Reden und Proklamationen 1932–1945. Bd. 1. Würzburg 1962, S. 533.

158 Ebd., S. 244.

159 A. Hitler: Mein Kampf (1925, 1927). München 1934, S. 262 ff. Dazu H.
Glaser: Beim Wiederhören nationalsozialistischer Reden. In: Frankfurter
Hefte 6/1959; ders.: Der Führer spricht. Vom kleinbürgerlichen Redestil
Hitlers. Rundfunk-Manuskript Radio Bremen, 9.6.1964; H. v. Kotze/H.
Krausnick (Hg.): Es spricht der Führer. Exemplarische Hitler-Reden.
Gütersloh 1966; K. Burke: Die Rhetorik in Hitlers „Mein Kampf" und
andere Essays zur Strategie der Überredung. Frankfurt a. M. 1967; D.
Grieswelle: Propaganda der Friedlosigkeit. Eine Studie zu Hitlers Rhetorik
1920–1933. Stuttgart 1972; C. Schnauber: Wie Hitler sprach und schrieb.
Zur Psychologie und Prosodik der faschistischen Rhetorik. Frankfurt a. M.
1972.

160 Vgl. J. W. Wheeler-Bennett: Der hölzerne Titan – Paul von Hindenburg.
Tübingen 1969.

161 M. Domarus: Hitler. Reden und Proklamationen 1932–1945. Bd. I. Würzburg 1962, S. 228.

162 Ebd., S. 438.

163 Vgl. H. A. Winkler: Umkehr nach dem Untergang. In: Der Spiegel 5/2005:
„Doch es ist auch wahr, dass der Österreicher Adolf Hitler den Mythos
Preußen, den Kult um Friedrich den Großen und den Appell an die preußischen Tugenden des Gehorsams und der Pflichterfüllung benötigte, um
Deutschland beherrschen und die Deutschen in den Krieg führen zu können. Am Ende des Zweiten Weltkriegs war der preußische Mythos so ver-
braucht wie der sehr viel ältere Reichsmythos, der den Untergang des Heiligen Römischen Reiches Deutscher Nation im Jahre 1806 um 139 Jahre
überlebt hatte."

164 Der Erfolg des „Tages von Potsdam" wird unterschiedlich beurteilt:
„Viele Deutsche trauten den Bildern dieses ‚Tages von Potsdam'. Selbst der
später so konsequente Hitler-Gegner Henning von Tresckow, der mit seinem Bataillon vor Hindenburg paradierte, war angerührt von der ‚Symbiose zweier Deutschlands' und schien ‚für die nahe Zukunft nicht einmal
eine konstitutionelle Monarchie auszuschließen'." (R. Blasius: Weder Treu'
noch Redlichkeit. Der „Tag von Potsdam" vor 70 Jahren. In: Frankfurter
Allgemeine Zeitung, 21.3.2003.) – „Wie zahlreiche Beobachter überein-
stimmend notierten, dominierte am 21. März nicht das nationalsozialistische Hakenkreuz, sondern in erdrückendem Übermaß das kaiserliche
Schwarz-Weiß-Rot im Farbenmeer der geflaggten Häuser und Straßen
Potsdams. Nicht Kleidung und Personal der neuen Staatsführung gaben
dem Einzug der Volksvertreter in Potsdam das Gepräge, sondern die Prä-
senz des in seiner Uniform als kaiserlicher Generalfeldmarschall auftretenden Reichspräsidenten, verstärkt durch die Anwesenheit des Kronprinzen
Wilhelm in der Uniform der Totenkopfhusaren und zahlreicher anderer
Vertreter von Generalität und Admiralität des wilhelminischen Deutschland." (M. Sabrow: Chronik eines damals als missraten angesehenen Ereig-
nisses. Vor siebzig Jahren machte mit dem „Tag von Potsdam" die neue
deutsche Regierung unter Hitler ihren politischen Frieden mit Reichspräsi-
dent Hindenburg. In: Frankfurter Allgemeine Zeitung, 15.3.2003.)

[165] M. Domarus: Hitler. Reden und Proklamationen 1932–1945. Bd. 1. Würzburg 1962, S. 228.

[166] Ebd., S. 711 f.

[167] Zur nationalsozialistischen Sprach-Unkultur vgl.: V. Klemperer: LTI (Lingua Tertii Imperii). Die Sprache des Dritten Reiches. Stuttgart 1995 (1947); D. Sternberger/G. Storz/W. E. Süskind: Aus dem Wörterbuch des Unmenschen. Hamburg 1957; C. Berning: Die Sprache des Nationalsozialismus. In: Zeitschrift für deutsche Wortforschung 16/1960; ders.: Vom „Abstammungsnachweis" zum „Zuchtwart". Vokabular des Nationalsozialismus. Berlin 1964; S. Bork: Mißbrauch der Sprache. Tendenzen nationalsozialistischer Sprachregelung. Bern (u. a.) 1970; M. Kinne (Hg.): Nationalsozialismus und deutsche Sprache. München 1981; Gesellschaft für deutsche Sprache (Hg.): 30. Januar 1933 – Zur Sprache der Nazis und Neonazis. In: Muttersprache 1,2/1983; G. Bauer: Sprache und Sprachlosigkeit im „Dritten Reich". Köln 1988; K. Ehlich (Hg.): Sprache im Faschismus. Frankfurt a. M. 1989; S. Müller: Sprachwörterbücher im Nationalsozialismus. Stuttgart 1994.

[168] Vgl. auch D. Peukert: Volksgenossen und Gemeinschaftsfremde. Anpassung, Ausmerze und Aufbegehren unter dem Nationalsozialismus. Köln 1982.

[169] A. Hitler: Mein Kampf (1925, 1927). München 1934, S. 416.

[170] A. Rosenberg (Hg.): Das Parteiprogramm der NSDAP. Wesen, Grundsätze und Ziele der NSDAP. 21. Aufl. München 1941, S. 15 ff.

[171] Vgl. hierzu H. Weinkauff: Die deutsche Justiz und der Nationalsozialismus. Stuttgart 1968; I. Staff (Hg.): Justiz im Dritten Reich. Frankfurt a. M. 1978; M. Hirsch/D. Majer/J. Meinck (Hg.): Recht, Verwaltung und Justiz im Nationalsozialismus. Köln 1984; L. Gruchmann: Justiz im Dritten Reich 1933–1940. Anpassung und Unterwerfung in der Ära Gürtner. München 1988; R. Dreier/W. Sellert (Hg.): Recht und Justiz im „Dritten Reich". Frankfurt a. M. 1989; B. Rüthers: Entartetes Recht. München 1994.

[172] A. Hitler: Mein Kampf (1925, 1927). München 1934, S. 424.

[173] G. Aly: Hitlers Volksstaat, Raub, Rassenkrieg und nationaler Sozialismus. Frankfurt a. M. 2005, S. 28 f. Vgl. auch A. Schweitzer: Die Nazifizierung des Mittelstandes. Stuttgart 1970. Die wirtschaftliche Aufwertung der Provinz (Kleinstadt) förderte dort die Nazifizierung; vgl. W. S. Allen: „Das haben wir nicht gewollt!" Die nationalsozialistische Machtergreifung in einer Kleinstadt 1930–1935. Gütersloh 1966; B. Burkhardt: Eine Stadt wird braun. Die nationalsozialistische Machtergreifung in der schwäbischen Provinz. Hamburg 1980.

[174] G. Aly: Hitlers Volksstaat, Raub, Rassenkrieg und nationaler Sozialismus. Frankfurt a. M. 2005, S. 117.

[175] F. Kade: Die Wende in der Mädchenerziehung. Dortmund 1937, S. 7.

[176] R. Binion: „.... daß ihr mich gefunden habt". Hitler und die Deutschen. Eine Psychohistorie. Stuttgart 1978, S. 79.

[177] I. Kershaw: Hitler 1936–1945. Stuttgart (u. a.) 2000.

[178] K. Sontheimer: Antidemokratisches Denken in der Weimarer Republik. München 1962. Ferner V. R. Berghahn: Der Stahlhelm. Bund der Front-

soldaten 1918–1935. Düsseldorf 1966.

[179] A. Hitler: Mein Kampf (1925, 1927). München 1934, S. 182. Vgl. auch K. Theweleit: Männerphantasien. 2. Bd. Frankfurt a. M. 1978. „Mit der Theorie von Wilhelm Reich über ‚Körperpanzerungen' ausgerüstet, ging Theweleit an die Erforschung der Krieger- und Freikorps-Literatur der zwanziger Jahre, um dem Körperbild des faschistischen Mannes näherzukommen: Einem Körper, der, wie Theweleit glaubt, einzig zum Ertragen und Zufügen von Schmerz abgerichtet wurde." (L. Jäger: Psychoanalyse der Reichsbildungen. In: Frankfurter Allgemeine Zeitung, 8.2.2002) – Zum Komplex bürgerlicher Sexualpathologie H. Glaser: Eros in der Politik. Köln 1967, S. 40 ff., 114 ff.; G. L. Mosse: Nationalismus und Sexualität. Bürgerliche Moral und sexuelle Normen. München 1985; P. Gay: Die zarte Leidenschaft. Liebe im bürgerlichen Zeitalter. München 1987.

[180] Dazu M.-A. Macciocchi: Jungfrauen, Mütter und ein Führer. Frauen im Faschismus. Berlin 1976; Chr. Schüddekopf: Der alltägliche Faschismus. Frauen im Dritten Reich. Berlin (u. a.) 1981; Frauengruppe Faschismusforschung (Hg.): Mutterkreuz und Arbeitsbuch. Zur Geschichte der Frauen in der Weimarer Republik und im Nationalsozialismus. Frankfurt a. M. 1981; D. Klinksiek: Die Frau im NS-Staat. Stuttgart 1982; A: Kuhn/V. Rothe: Frauen im deutschen Faschismus. Bd. l: Frauenpolitik im NS-Staat; Bd. 2: Frauenarbeit und Frauenwiderstand im NS-Staat. Düsseldorf 1982; R. Thalmann: Frausein im Dritten Reich. München 1983; R. Wiggershaus: Frauen unterm Nationalsozialismus. Wuppertal 1984; M. Schmidt/G. Dietz (Hg.): Frauen unterm Hakenkreuz. Eine Dokumentation. München 1985; O. Niethammer (Hg.): Frauen und Nationalsozialismus. Historische und kulturgeschichtliche Positionen. Osnabrück 1986; C. Koonz: Mütter im Vaterland. Frauen im Dritten Reich. Freiburg 1991; G. Czarnowski: Das kontrollierte Paar. Ehe- und Sozialpolitik im Nationalsozialismus. Weinheim 1991; I. Weyrather: Muttertag und Mutterkreuz. Der Kult um die „deutsche Mutter" im Nationalsozialismus. Frankfurt a. M. 1993; W. Benz (Hg.): Frauen im Nationalsozialismus. Dokumente und Zeugnisse. München 1993.

[181] Zit. nach F. Klingler (Hg.): Dokumente zum Abwehrkampf der deutschen evangelischen Pfarrerschaft gegen Verfolgung und Bedrückung 1933–1945. Nürnberg 1946, S. 23.

[182] G. Scholtz-Klink: Verpflichtung und Aufgabe der Frau im nationalsozialistischen Staat. Berlin 1936, S. 20.

[183] Vgl. K. Saller: Der Rassenbegriff in der modernen Anthropologie. In: Rassenfrage – heute. München 1955, S. 27.

[184] Vgl. E. G. Reichmann: Flucht in den Haß. Die Ursachen der deutschen Judenkatastrophe. Frankfurt a. M. o. J. – Vgl. ferner E. Sterling: Er ist wie du. Aus der Frühgeschichte des Antisemitismus in Deutschland (1815–1850). München 1956; J. Neurohr: Der Mythos vom Dritten Reich. Stuttgart 1957; M. Broszat: Der Nationalsozialismus. Weltanschauung, Programm und Wirklichkeit. Stuttgart 1960; R. Breitling: Die nationalsozialistische Rassenlehre. Entstehung, Ausbreitung, Nutzen und Schaden einer politischen Ideologie. Meisenheim 1971; H. J. Lutzhöft: Der Nordi-

sche Gedanke in Deutschland 1920–1940. Stuttgart 1971; K. Pätzold: Faschismus, Rassenwahn, Judenverfolgung. Eine Studie zur politischen Strategie und Taktik des faschistischen deutschen Imperialismus 1933 bis 1935. Berlin 1975; P. v. zur Mühlen: Rassenideologien. Geschichte und Hintergründe. Berlin (u. a.) 1977; G. L. Mosse: Die Geschichte des Rassismus in Europa. Frankfurt a. M. 1990; St. Kühl: Die Internationale der Rassisten. Aufstieg und Niedergang der internationalen Bewegung für Eugenik und Rassenhygiene im 20. Jahrhundert. Frankfurt a. M (u. a.) 1997; C. Essner: Die „Nürnberger Gesetze" oder die Verwaltung des Rassenwahns 1933–1945. Paderborn 2002; R. Hilberg: Die Quellen des Holocaust. Entschlüsseln und Interpretieren. Frankfurt a. M. 2002; Chr. Browning: Die Entfesselung der „Endlösung". Nationalsozialistische Judenpolitik 1939–1942. Berlin 2003. – Zur Bedeutung des Sozialdarwinismus für die „Rassenlehre" vgl. H.-G. Zmarzlik: Der Sozialdarwinismus in Deutschland. In: Vierteljahrshefte für Zeitgeschichte 3/1963, S. 271; ferner H. Conrad-Martius: Utopien der Menschenzüchtung. Der Sozialdarwinismus und seine Folgen. München 1955; H. W. Koch: Der Sozialdarwinismus. Seine Genese und sein Einfluß auf das imperialistische Denken. München 1973.

[185] Zit. nach E. G. Reichmann: Flucht in den Haß. Die Ursachen der deutschen Judenkatastrophe. Frankfurt a. M. o. J., S. 245 f.

[186] A. Hitler: Mein Kampf (1925, 1927). München 1934, S. 311 f., 444, 316 f., 324, 267, 314, 351, 70.

[187] M. Frank: Gott im Exil. Vorlesungen über die neue Mythologie, Teil 2. Frankfurt a. M. 1988, S. 117. Vgl. auch H.-G. Seraphim (Hg.): Das politische Tagebuch Alfred Rosenbergs aus den Jahren 1934/35 und 1939/40. Göttingen 1956.

[188] Zit. nach M. Frank: Gott im Exil. Vorlesungen über die neue Mythologie, Teil 2. Frankfurt a. M. 1988, S. 109.

[189] A. Rosenberg: Der Mythus des 20. Jahrhunderts. Eine Wertung der seelisch-geistigen Gestaltenkämpfe unserer Zeit. München 1935, S. 155 f., 169.

[190] A. Rosenberg: Blut und Ehre. Ein Kampf für die deutsche Wiedergeburt. Reden und Aufsätze 1919–1933. München 1934, S. 221, 223 f.

[191] Ders.: Der Mythus des 20. Jahrhunderts. Eine Wertung der seelisch-geistigen Gestaltenkämpfe unserer Zeit. München 1935, S. 280.

[192] Ebd., S. 282.

[193] Ebd., S. 282, 284.

[194] Ebd., S. 291.

[195] Zit. nach F. G. Grosse: Die falschen Götter. Vom Wesen des Nationalsozialismus. Heidelberg 1946, S. 46.

[196] A. Rosenberg: Der Mythus des 20. Jahrhunderts. Eine Wertung der seelisch-geistigen Gestaltenkämpfe unserer Zeit. München 1935, S. 296.

[197] Ebd., S. 297.

[198] A. Rosenberg: Beethoven. In: Völkischer Beobachter, 10.3.1927.

[199] Ders.: Der Mythus des 20. Jahrhunderts. Eine Wertung der seelisch-geistigen Gestaltenkämpfe unserer Zeit. München 1935, S. 298.

[200] Ebd., S. 299.

[201] Ebd., S. 299 f.

[202] Ebd., S. 565.

[203] Für das Folgende R. Wistrich: Wer war wer im Dritten Reich? Ein biographisches Lexikon. Frankfurt a. M. 1987, S. 110 ff. Vgl. auch H. Fraenkel/R. Manvell: Goebbels. Eine Biographie. Köln 1960; H. Heiber: Joseph Goebbels. Berlin 1962; W. A. Boelcke (Hg.): Wollt Ihr den totalen Krieg? Die geheimen Goebbels-Konferenzen 1939–1943. Stuttgart 1967; E. Kohn-Bramstedt: Goebbels und die nationalsozialistische Propaganda 1925 bis 1945. Frankfurt a. M. 1971. Ferner H. Heiber (Hg.): Das Tagebuch von Joseph Goebbels 1925/26. Stuttgart 1961; J. Goebbels: Tagebücher 1945. Die letzten Aufzeichnungen. Einführung von R. Hochhuth. Hamburg 1977.

[204] Vgl. H.-J. Gamm: Der Flüsterwitz im Dritten Reich. München 1963.

[205] R. Wistrich: Wer war wer im Dritten Reich? Ein biographisches Lexikon. Frankfurt a. M., S. 110 ff.

[206] V. Dahm: Künstler als Funktionäre. Das Propagandaministerium und die Reichskulturkammer. In: H. Sarkowicz (Hg.): Hitlers Künstler. Die Kultur im Dienst des Nationalsozialismus. Frankfurt a. M. (u. a.) 2004, S. 77; vgl. auch S. 109.

[207] P. Reichel: Der schöne Schein des Dritten Reiches. Faszination und Gewalt des Faschismus. München 1991, S. 372.

[208] H. Heiber: (Hg.): Goebbels Reden 1932–1945. Bd. 1. Düsseldorf 1971/72, S. 136 f. (Eröffnung der Reichskulturkammer).

[209] Vgl. u. a. O. H. Barth: Masse und Mythos. Die Theorie der Gewalt. Hamburg 1959.

[210] J. Goebbels: Vom Kaiserhof zur Reichskanzlei. Eine historische Darstellung in Tagebuchblättern. (Vom 1. Jan. 1932 bis 1. Mai 1933.) München 1938, S. 157.

[211] A. Hitler: Mein Kampf (1925, 1927). München 1934, S. 44, 198, 200 f., 371, 198, 197.

[212] Der Stürmer 1/1934, 1/1939, 16/1939, 5/1939, 2/1939, 14/1934, 25/1925. Vgl. auch F. Hahn: Lieber Stürmer! Leserbriefe an das NS-Kampfblatt 1924 bis 1945. Stuttgart 1978.

[213] H. Rauschning: Gespräche mit Hitler. Zürich (u. a.) 1940, S. 223.

[214] Für das Folgende u. a. K. Vondung: Magie und Manipulation. Ideologischer Kult und politische Religion des Nationalsozialismus. Göttingen 1971; H.-U. Thamer: Verführung und Gewalt. Deutschland 1933–1945. Berlin 1986.

[215] A. Hitler: Mein Kampf (1925, 1927). München 1934, S. 536. Vgl. zum Folgenden auch K. Schmeer: Die Regie des öffentlichen Lebens im Dritten Reich. München 1956.

[216] J. Goebbels: Vom Kaiserhof zur Reichskanzlei. Eine historische Darstellung in Tagbuchblättern. München 1938, S. 253.

[217] Vgl. hierzu K. Schmeer: Die Regie des öffentlichen Lebens im Dritten Reich. München 1956, S. 17 ff., 46 ff.

[218] A. Rosenberg: Der Mythus des 20. Jahrhunderts. Eine Wertung der see-

lisch-geistigen Gestaltenkämpfe unserer Zeit. München 1935, S. 688.

[219] Zit. nach K. Schmeer: Die Regie des öffentlichen Lebens im Dritten Reich. München 1956, S. 104.

[220] A. Hitler: Mein Kampf (1925, 1927). München 1934, S. 557.

[221] J. Bauer: Hinweise auf die äußere Gestaltung der Feiern. In: H. W. Schmidt: Feiern des Jahres. Frankfurt a. M. 1940, S. 65 ff. Vgl. auch W. A. Berendsohn: Die humanistische Front. Einführung in die deutsche Emigranten-Literatur, 1. Teil. Zürich 1946, S. 25.

[222] Vgl. H.-J. Gamm: Der braune Kult. Hamburg 1962.

[223] P. Reichel: Der schöne Schein des Dritten Reiches. Faszination und Gewalt des Faschismus. München 1991, S. 115. Vgl. auch H. T. Burden: Die programmierte Nation. Die Nürnberger Reichsparteitage. Gütersloh 1970; S. Zelnhefer: Die Reichsparteitage der NSDAP. Nürnberg 1991; B. Ogan/W. W. Weiß: Faszination und Gewalt. Zur politischen Ästhetik des Nationalsozialismus. Nürnberg 1992; E. Dietzfelbinger/G. Liedtke: Nürnberg – Ort der Massen. Das Reichparteitagsgelände. Vorgeschichte und schwieriges Erbe. Berlin 2004.

[224] Zit. nach P. Reichel: Der schöne Schein des Dritten Reiches. Faszination und Gewalt des Faschismus. München 1991, S. 116.

[225] H. Hoffmann: „Und die Fahne führt uns in die Ewigkeit". Propaganda im NS-Film. Frankfurt a. M. 1988, S. 11 f.

[226] P. Reichel: Der schöne Schein des Dritten Reiches. Faszination und Gewalt des Faschismus. München 1991, S. 123.

[227] Vgl. R. W. Stock: Richard Wagner und die Stadt der Meistersinger. Nürnberg, Berlin 1938; Germanisches Nationalmuseum Nürnberg (Hg.): Die Meistersinger und Richard Wagner. Die Rezeptionsgeschichte einer Oper von 1868 bis heute. Ausstellungskatalog. Nürnberg 1981.

[228] Zit. nach E. Dietzfelbinger/G. Liedtke: Nürnberg – Ort der Massen. Das Reichparteitagsgelände. Vorgeschichte und schwieriges Erbe. Berlin 2004, S. 70.

[229] Zu Nachfolgendem H. J. Koch/H. Glaser: Ganz Ohr. Eine Kulturgeschichte des Radios in Deutschland. Köln (u. a.) 2005. 2. Kapitel: Drittes Reich, S. 69 ff. Ferner K. Scheel: Krieg über Ätherwellen. NS-Rundfunk und Monopole 1933–1945. Berlin 1970.

[230] H. Heiber: (Hg.): Goebbels Reden 1932–1945. Bd. 1. Düsseldorf 1971/72, S. 87, 89, 91.

[231] Ebd., S. 93, 101; nachfolgend S. 84 ff., 106 f.

[232] Zit. nach H.-U. Wagner (Hg.): Rückkehr in die Fremde? Remigranten und Rundfunk in Deutschland 1945–1955. (Begleitbuch zur gleichnamigen Ausstellung). Berlin (u. a.) 2000, S. 28. Vgl. auch J. Klepper: Briefwechsel 1925–1942. Hg. v. E. G. Riemenschneider. Stuttgart 1973.

[233] Zit. nach H. Riedel: Lieber Rundfunk ... 75 Jahre Hörergeschichte(n). Berlin 1999, S. 86.

[234] Zit. nach H.-U. Wagner (Hg.): Rückkehr in die Fremde? Remigranten und Rundfunk in Deutschland 1945–1955 (Begleitbuch zur gleichnamigen Ausstellung). Berlin (u. a.) 2000, S. 35.

[235] Zit. nach J. Wulf: Presse und Funk im Dritten Reich. Eine Dokumentation.

Gütersloh 1964, S. 72.

[236] Ebd., S. 74.

[237] Vgl. K. D. Abel: Presselenkung im NS-Staat. Eine Studie zur Publizistik in der nationalsozialistischen Zeit. Berlin 1968; J. Hagemann: Die Presselenkung im Dritten Reich. Bonn 1970; K. Koszyk: Deutsche Presse 1914–1945. Geschichte der deutschen Presse. Teil III. Berlin 1972; F. Sänger: Politik der Täuschungen. Mißbrauch der Presse im Dritten Reich. Wien 1975; N. Frei/J. Schmitz: Journalismus im Dritten Reich. München 1989

[238] H. Pross: Propaganda und Autorität. Die Presse 1933–1945. In: H. Hoffmann/H. Klotz (Hg.): Die Kultur unseres Jahrhunderts 1933–1945. Düsseldorf (u. a.) 1991, S. 185 f.

[239] Zit. nach M. Domarus: Hitler. Reden und Proklamationen 1932–1945. Bd. 1. Würzburg 1962, S. 976 (Geheimrede vor der Presse München).

[240] Zu Nachfolgendem H. Glaser: Kleine Kulturgeschichte Deutschlands im 20. Jahrhundert. München 2002, S. 198 ff.

[241] M. Boveri: Wir lügen alle. Eine Hauptstadtzeitung unter Hitler. Olten (u. a.) 1965. Vgl. auch M. Boveri: Verzweigungen. Eine Autobiographie. Hg. v. U. Johnson. München (u. a.) 1977; H. B. Görtemaker: Ein deutsches Leben. Die Geschichte der Margret Boveri (1900–1975). München 2005.

[242] Vgl. S. Noller/H. v. Kotze (Hg.): Facsimile-Querschnitt durch den Völkischen Beobachter. München (u. a.) 1967, S. 13.

[243] Vgl. H. D. Müller (Hg.): Facsimile-Querschnitt durch „Das Reich". München (u. a.) 1964.

[244] P. Reichel: Der schöne Schein des Dritten Reiches. Faszination und Gewalt des Faschismus. München 1991, S. 177 f.

[245] Vgl. A. Klönne: Hitlerjugend. Die Jugend und ihre Organisation im Dritten Reich. Hannover (u. a.) 1956; W. Klose: Generation im Gleichschritt. Oldenburg, Hamburg 1964; H. Chr. Brandenburg: Die Geschichte der HJ. Köln 1968; H. W. Koch: Geschichte der Hitlerjugend. Ihre Ursprünge und ihre Entwicklung 1922–1945. Percha 1975; K.-H. Huber: Jugend unterm Hakenkreuz. Berlin 1982; A. Klönne: Jugend im Dritten Reich. Die Hitlerjugend und ihre Gegner. Düsseldorf (u. a.) 1982 (Neuaufl. München 1990).

[246] Vgl. M. Maschmann: Fazit. Mein Weg in der Hitler-Jugend. München 1979; M. Klaus: Mädchen im Dritten Reich. Der Bund Deutscher Mädel. Köln 1983; ders.: Mädchenerziehung zur Zeit der faschistischen Herrschaft in Deutschland. Frankfurt a. M. 1983.

[247] Vgl. R. Eilers: Nationalsozialistische Schulpolitik. Die Schule im Zugriff des totalitären Staates. Köln (u. a.) 1963; E. Nyssen: Schule im Nationalsozialismus. Heidelberg 1979; R. Dithmar (Hg.): Schule und Unterricht im Dritten Reich. Ludwigsfelde 2001.

[248] A. Hitler: Mein Kampf (1925, 1927). München 1934, S. 452. Dazu auch F. Stippel: Die Zerstörung der Person. Kritische Studie zur nationalsozialistischen Pädagogik. Donauwörth 1957; H.-J. Gamm: Führung und Verführung. Pädagogik des Nationalsozialismus. München 1964; J. Ehrhardt: Erziehungsdenken und Erziehungspraxis des Nationalsozialismus. Clausthal 1968; K. Chr. Lingelbach: Erziehung und Erziehungstheorien im

nationalsozialistischen Deutschland. Weinheim 1970; H. Scholtz: Erziehung und Unterricht unterm Hakenkreuz. Göttingen 1985. Zur Rolle der Erzieher vgl. H. Hauschild: Erzieher im Dritten Reich. Mönchengladbach 1976.

249 Vgl. K.-I. Flessau: Schule der Diktatur. Lehrpläne und Schulbücher des Nationalsozialismus. München 1977.

250 E. Krieck: Dichtung und Erziehung. Leipzig 1933, S. 91 f. Vgl. auch H. Glaser: Erziehung. „Hoch schießt empor die Saat ...“ In: H. Hoffmann/H. Klotz (Hg.): Die Kultur unseres Jahrhunderts. 1933–1945. Düsseldorf (u. a.) 1991.

251 Vgl. P.-M. Roeder: Zur Geschichte und Kritik des Lesebuchs der höheren Schule. Weinheim 1961; H. Helmers: Geschichte des deutschen Lesebuchs in Grundzügen. Stuttgart 1970; P. Hasubek: Das deutsche Lesebuch in der Zeit des Nationalsozialismus. Hannover 1972; H. J. Frank: Geschichte des Deutschunterrichts. Von den Anfängen bis 1945. München 1973; N. Hopster/U. Nassen: Literatur und Erziehung im Nationalsozialismus. Paderborn 1983; H. Glaser: Deutschunterricht in finsterer Zeit. Seine geisteswissenschaftlichen Perspektiven im Zweiten und Dritten Reich. In: H. Claussen/N. Oellers (Hg.): Beschädigtes Erbe. Beiträge zur Klassikerrezeption in finsterer Zeit, Bonn 1984.

252 Vgl. K. Rutschky (Hg.): Schwarze Pädagogik. Quellen zur Naturgeschichte der bürgerlichen Erziehung. Frankfurt a. M., (u. a.) 1977. Als Fallstudie F. Stippel: Die Zerstörung der Person. Kritische Studie zur nationalsozialistischen Pädagogik. Donauwörth 1957.

253 M. Domarus: Hitler. Reden und Proklamationen 1932–1945. Bd. 1. Würzburg 1962, S. 532 f. – Turnen hatte natürlich einen hohen Stellenwert. Vgl. H. Bernett: Nationalsozialistische Leibeserziehung. Eine Dokumentation ihrer Theorie und Organisation. Schorndorf 1966; H. Ueberhorst: Deutsche Turnbewegung und deutsche Geschichte. Friedrich Ludwig Jahn und die Folgen. In: Beilage zur Wochenzeitung „Das Parlament“: Aus Politik und Zeitgeschichte, 15.7.1978. – Für die zukünftige Führungsschicht wurden Eliteeinrichtungen geschaffen: Napolas (Nationalpolitische Erziehungsanstalten); vgl. H. Ueberhorst (Hg.): Elite für die Diktatur. Die Nationalpolitischen Erziehungsanstalten 1933–1945. Düsseldorf 1969; H. Scholtz: Nationalsozialistische Ausleseschulen – Internatsschulen als Herrschaftsmittel des Führerstaates. Göttingen 1973.

254 A. Soergel in: Dichtung und Dichter der Zeit. Zit. nach W. A. Berendsohn: Die humanistische Front. Zürich 1946, S. 30. Vgl. M. Schaper-Haeckel: Die Germanin. Körper, Geist und Seele. Berlin 1943.

255 W. Arp: Deutsche Bildung im Kampf um Begriff und Gestalt unseres arteigenen Menschentums. Leipzig 1943, S. 89.

256 Fränkische Tageszeitung. Nürnberg, Jg. 1933.

257 Vgl. P. Lundgreen (Hg.): Wissenschaft im Dritten Reich. Frankfurt a. M. 1985.

258 A. Rosenberg: Nationalsozialismus, Religion und Kultur. In: Grundlagen, Aufbau und Wirtschaftsordnung des nationalsozialistischen Staates. I. Bd. Berlin 1936, S. 6.

259 O. Dietrich: Die philosophischen Grundlagen des Nationalsozialismus. Breslau 1935, S. 32.

260 G. Kahl-Furthmann (Hg.): Hans Schemm spricht. Seine Reden und sein Werk. Bayreuth 1935, S. 134.

261 P. Lenard in: Forschungen zur Judenfrage. Bd. 1. Leipzig 1936, S. 414, 32. Vgl. auch Deutsche Physik. München 1936, Vorwort.

262 A. v. Cube: Wissenschaft und Technik. Das Ende der Unschuld. Wissenschaft zwischen Rassendideologie und Kriegsforschung. In: H. Hoffmann/H. Klotz (Hg.): Die Kultur unseres Jahrhunderts. 1933–1945. Düsseldorf (u. a.) 1991, S. 231 f.

263 Zit. nach L. Poliakov/J. Wulf: Das Dritte Reich und seine Denker. Frankfurt a. M. (u. a.) 1959, S. 301.

264 Vgl. H. Möller: Exodus der Kultur. Schriftsteller, Wissenschaftler und Künstler in der Emigration nach 1933. München 1984. Vgl. auch H. Pross: Die deutsche akademische Emigration nach den Vereinigten Staaten 1933–1941. Berlin 1955.

265 W. Bleek über H.-P. Höpfner: Die Universität Bonn im Dritten Reich. Akademische Biographien unter nationalsozialistischer Herrschaft. Bonn 1999. In: Das Parlament, 29.6.2001.

266 Bei den Universitätsprofessoren war die gesellschaftspolitische Liberalität, wie sie in der ersten Hälfte des 19. Jahrhunderts die Gelehrtenwelt charakterisiert hatte, der Überzeugung von der Notwendigkeit einer starken Staatsmacht gewichen. Gerade weil das Ansehen der Professoren und der akademischen Elite so groß war, wirkte sich ihr Einfluss verheerend aus. Ihr Streben nach Objektivität im wissenschaftlichen Bereich wurde als Prädestination für sachgerechte politische Urteile empfunden. „Der Professorenstand war völlig in das Gefüge des 2. Reichs integriert. Auf der sozialen Prestigeskala ganz oben stehend, hatte der Akademiker durch die Ersatz-Nobilitierung des Doktorgrades ein Mittel, um das Unterlegenheitsgefühl des Zivilisten in einer Gesellschaft, die ihre normativen Lebensideale vom Militärischen empfing, zu kompensieren. Ein materieller Selektionsmechanismus, der fast ausschließlich Begüterte den langen einkommenslosen Weg zum Ordinariat aushalten ließ, und ein Berufungsverfahren, das ‚stets den konservativen Geist und die Exklusivität des Professorenstandes‘ wahrte und die Loyalität des Bewerbers gegenüber der Hohenzollerndynastie in Rechnung setzte, führten zu einer starken Obödienzhaltung innerhalb des Lehrkörpers. Die Universität als Ganzes spiegelte die Mentalität der sozialen Gruppen wieder, für deren Nachwuchs sie lehrte und aus denen sie sich rekrutierte. Sie hatte die Aufgabe – um mit dem Historiker der Berliner Universität Max Lenz zu sprechen –, ‚den Staat an seine allgemeine und sittliche Natur‘ zu erinnern und ihm ‚Wege zu weisen‘.“ (K. Böhme [Hg.]: Aufrufe und Reden deutscher Professoren im Ersten Weltkrieg. Mit ausführlichem Quellenverzeichnis und ausführlicher Bibliographie zum Themenkreis. Stuttgart 1975, S. 6.) – Als das „Wunder“, der Krieg, 1914 gekommen war und die „feurige Lohe … alle deutschen Herzen zu einem einzigen flammenden Gefühl“ zusammenschmolz, fühlte sich die Professorenschaft mit Ausnahme weni-

ger Pazifisten aufgerufen, mit den „Ideen von 1914" einer Geisteshaltung zum Durchbruch zu verhelfen, die Sigmund Freud mit „Verlust klarster Intelligenz und leidenschaftsloser Unparteilichkeit" nur sehr zurückhaltend bezeichnete. Der reflexionslose Hurrapatriotismus, die rücksichtslose Verherrlichung der Gewalt, die Missachtung kulturell-humanitärer Errungenschaften und die uneingeschränkte Verteufelung des Feindes veranlassten den Straßburger Historiker Georg F. Knapp in einem Brief an seinen Kollegen Alfred Dove zu schreiben: „Finden Sie nicht, daß die Kundgebungen unserer Kollegen eine starke Ähnlichkeit haben mit dem Stammesgeheul der Sioux-Indianer?" Man triumphierte – und dieser Triumph wird in seiner Abgründigkeit nicht harmloser durch die Tatsache, dass die Gelehrtenwelt auch in den anderen Ländern, im Besonderen in Frankreich und England, ihr Soll an intellektueller Barbarei leistete. (K. Böhme [Hg.]: Aufrufe und Reden deutscher Professoren im Ersten Weltkrieg. Mit ausführlichem Quellenverzeichnis und ausführlicher Bibliographie zum Themenkreis. Stuttgart 1975, S. 12, 17.) – Siehe ferner H. Pross (Hg.): Die Zerstörung der deutschen Politik. Dokumente 1871–1933. Frankfurt a. M. 1959, bes. S. 179 ff.; K. Schwabe: Zur politischen Haltung der deutschen Professoren im Ersten Weltkrieg. In: Historische Zeitschrift 3/1961; O. Stumpfe: Professoren, Reaktion und Männerbünde zwischen 1810 und 1933. In: Politische Studien 145/1962; G. Kotowski/W. Pöls/G. A. Ritter: Das Wilhelminische Deutschland. Stimmen der Zeitgenossen. Frankfurt a. M. (u. a.) 1965, bes. S. 144 ff.; H. P. Bleuel: Deutschlands Bekenner. Professoren zwischen Kaiserreich und Diktatur. Bern (u. a.) 1968; M. Asendorf: Aus der Aufklärung in die permanente Restauration. Geschichtswissenschaft in Deutschland. Hamburg 1974; F. K. Ringer: Die Gelehrten. Der Niedergang der deutschen Mandarine 1890 bis 1933. Stuttgart 1983.

[267] Vgl. H. Mommsen: Beamtentum im Dritten Reich. Stuttgart 1966.

[268] Vgl. A. Flitner (Hg.): Deutsches Geistesleben und Nationalsozialismus. Tübingen 1965; K. Corino (Hg.): Intellektuelle im Bann des Nationalsozialismus. Hamburg 1980.

[269] Vgl. J. Fijalkowski: Die Wendung zum Führerstaat. Ideologische Komponenten in der politischen Philosophie Carl Schmitts. Köln (u. a.) 1958; H. Hoffmann: Legitimität gegen Legalität. Der Weg der politischen Philosophie Carl Schmitts. Neuwied (u. a.) 1964; M. Schmitz: Die Freund-Feind-Theorie Carl Schmitts. Entwurf und Entfaltung. Köln (u. a.) 1965; K.-M. Kodalle: Politik als Macht und Mythos. Carl Schmitts „Politische Theologie". Stuttgart 1973.

[270] Chr. Jahr: Willige Wissenschaft. Neue Studien zur Wissenschaftspolitik des Nationalsozialismus. In: Neue Zürcher Zeitung, 16./17.10.1999. – Zum Bereich Hochschulen/Universitäten/Professoren im Dritten Reich vgl. D. Sauberzweig: Die Hochschulen im Dritten Reich. In: Die Zeit. 4 Folgen. März 1961; R. Seeliger (Hg.): Braune Universität. Deutsche Hochschullehrer gestern und heute. München 1964; H. Herzfeld: Nationalsozialismus und die deutsche Universität. Berlin 1966; Universität München (Hg.): Die deutsche Universität im Dritten Reich. München 1966; K. O. v. Aretin: Die deutsche Universität im Dritten Reich. In: Frankfurter Hefte 10/1968; K.

Töpner: Gelehrte Politiker und politisierende Gelehrte – die Revolution
von 1918 im Urteil deutscher Hochschullehrer. Göttingen (u. a.) 1970; M.
Heinemann (Hg.): Erziehung und Schulung im Dritten Reich. Teil 2: Hochschule, Erwachsenenbildung. Stuttgart 1980; K. Schwabe (Hg.): Deutsche
Hochschullehrer als Elite 1815–1945. Boppard 1988; H. Heiber: Universität unterm Hakenkreuz. Teil I: Der Professor im Dritten Reich. München
1991. Teil II: Die Kapitulation der Hohen Schulen, 2 Bde. München
1992/94; M. Fahlbusch: Wissenschaft im Dienst der nationalsozialistischen Politik? Die „Volksdeutschen Forschungsgemeinschaften" von
1931–1945. Baden-Baden 1999; N. Hammerstein: Die Deutsche Forschungsgemeinschaft in der Weimarer Republik und im Dritten Reich.
Wissenschaftspolitik in Republik und Diktatur 1920–1945. München
1999; B. Weisbrod (Hg.): Akademische Vergangenheitspolitik. Beiträge zur
Wissenschaftskultur der Nachkriegszeit. Göttingen 2002.

[271] Zit. nach A. E. Brinckmann: Geist im Wandel. Rebellion und Ordnung.
Hamburg 1946, S. 144 f.

[272] Ebd., S. 183 f.

[273] Zu Nachfolgendem H. Glaser: Kleine deutsche Kulturgeschichte. Eine
west-östliche Erzählung vom Kriegsende bis heute. Frankfurt a. M. 2004,
S. 151 f.; ferner R. W. Leonhardt: Der Sündenfall der deutschen Germanistik. Zürich 1959; W. Muschg: J. Nadlers Literaturgeschichte. In: Die Zerstörung der deutschen Literatur. München 1960; W. Boehlich: Ein Pyr-
rhussieg der Germanistik. In: Der Monat 154/1961; W. Dahle: Der Einsatz
einer Wissenschaft. Eine sprachinhaltliche Analyse militärischer Termino-
logie in der Germanistik 1933–1945. Bonn 1969; B. v. Allemann (Hg.):
Literatur und Germanistik nach der „Machtübernahme". Bonn 1983; Chr.
König (Hg.): Internationales Germanistenlexikon 1800–1950. 3 Bde. Berlin 2003. (Die überwiegende Zahl der deutschen Germanisten war Mitglied der NSDAP, darunter auch hoch geachtete Vertreter des Fachs.) –
Vgl. analog F.-R. Hausmann: Anglistik und Amerikanistik im „Dritten
Reich". Frankfurt a. M. 2000; ders.: Vom Strudel der Ereignisse ver-
schlungen. Deutsche Romanistik im „Dritten Reich". Frankfurt a. M. 2000;
H. Lehmann/O. G. Oexle (Hg.): Nationalsozialismus in den Kulturwissen-
schaften. Bd. 1: Fächer – Milieus – Karrieren. Unter Mitwirkung von M.
Matthiesen und M. Staub. Veröffentlichungen des Max-Planck-Instituts
für Geschichte, Bd. 200. Göttingen 2004.

[274] Vgl. R. Hohls/K. H: Jarausch (Hg.): Versäumte Fragen. Deutsche Historiker im Schatten des Nationalsozialismus. München 2000.

[275] Dazu auch M. Grüttner: Studenten im Dritten Reich. Paderborn 1995.

[276] Göttinger Tageblatt, 11.5.1933.

[277] Chr. Schwenkmaier: Auch Historiker haben eine Vergangenheit. Der
Geschichtswissenschaftler Hans-Ulrich Wehler über die NS-Verstrickun-
gen seiner Zunft. In: Süddeutsche Zeitung, 19./20.12.1998. Vgl. auch I.
Haar: Historiker im Nationalsozialismus. Deutsche Geschichtswissenschaft
und der „Volkstumskampf" im Osten. In: Kritische Studien zur Geschichtswissenschaft, Bd. 143. Göttingen, Zürich 2000.

[278] Vgl. P. Hühnerfeld: In Sachen Heidegger. Versuch über ein deutsches

Genie. München 1961; K. Jaspers: Notizen zu Martin Heidegger. München (u. a.) 1978; V. Farias: Heidegger und der Nationalsozialismus. Frankfurt a. M. 1989; R. Safranski: Ein Meister aus Deutschland. Heidegger und seine Zeit. München 1994; E. Faye: Heidegger, l'introduction du nazisme dans la philosophie, Paris 2005.

[279] Th. W. Adorno: Jargon der Eigentlichkeit. Frankfurt a. M. 1964.

[280] Zur Philosophie im Dritten Reich vgl. F. Glum: Philosophen im Spiegel und Zerrspiegel. Deutschlands Weg in den Nationalismus und Nationalsozialismus. München 1954; L. Poliakov/J. Wulf: Das Dritte Reich und seine Denker. Frankfurt a. M. (u. a.) 1959; Chr. Tilitzki: Philosophie und Politik. Die deutsche Universitätsphilosophie in der Weimarer Republik und im Dritten Reich. 2 Bde. Berlin 2002.

[281] Zit. nach L. Poliakov/J. Wulf: Das Dritte Reich und seine Denker. Frankfurt a. M. (u. a.) S. 124.

[282] Vgl. D. Strothmann: Nationalsozialistische Literaturpolitik. Ein Beitrag zur Publizistik im Dritten Reich. Bonn 1963.

[283] Geflügelte Worte – Der Zitatenschatz des deutschen Volkes. Volksausgabe, bearbeitet von G. Haupt (auch Verfasser des Vorwortes). Berlin 1941, S. VI.

[284] Vgl. auch W. A. Berendsohn: Die humanistische Front – Einführung in die deutsche Emigrantenliteratur. 2 Bde. Worms 1976, S. 22.

[285] W. Arp: Deutsche Bildung im Kampf um Begriff und Gestalt unseres arteigenen Menschentums. Leipzig 1943, S. 58.

[286] Zit. J. Wulf: Literatur und Dichtung im Dritten Reich. Reinbek 1966, S. 49 f. Vgl. auch G. Sauder (Hg.): Die Bücherverbrennung. München 1983; U. Walberer: 10. Mai 1933. Bücherverbrennung in Deutschland und die Folgen. Frankfurt a. M. 1983. – Zu den Auswirkungen auf das Bibliothekswesen vgl. E. Boese: Das öffentliche Bibliothekswesen im Dritten Reich. Bad Honnef 1987; A. v. Morzé: Verlust des Bildungsreiches. Volksbibliothekare im Nationalsozialismus. In: Buch und Bibliothek 39/1987.

[287] Zit. nach F. Schonauer: Deutsche Literatur im Dritten Reich. Olten (u. a.) 1961, S. 40.

[288] Vgl. R. Drews/A. Kantorowicz: Verboten und verbrannt – Deutsche Literatur 12 Jahre unterdrückt. Berlin (u. a.) 1947; W. Muschg: Die Zerstörung der deutschen Literatur. München 1956; W. Sternfeld/E. Tiedemann: Deutsche Exil-Literatur 1933–1945. Darmstadt 1962; J. Wulf: Literatur und Dichtung im Dritten Reich. Eine Dokumentation. Gütersloh 1963; H. Kesten (Hg.): Deutsche Literatur im Exil. Briefe europäischer Autoren 1933–1949. Wien (u. a.) 1964; E. Schwarz: Verbannung. Aufzeichnungen deutscher Schriftsteller im Exil. Hamburg 1964; M. Wegner: Exil und Literatur – Deutsche Schriftsteller im Ausland 1933 bis 1945. Frankfurt (u. a.) 1967; D. Aigner: Die Indizierung „schädlichen und unerwünschten Schrifttums" im Dritten Reich. Frankfurt 1971; W. A. Berendsohn: Die humanistische Front – Einführung in die deutsche Emigrantenliteratur. 2 Bde. Worms 1976; H.-A. Walter: Deutsche Exilliteratur 1933–1950. 6 Bde. Stuttgart 1978 ff.; E. Loewy (u. a.) (Hg.): Exil – Literarische und politische Texte aus dem deutschen Exil 1933–1945. Stuttgart 1979; Röderberg-Verlag (Hg.): Kunst und Literatur im antifaschistischen Exil 1933 bis 1945 in

6 Bänden. Bd. 1: K. Jarmitz (u. a.): Exil in der UdSSR; Bd. 2: W. Mitten-
zwei: Exil in der Schweiz; Bd. 3: E. Midell (u. a.): Exil in den USA. Frankfurt 1979 ff.; A. Stephan: Die deutsche Exilliteratur 1933–1945. München
1979; W. Röder/H. A. Strauss (Hg.): Biographisches Handbuch der
deutschsprachigen Emigration nach 1933. 3 Bde. München (u. a.) 1980 ff.;
Th. B. Schumann: Asphaltliteratur. 45 Aufsätze und Hinweise zu im Dritten Reich verfemten und verfolgten Autoren. Berlin 1983; H. Möller: Exodus der Kultur. Schriftsteller, Wissenschaftler und Künstler in der Emigration nach 1933. München 1984; A. Stephan/H. Wagener (Hg.): Schreiben
im Exil. Zur Ästhetik der deutschen Exilliteratur 1933–1945. Bonn 1985.

[289] Vgl. W. Leppmann: Goethe und die Deutschen. Vom Nachruhm eines Dich-
ters. Stuttgart 1962; E. D. Becker (Hg.): Schiller in Deutschland 1781–1970.
Frankfurt (u. a.) 1972; I. Hubert/H. Thiel (Hg.): Schiller in Deutschland.
1781–1970. Frankfurt (u. a.) 1972; B. Zeller (Hg.): Klassiker in finsteren
Zeiten. 1933 bis 1945. Eine Ausstellung des Deutschen Literaturarchivs im
Schiller-Nationalmuseum Marbach am Neckar. 2 Bde. Marbach 1983; H.
Claussen/N. Oellers (Hg.): Beschädigtes Erbe. Beiträge zur Klassikerrezep-
tion in finsterer Zeit. Bonn 1984; U. K. Ketelsen: Literatur und Drittes
Reich. Schernfeld 1992; C. Albert (Hg.): Deutsche Klassiker im National-
sozialismus. Schiller, Kleist, Hölderlin. Stuttgart (u. a.) 1994.

[290] Vgl. F. Stern: Kulturpessimismus als politische Gefahr. Eine Analyse
nationaler Ideologie in Deutschland. Bern (u. a.) 1963.

[291] W. Laqueur: Weimar. Die Kultur der Republik. Frankfurt a. M. (u. a.) 1976,
S. 106. Vgl. auch J. Kurucz: Struktur und Funktion der Intelligenz während der Weimarer Republik. Köln 1967.

[292] Zit. nach W. Laqueur: Weimar. Die Kultur der Republik. Frankfurt a. M.
(u. a.) 1976, S. 15.

[293] Zit. nach R. Geißler: Dekadenz und Heroismus. Zeitroman und völkisch-
nationalsozialistische Literaturkritik. Schriftenreihe der Vierteljahrshefte
für Zeitgeschichte Nr. 9. Stuttgart 1964, S. 54 f.

[294] E. Loewy: Literatur unterm Hakenkreuz. Das Dritte Reich und seine Dichtung. Frankfurt a. M. 1966. Ferner S. Gilmann (Hg.): NS-Literaturtheorie.
Eine Dokumentation. Frankfurt a. M. 1971; K. Vondung: Völkisch-natio-
nale und nationalsozialistische Literaturtheorie. München 1973; H. Denk-
ler/K. Prümm (Hg.): Die deutsche Literatur im Dritten Reich – Themen,
Traditionen, Wirkungen. Stuttgart 1976; B. Schnell: Literatur – Dichtung
in finsteren Zeiten. In: H. Hoffmann/H. Klotz (Hg.): Die Kultur unseres
Jahrhunderts 1933–1945. Düsseldorf (u. a.) 1991; J.-P. Barbian: Literaturpolitik im „Dritten Reich". Institutionen, Kompetenzen, Betätigungsfelder.
München 1995.

[295] Zit. nach P. E. H. Lüth: Literatur als Geschichte. Deutsche Dichtung von
1885–1947. 2 Bde. Wiesbaden 1947, S. 495.

[296] W. Vesper: Das harte Geschlecht; o. O. 1931, S. 5.

[297] Zit. nach P. E. H. Lüth: Literatur als Geschichte. Deutsche Dichtung von
1885–1947. 2 Bde. Wiesbaden 1947, S. 499.

[298] H. Zöberlein: Der Befehl des Gewissens (131.–150. Tausend). München
1938, S. 607 f., 623 ff.

[299] Zit. nach G. Sauder (Hg.): Die Bücherverbrennung. München 1983, S. 285 f.

[300] F. Schonauer: Deutsche Literatur im Dritten Reich. Olten (u. a.) 1961, S. 129.

[301] Zit. nach H. R. Paucker (Hg.): Neue Sachlichkeit. Literatur im „Dritten Reich" und im Exil. Stuttgart 1974, S. 71 f.

[302] S. Haffner: Geschichte eines Deutschen. Die Erinnerungen 1914–1933. Stuttgart (u. a.) 2000, S. 193.

[303] Nachfolgend H. D. Schäfer: Das gespaltene Bewußtsein. Deutsche Kultur und Lebenswirklichkeit 1933–1945. München (u. a.) 1981, S. 9 f.

[304] F. P. Reck-Malleczewen: Tagebuch eines Verzweifelten. Zeugnis einer inneren Emigration. Stuttgart 1966.

[305] Vgl. C. Rothe: Hans Carossa. In: Merkur 2/1957.

[306] H. Carossa: Führung und Geleit. Werke. Bd. 1. Wiesbaden 1949.

[307] Zit. nach C. Rothe: Hans Carossa. In: Merkur 2/1957, S. 194.

[308] H. Carossa: Der Tag des jungen Arztes. Wiesbaden 1955, S. 55.

[309] Ders.: Ungleiche Welten. Wiesbaden 1951, S. 72 f.

[310] Vgl. ebd., S. 118, 144.

[311] A. Košenina: Weltliteratur in brauner Klappe. Frank-Rutger Hausmanns Studie zu Goebbels' Gegen-PEN. In: Frankfurter Allgemeine Zeitung, 6.1.2005. Ferner F.-R. Hausmann: „Dichte, Dichter, tage nicht!" Die Europäische Schriftsteller-Vereinigung in Weimar 1941–1948. Frankfurt 2004.

[312] Chr. Meckel: Suchbild. Über meinen Vater. Düsseldorf 1980, S. 29 ff.

[313] W. Beumelburg: Gruppe Bosemüller; o. O. 1930.

[314] Ders.: Sperrfeuer um Deutschland (81.–90. Tausend). Oldenburg o. J.

[315] E. Jünger: Die totale Mobilmachung; o. O. 1930. Vgl. auch H. P. Schwarz: Der konservative Anarchist. Politik und Zeitkritik Ernst Jüngers. Freiburg 1962.

[316] E. Jünger: In Stahlgewittern; o. O. 1920; Neuaufl. Berlin 1942, Vorwort.

[317] Zit. nach J. Neuhäusler: Kreuz und Hakenkreuz. Der Kampf des Nationalsozialismus gegen die katholische Kirche und der kirchliche Widerstand. München 1946, S. 316 (1. Teil).

[318] Ewiges Deutschland. Ein deutsches Hausbuch. Hg. vom Winterhilfswerk des Deutschen Volkes. Braunschweig (u. a.) 1939, S. 69 f.

[319] Feiern des Jahres, zusammengestellt und bearbeitet von H. W. Schmidt. Frankfurt a. M. 1940, S. 1.

[320] Zit. nach W. A. Berendsohn: Die humanistische Front. Einführung in die deutsche Emigranten-Literatur, 1. Teil. Zürich 1946, S. 41.

[321] Die Literatur. Maiheft des Jahrganges 1940. Vgl. dazu G. Scholdt: Autoren über Hitler. Deutschsprachige Schriftsteller und ihr Bild vom „Führer". Bonn 1993.

[322] Zit. nach H. Zipperlen: Die Stunde des Gerichts. Eine Kulturbilanz über das Dritte Reich. Stuttgart-Botnang 1946, S. 69.

[323] J. Mayr: Feiern des Jahres, zusammengestellt und bearbeitet von H. W. Schmidt. Frankfurt a. M. 1940.

[324] C. Rößler: Polenland, Polenland. In: Ewiges Deutschland. Ein deutsches Hausbuch. Hg. vom Winterhilfswerk des Deutschen Volkes. Braunschweig (u. a.) 1939, S. 261.

[325] H. Gutberlet: Volk will zu Volk. In: Feiern des Jahres, zusammengestellt und bearbeitet von H. W. Schmidt. Frankfurt a. M. 1940, S. 7.

[326] H. Anacker: Kameraden, Tritt gefaßt. In: Feiern des Jahres, zusammengestellt und bearbeitet von H. W. Schmidt. Frankfurt a. M. 1940, S. 26.

[327] Zit. nach F. Schonauer: Die Literatur im Dritten Reich. Die junge Mannschaft – SA- und HJ-Dichter. Rundfunkvortrag (Bayerischer Rundfunk), 13.11.1959.

[328] Vgl. G. Rühle: Zeit und Theater. Bd. 5: Diktatur und Exil. Frankfurt a. M. (u. a.) 1980.

[329] Vgl. J. Goebbels: Eröffnung der 2. Reichs-Theaterfestwoche. Hamburg 17.6.1935. In: H. Heiber (Hg.): Goebbels Reden 1932–1945. Düsseldorf 1971/72. 1. Bd., S. 219 ff.

[330] Vgl. auch R. Eikmeyer (Hg.): Adolf Hitler. Reden zur Kunst- und Kulturpolitik 1933–1939. Mit einer Einführung von B. Groys. Frankfurt a. M. 2004.

[331] Vgl. U. K. Ketelsen: Heroisches Theater. Untersuchungen zur Dramentheorie des Dritten Reiches. Bonn 1968; G. Rühle: Zeit und Theater 1933–1945. Bd. 5: Diktatur und Exil. Frankfurt a. M. (u. a.) 1980; B. Drewniak: Das Theater im NS-Staat. Szenarium deutscher Zeitgeschichte 1933–1945. Düsseldorf 1983; J. Wulf: Theater und Film im Dritten Reich. Eine Dokumentation. (1964) Frankfurt a. M. (u. a.) 1983; J. Wardetzky: Theaterpolitik im faschistischen Deutschland. Berlin 1983; H. Fischer: Was gestrichen ist, kann nicht durchfallen. Memoiren und Fakten, Theaterstars und Sternchen in der Nazi-Zeit und danach. In: Theater heute 9/1989; G. Rühle: Der Griff nach dem Theater. Drama und Bühne im Dritten Reich. In: H. Hoffmann/H. Klotz (Hg.): Die Kultur unseres Jahrhunderts. 1933–1945. Düsseldorf (u. a.) 1991; H. Rischbieter: „Schlageter" – der erste Soldat des Dritten Reiches. Theater in der Nazizeit. In: H. Sarkowicz (Hg.): Hitlers Künstler. Die Kultur im Dienst des Nationalsozialismus. Frankfurt a. M. (u. a.) 2004, S. 210 ff.

[332] J. Wulf: Theater und Film im Dritten Reich. Eine Dokumentation. Frankfurt a. M. (u. a.) (1964) 1983, S. 54.

[333] Vgl. K.-P. Winkler: Theaterpolitik im Nationalsozialismus am Beispiel der Stadt Nürnberg. Magisterarbeit in der Philosophischen Fakultät II (Sprach- und Literaturwissenschaften) der Friedrich-Alexander-Universität Erlangen-Nürnberg. Unveröffentlicht. Fürth (u. a.) 1986, S. 16 ff.

[334] F. Radvan: Schlag nach bei Frenzel ... aber genau. Geprägt von antisemitischer Weltanschauung. Zur Karriere einer erfolgreichen deutschen Literaturwissenschaftlerin. In: Süddeutsche Zeitung, 9./10.10.1999. Vgl. L. Harders: Studiert, promoviert: Arriviert? Promovendinnen des Berliner Germanischen Seminars (1919–1945). Frankfurt a. M. 2004.

[335] Vgl. R. Bollmus: Das Amt Rosenberg und seine Gegner, Studien zum Machtkampf im nationalsozialistischen Herrschaftssystem. Stuttgart 1970.

[336] Vgl. B. Drewniak: Das Theater im NS-Staat. Düsseldorf 1983.

[337] Vgl. U. Liebe: Verehrt verfolgt vergessen. Schauspieler als Naziopfer. Weinheim (u. a.) 1992.

338 H. Köpke: Zwischen Goebbels und Rosenberg. Eine Darstellung der Nazi-Theaterpolitik 1933–1945. In: Frankfurter Rundschau, 3.12.1983.

339 Theater-Tageblatt, 10.6.1933. Zit. nach B. Zeller (Hg.): Klassiker in finsteren Zeiten. 1933–1945. Bd. 1. Eine Ausstellung des Deutschen Literaturarchivs im Schiller-Nationalmuseum Marbach am Neckar. Marbach 1983, S. 395 f.

340 G. Rühle: Der Griff nach dem Theater. Drama und Bühne im Dritten Reich. In: H. Hoffmann/H. Klotz (Hg.): Die Kultur unseres Jahrhunderts. 1933–1945. Düsseldorf (u. a.) 1991, S. 98 f.

341 Ebd.

342 Vgl. F. H. Köhler: Die Struktur der Spielpläne deutschsprachiger Opernbühnen von 1896 bis 1966. Eine statistische Analyse. Koblenz 1968.

343 „Denn darin unterscheidet sich die nationalsozialistische Theaterkritik von der Vergangenheit: es geht uns nicht um eine geschmäcklerische Beurteilung, die vor lauter liberalem Verantwortungsgefühl auch noch im Verneinen ein Quentchen künstlerischer Qualität konstruieren will, vielmehr geht unsere Beurteilung von der Betrachtung des Ganzen aus. Und von diesem Ganzen verlangen wir – gleich um unseren Totalitätsanspruch als Nationalsozialisten – einwandfreien, gesunden und bekenntnistreuen Charakter." (W. Braunmüller: Von den Aufgaben nationalsozialistischer Theaterkritik. In: Die Deutsche Bühne, Januar 1936, S. 3 f.)

344 Zit. nach J. Wulf: Theater und Film im Dritten Reich. Eine Dokumentation. (1964) Frankfurt a. M. (u. a.) 1983, S. 66.

345 F. Zimmermann: Neubau des Theaters durch den Nationalsozialismus. In: Dresdner Nachrichten, 20.3.1936.

346 Vgl. B. Fischli: Die Deutschen-Dämmerung. Zur Genealogie des völkisch-faschistischen Dramas und Theaters. Bonn 1976.

347 Vgl. M. Plewnia: Auf dem Weg zu Hitler. Der „völkische" Publizist Dietrich Eckart. Bremen 1970.

348 H. Rischbieter: „Schlageter" – der erste Soldat des Dritten Reiches. Theater in der Nazizeit. In: H. Sarkowicz (Hg.): Hitlers Künstler. Die Kultur im Dienst des Nationalsozialismus. Frankfurt a. M. (u. a.), S. 210 ff.

349 K. P. Winkler: Theaterpolitik im Nationalsozialismus am Beispiel der Stadt Nürnberg. Magisterarbeit in der Philosophischen Fakultät II (Sprach- und Literaturwissenschaften) der Friedrich-Alexander-Universität Erlangen-Nürnberg. Unveröffentlicht. Fürth (u. a.) 1986, S. 20 ff.

350 Vgl. auch U. K. Ketelsen: Heroisches Theater. Bonn 1968.

351 G. Rühle: Der Griff nach dem Theater. Drama und Bühne im Dritten Reich. In: H. Hoffmann/H. Klotz (Hg.): Die Kultur unseres Jahrhunderts. 1933–1945. Düsseldorf (u. a.) 1991, S. 98.

352 Vgl. J. Wulf: Musik im Dritten Reich. Eine Dokumentation. Gütersloh 1963; F. K. Prieberg: Musik im NS-Staat. Frankfurt a. M. 1982; H.-W. Heister/H.-G. Klein (Hg.): Musik und Musikpolitik im faschistischen Deutschland. Frankfurt 1984; G. Schubert: Musik/Musiktheater – Gleichschaltung und Vertreibung. Szenen aus dem deutschen Musikleben. In: H. Hoffmann/H. Klotz (Hg.): Die Kultur unseres Jahrhunderts. 3. Bd.: 1933–1945. Düsseldorf (u. a.) 1991; A. Dümling/P. Girth (Hg.): Entartete

Musik. Dokumentation und Kommentar. Düsseldorf 1988/1993; E. John: Musikbolschewismus. Die Politisierung der Musik in Deutschland 1918–1938. Stuttgart 1994; H. Daiber: Der Vorhang fiel und alle Fragen offen. Die Geschichte von Schauspiel, Oper und Operette, von Allüren und Gesinnungen im Dritten Reich. Stuttgart 1996; E. Weissweiler: Ausgemerzt. Das Lexikon der Juden in der Musik und seine mörderischen Folgen. Köln 1999; H.-W. Heister: Maskierung und Mobilisierung – Zur Rolle von Musik und Musikern im Nazismus. In: H. Sarkowicz (Hg.): Hitlers Künstler. Die Kultur im Dienst des Nationalsozialismus. Frankfurt a. M. (u. a.) 2004, S. 313 ff.

353 Vgl. M. H. Kater: Komponisten im Nationalsozialismus. Berlin 2004.

354 H.-W. Heister: Maskierung und Mobilisierung. Zur Rolle von Musik und Musikern im Nazismus. In: H. Sarkowicz (Hg.): Hitlers Künstler. Die Kultur im Dienst des Nationalsozialismus. Frankfurt a. M. (u. a.) 2004, S. 313 ff., hier S. 328 ff. Vgl. auch H.-W. Heister/H.-G. Klein (Hg.): Musik und Musikpolitik im faschistischen Deutschland. Frankfurt 1984.

355 F.-R. Hausmann: Caveat ruinam. Das wollte Goebbels nicht gehört haben. Kritische Schicksale von Orffs „Carmina Burana". In: Frankfurter Allgemeine Zeitung, 30.12.2004.

356 A. Hitler: Mein Kampf. München 1934, S. 15.

357 J. Goebbels: Vom Kaiserhof zur Reichskanzlei. Eine historische Darstellung in Tagebuchblättern. München 1938, S. 176 f., 269.

358 G. Kahl-Furthmann (Hg.): Hans Schemm spricht. Seine Reden und sein Werk. Bayreuth 1935, S. 167 f.

359 Völkischer Beobachter. München 24.7.1928 und 9.12.1927.

360 Zit. nach F. W. Beidler: Bedenken gegen Bayreuth. In: Das literarische Deutschland, Zeitung der Deutschen Akademie für Sprache und Dichtung. Heidelberg, 20.8.1951. Vgl. auch N. Wagner: Wagner-Theater. Frankfurt a. M. (u. a.) 1998; B. Hamann: Winifred Wagner oder Hitlers Bayreuth. München 2002. – Allerdings fungierte als Festspielleiter seit 1931 Heinz Tietjen, der dem Nationalsozialismus gegenüber ein gefährliches Doppelspiel betrieb: „Tietjens Überleben ist zunächst auf eine günstige Konstellation äußerer Umstände zurückzuführen. In Bayreuth war Winifred Wagner unumschränkte Herrin. Sie, die Tietjen auch auf privater Ebene zugetan war, ermöglichte ihm und seinem kongenialen Partner, dem Bühnenbildner Emil Preetorius, eine weitgehend ungestörte künstlerische Arbeit. Sie brachte ein – aus heutiger Sicht – geradezu paradoxes Ergebnis hervor. Denn durch die Regiearbeiten Tietjens und die Bühnenbilder Preetorius' gelang ausgerechnet unter NS-Bedingungen eine nachhaltige Modernisierung der Festspiele, die sich gegen erhebliche Widerstände der Wagner-Traditionalisten zu behaupten hatte. Zu letzteren gehörte seinerzeit auch Wieland Wagner, Mitglied der Nazi-Partei und Günstling Hitlers und Goebbels', der alles daran setzte, dem innovativen Regieteam das Leben schwer zu machen und selbst die Regentschaft in Bayreuth zu übernehmen. Ihr Briefwechsel aus der Nachkriegszeit dokumentieren Tietjens und Preetorius' pure Fassungslosigkeit darüber, dass nunmehr Wieland als der eigentliche Modernisierer gefeiert wurde und sie selbst sich als Reprä-

sentanten eines ,Hitler-Bayreuth' stigmatisiert fanden." (U. Teusch:
Gefährliches Doppelspiel. Der Theatermann Heinz Tietjen und seine Rolle
in der NS-Zeit. In: Neue Zürcher Zeitung, 2./3.4.2005.)

[361] G. Usadel: Die nationalsozialistische Jugendbewegung. Bielefeld (u. a.)
1934, S. 44.

[362] Vgl. L. U. Abraham: Lied und Liederbuch in der Schule. In: Frankfurter
Hefte 6/1963.

[363] M. Gailus: Das Lied, das aus dem Pfarrhaus kam. Seine Geschichte verrät
viel über die Verirrungen des deutschen Protestantismus. In: Die Zeit,
18.9.2003.

[364] Vgl. M. Sperr: Schlager 1933–1943. In: Das Große Schlager-Buch. München 1978, S. 173 ff.; Max & Moritz (Hg.): Schlager, die wir nie vergessen. Leipzig 1997. Ferner H. Belach (Hg.): Wir tanzen um die Welt. Deutsche Revuefilme 1933–1945. München 1979; N. Drechsler: Die Funktion
der Musik im deutschen Rundfunk 1933–1945. Pfaffenweiler 1988.

[365] Vgl. S. Schutte (Hg.): Ich will aber gerade vom Leben singen ... Über populäre Musik vom ausgehenden 19. Jahrhundert bis zum Ende der Weimarer Republik. Reinbek 1987.

[366] Zit. nach M. Sperr: Schlager 1933–1943. In: Das Große Schlager-Buch.
München 1978, S. 200.

[367] Ebd., S. 213.

[368] Vgl. W. Breyvogel (Hg.): Piraten, Swings und Junge Garde. Jugendwider-
stand im Nationalsozialismus. Bonn 1991; U. Storjohann: Ohne Tritt im
Lotterschritt. Vor 50 Jahren: Hatz auf die „Swings", die dem NS-Volks-
empfinden trotzten. In: Die Zeit, 30.8.1991; T. Arnu: Die Bewegung der
Swing-Heinis. Musikalische Machtergreifung: Jazz im Dritten Reich. In:
Süddeutsche Zeitung, 11./12.11.1995.

[369] F. Steinbiß/D. Eisermann: Zit. „Wir haben damals die beste Musik gemacht."
Über Goebbels' Propaganda-Jazzband „Charlie And His Orchestra". In: Der
Spiegel 16/1988, S. 231. Das Studio-Swingorchester „Charlie And His
Orchestra" war speziell für den deutschen Auslandsrunkfunk gegründet
worden und existierte unter großer Geheimhaltung bis 1944. Vgl. auch
ebd., S. 229: „Die Musik von ,Charlie And His Orchestra' war der attrak-
tive Köder für die Auslandsprogramme, die der deutsche Rundfunk für
Hörer in Großbritannien und Nordamerika und nach den alliierten Inva-
sionen in Italien und Frankreich für die englischsprachigen Truppen in
Europa produzierte. Um das Swing-Angebot der deutschen Sendungen ins
Ausland ständig auf aktuellem Stand halten zu können, war ein großes
Studio-Orchester notwendig, das zunächst wöchentlich, schließlich täglich live in Berlin auf Sendung ging. Auf diese Weise konnten nicht nur
neueste Hits aus Großbritannien und den USA gespielt, sondern auch Pro-
pagandabotschaften in die Texte eingearbeitet werden, bizarre Kommen-
tare zu den wechselnden Kriegsereignissen." Das im Folgenden erwähnte
„Deutsche Tanz- und Unterhaltungsorchester" war eine zusätzliche Gründung.

[370] H. Hoffmann: „... und zähle nicht die Toten!" Die Funktion von Film und
Kino im Dritten Reich. In: H. Hoffmann/H. Klotz (Hg.): Die Kultur unseres

Jahrhunderts. Bd. 3: 1933–1945. Düsseldorf (u. a.) 1991, S. 151. Vgl. auch
G. Albrecht: Nationalsozialistische Filmpolitik. Eine soziologische Untersuchung über die Spielfilme des Dritten Reichs. Stuttgart 1969; W. v. Bre-
dow/R. Zurek: Film und Gesellschaft in Deutschland. Dokumente und
Materialien. Hamburg 1975; F. Courtade/P. Cadars: Geschichte des Films
im Dritten Reich. München 1975; J. Toeplitz: Geschichte des Films 1895 –
1933 – 1945. 2 Bde. München 1983; A. M. Rabenalt: Joseph Goebbels und
der „Großdeutsche Film". München 1985; B. Drewniak: Der deutsche Film
1938–1945. Düsseldorf 1987; F. Moeller: „Der Filmminister". Goebbels und
der Film im Dritten Reich. Berlin 1998.

[371] Vgl. auch W. Becker: Film und Herrschaft. Organisationsprinzipien und
Organisationsstrukturen der nationalsozialistischen Filmpropaganda. Berlin 1973.

[372] Vgl. U. Liebe: Verehrt verfolgt vergessen. Schauspieler als Naziopfer.
Weinheim (u. a.) 1992.

[373] S. Kracauer: Von Caligari zu Hitler (Schriften, 2 Bde.). Frankfurt a. M.
1977.

[374] Th. Meder: Auferstanden aus Zelluloidruinen? In: Frankfurter Allgemeine
Zeitung, 26.8.1999.

[375] Vgl. F. Moeller: „Ich bin Künstler und sonst nichts". Filmstars im Propa-
gandaeinsatz. In: H. Sarkowicz (Hg.): Hitlers Künstler. Die Kultur im
Dienst des Nationalsozialismus. Frankfurt a. M. (u. a.) 2004, S. 135 ff.

[376] M. Loiperdinger: Rituale der Mobilmachung. Der Parteitagsfilm „Triumph
des Willens" von Leni Riefenstahl. Opladen 1987.

[377] Zit. nach H. Hoffmann: „Und die Fahne führt uns in die Ewigkeit". Propaganda im NS-Film. Frankfurt a. M. 1988, S. 166. Vgl. auch D. Hollstein:
Antisemitische Filmpropaganda. Die Darstellung des Juden im nationalsozialistischen Spielfilm. München 1971.

[378] A. Hitler: Mein Kampf. München 1934, S. 283. Vgl. zur nationalsozialistischen Kunstdiktatur P. Rave: Kunstdiktatur im Dritten Reich. Hamburg
1949; H. Glaser: Beim Wieder-Sehen nationalsozialistischer Bilder. In:
Frankfurter Hefte 10/1959; F. Roh: Entartete Kunst und Kunstbarbarei im
Dritten Reich. Hannover 1962; H. Brenner: Die Kunstpolitik des Nationalsozialismus. Reinbek 1963; J. Wulf: Die bildenden Künste im Dritten
Reich. Eine Dokumentation. Gütersloh 1963; A. Diel: Die Kunsterziehung
im Dritten Reich. München 1969; Frankfurter Kunstverein (Hg.): Kunst im
3. Reich. Dokumente der Unterwerfung. Frankfurt 1974; H. Hinkel: Zur
Funktion des Bildes im deutschen Faschismus. Gießen (u. a.) 1974; B.
Hinz: Die Malerei im deutschen Faschismus. Kunst und Konterrevolution.
München 1974; R. Müller-Mehlis: Die Kunst im Dritten Reich. München
1977; O. Thomae: Die Propagandamaschine. Bildende Kunst und Öffentlichkeitsarbeit im Dritten Reich. Berlin 1978; B. Hinz (u. a.): Die Dekoration der Gewalt – Kunst und Medien im Faschismus. Gießen 1979; B. Hinz
(Hg.): Die Dekoration der Gewalt. Kunst und Medien im Faschismus. Fulda 1979; V. Pröstler: Die Ursprünge der nationalsozialistischen Kunstthe-
orie. München 1982; R. Merker: Die bildenden Künste im Nationalsozialismus. Köln 1983; J. Petsch: Kunst im Dritten Reich. Architektur. Plastik.

Malerei. Köln 1983; S. Fehlemann: Nazi-Ungeist gegen „Entartete Kunst".
Das Wüten der Kunstbanausen im Dritten Reich. In: Freiheit und Recht
2/1987; Neue Gesellschaft für Bildende Kunst (Hg.): Inszenierung der
Macht. Ästhetische Faszination im Faschismus. Berlin 1987; K. Backes:
Hitler und die bildenden Künste. Kulturverständnis und Kunstpolitik im
Dritten Reich. Köln 1988.; B. Hinz (Hg.): NS-Kunst: 50 Jahre danach. Mar-
burg 1989; ders.: Bildende Kunst – NS-Kunst und „Entartete Kunst":
Ästhetik als soziale Norm. In: H. Hoffmann/H. Klotz (Hg.): Die Kultur
unseres Jahrhunderts. 3. Bd.: 1933–1945. Düsseldorf (u. a.), S. 139 ff.; A.
Ley: „Deutsch sein heißt klar sein ..." Kultur- und Kunstverständnis bei
Adolf Hitler. Eine Quellenarbeit. Fürth 1991; J. Petsch: „Unersetzliche
Künstler". Malerei und Plastik im Dritten Reich. In: H. Hoffmann/H. Klotz
(Hg.): Die Kultur unseres Jahrhunderts. 3. Bd.: 1933–1945. Düsseldorf
(u. a.) 1991, S. 245 ff.; P. Adam: Kunst im Dritten Reich. Hamburg 1992;
Chr. Rümpel (Hg.): Deutsche Bildhauer 1900–1945. Entartet. Zwolle 1992;
L. H. Nicholas: „Der Raub der Europa". Das Schicksal europäischer Kunst-
werke im Dritten Reich. München 1995; Chr. Zuschlag: Entartete Kunst.
Ausstellungsstrategien im Nazi-Deutschland. Worms 1995; St. Barron/S.
Eckmann (Hg.): Exil, Flucht und Emigration europäischer Künstler
1933–1945 (Neue Nationalgalerie, Berlin). München, New York 1997; A.
Olivier/S. Braun: Anpassung oder Verbot. Künstlerinnen und die 30er
Jahre. Düsseldorf 1998; G. Bollenbeck: Tradition, Avantgarde, Reaktion.
Deutsche Kontroversen um die kulturelle Moderne 1880–1945. Frankfurt
1999; J. Held/M. Papenbrock (Hg.): Kunstgeschichte an den Universitäten
im Nationalsozialismus. Göttingen 2003. Dazu W. Sauerländer: „Es gab
eine Prädisposition für das Eintauchen in den Strom der ‚Bewegung', die
in die Weimarer Republik zurückreichte. Das war auf der einen Seite die
Ablehnung jeglicher analytisch ‚zersetzenden' Annäherung an die Kunst
zu Gunsten ganzheitlicher und irrationaler ‚Wesensschau'. Aus dieser Einstellung heraus konnte das Ausscheiden von rational – oder ‚rabulistisch'
argumentierenden jüdischen Kollegen begrüßt werden, wie Pinder es in
der Festschrift zum 50. Geburtstag des ‚Führers' aussprach. Da war auf der
anderen Seite der gekränkte Nationalismus der Frontkämpfer von 14/18,
welcher die Frage nach dem ‚Deutschen' in der Kunst mit traumatisierter
Heftigkeit aufwarf. 1927 hatte Pinder das Antlitz des Bamberger Reiters
als ‚Führer ins Ungewisse' von der voltairianischen Bosheit französischer
Physiognomien unterschieden, Jantzen begegnete in der Bamberger
Skulptur einer ‚Seherin aus der Edda'." (Rückruf in die deutsche Wesent-
lichkeit. Salonlöwen und Antisemiten: Ein wichtiger Sammelband über
die Kunsthistoriker im Nationalsozialismus. In: Süddeutsche Zeitung,
22.3.2004.)

[379] A. Hitler: Mein Kampf. München 1934, S. 283.

[380] M. Domarus: Hitler. Reden und Proklamationen 1932–1945. Bd. 1. Würzburg 1962, S. 232.

[381] Rede Wilhelms II. bei der Enthüllung der letzten Gruppe der Denkmäler in
der Siegeshalle, 18.12.1901. Zit. nach E. Buchholz: Was ist Kunst? Ein
Jahrhundert obrigkeitlicher Proklamationen und Definitionen. In: Die

Zeit, 22.6.1962.

[382] M. Domarus: Hitler. Reden und Proklamationen 1932–1945. Bd. 1. Würzburg 1962, S. 878.

[383] Vgl. auch K. L. Tank: Deutsche Plastik unserer Zeit. München 1942; K. Wolbert: Die Nackten und die Toten des „Dritten Reiches". Folgen einer politischen Geschichte des Körpers in der Plastik des deutschen Faschismus. Gießen 1983; M. Davidson: Kunst in Deutschland 1944–1945. Bd. 1: Skulpturen. Tübingen 1989.

[384] Vgl. die Ausstellungskataloge: Große Deutsche Kunstausstellung. München 1937 ff. Ferner A. E. Brinckmann: Geist im Wandel. Rebellion und Ordnung. Hamburg 1946, S. 116 ff.

[385] Zit. nach A. E. Brinckmann: Geist im Wandel. Rebellion und Ordnung. Hamburg 1946, S. 106.

[386] Vgl. G. Troost (Hg.): Das Bauen im Neuen Reich. 2 Bde. Bayreuth 1943; A. Teut: Architektur im Dritten Reich. Berlin 1967; J. Petsch: Baukunst und Stadtplanung im Dritten Reich. München 1976; R. Scholz: Architektur und Bildende Kunst 1933–1945. Oldendorf 1977; J. Dülffer/J. Thies/J. Henke (Hg.): Hitlers Städte. Baupolitik im Dritten Reich. Eine Dokumentation. Köln (u. a.) 1978; D. Bartetzko: Zwischen Zucht und Ekstase. Zur Thematik von NS-Architektur. Berlin 1985; W. Durth: Deutsche Architekten. Biographische Verflechtungen. Wiesbaden 1986; D. Bartetzko: Architektur – Todesglanz. Über NS-Architektur. In: H. Hoffmann/H. Klotz (Hg.): Die Kultur unseres Jahrhunderts. 3. Bd.: 1933–1945. Düsseldorf (u. a.) 1991, S. 123 ff.; W. Nerdinger (Hg.): Bauen im Nationalsozialismus. Bayern 1944–1945. München 1993; ders. (Hg.): Bauhaus-Moderne im Nationalsozialismus. Anbiederung und Verfolgung. München 1993; T. Harlander: Zwischen Heimstätte und Wohnmaschine. Wohnungsbau und Wohnungspolitik in der Zeit des Nationalsozialismus. Basel (u. a.) 1995; H. Weihsmann: Bauen unterm Hakenkreuz. Architektur des Untergangs. Wien 1998; D. Bartetzko: Obsession aus Stein. In: H. Sarkowicz (Hg.): Hitlers Künstler. Die Kultur im Dienst des Nationalsozialismus. Frankfurt a. M. (u. a.) 2004, S. 110 ff.

[387] Vgl. A. Speer: Erinnerungen. (Unter Mitarbeit von J. C. Fest.) Berlin, Frankfurt a. M. 1969; ders.: Spandauer Tagebücher. Berlin 1975; A. Reif: Albert Speer. Kontroversen um ein deutsches Phänomen. München 1978. – „Speer verstand es, sich beim Nürnberger Prozess als unpolitischer Technokrat herauszustellen, der seit 1944 auf Distanz zu Hitler gegangen sei. Vom Judenmord habe er nichts gewusst. An dieser Legende hat dann nach Speers Entlassung aus dem Spandauer Gefängnis der Publizist Joachim C. Fest weitergewoben; er stand Speer im Auftrag des damaligen Chefs des Ullstein-Verlags Wolf Jobst Siedler bei der Abfassung seiner Autobiographie als Ghostwriter zur Seite und schrieb später dessen Biographie, bei der er alles negierte, was die wahre Natur dieses NS-Schergen hätte beleuchten können." (H. Schwendemann: Architekt des Todes. Im Herbst 1944 stand NS-Rüstungschef Albert Speer auf dem Höhepunkt seiner Macht. Auch heute noch gern zum „verführten Bürger" umgelogen, gehörte Speer tatsächlich zu den brutalsten Führern des Regimes. In: Die

Zeit, 28.10.2004.) – „An einer Stelle wird Joachim Fest gefragt, ob er sich im Lichte neuer Forschungsergebnisse von Speer betrogen fühle. Ja, sagt er, er fühle sich betrogen. Hat Speer die berüchtigte Posener Rede von Heinrich Himmler gehört? Speer hat das immer bestritten. Aus gutem Grund: Himmler hat in dieser Rede vor Gauleitern sich des Massenmordes an den Juden gerühmt. ‚Natürlich war er dabei', sagt Siedler ganz trokken. Speer war der aufgeklärte Nazi, der ‚Engel, der aus der Hölle kam', wie Siedler unnachahmlich sagt. Und deshalb war er eine Identifikationsfigur für Nachkriegsdeutschland. Es könnte sein, dass nach Breloers Film vor allem Hölle bleibt. Der zentrale Satz der Dokumentation wird von Breloer im Gespräch mit Siedler gesprochen: ‚Speer war nicht das Rädchen im Getriebe des Terrors. Er war der Terror.'“ (F. Schirrmacher: Der Engel Nachkriegsdeutschlands fährt zur Hölle. Heinrich Breloers Film wird uns verändern. In: Frankfurter Allgemeine Zeitung, 18.3.2005.)

[388] M. Domarus: Hitler. Reden und Proklamationen 1932–1945. Bd. 1. Würzburg 1962, S. 529.

[389] B. Schwarz: Hitlers Museum. Die Fotoalben „Gemäldegalerie Linz": Dokumente zum „Führermuseum". Wien 2004.

[390] S. Günther: Design der Macht. Möbel für die Repräsentanten des „Dritten Reiches". Stuttgart 1992, S. 35 ff., 43.

[391] Ebd., S. 71.

[392] Ebd., S. 71.

[393] Ebd., S. 97. Vgl. dazu auch B. Schwarz: Venus und Adonis wollte er nicht. Die Gemäldeausstattung von Hitlers Arbeitszimmer in der Neuen Reichskanzlei. In: Frankfurter Allgemeine Zeitung, 9.5.2005.

[394] Göring raffte zudem Kunstwerke in ganz Europa zusammen, um Carinhall zu einem „Hort der Kunst" werden zu lassen. Auf der Wunschliste standen 1375 Gemälde, 250 Skulpturen, 108 Wandteppiche, 200 Stück wertvoller Möbel, 60 persische und französische Teppiche, 75 farbige Fenster und 150 andere Kunstgegenstände im geschätzten Wert von etwa 600 Millionen Reichsmark (V. Knopf/St. Martens: Görings Reich. Selbstinszenierungen in Carinhall. Berlin 1999). Vgl. ferner L. Mosley: Göring. Eine Biographie. München 1975.

[395] E. Bloch: Erbschaft dieser Zeit. Frankfurt a. M. 1962, S. 56.

[396] Vgl. Chr. Rudloff: Materialien zur Kunst- und Kulturpolitik im „3. Reich" am Beispiel Emil Nolde. Nürnberg 1982.

[397] Chr. Saekrendt: Ernst Ludwig Kirchner. Bohème-Identität und nationale Sendung. Frankfurt a. M. (u. a.) 2003. Nachfolgend S. 209 f., 223 ff., 217 ff.

[398] A. Rosenberg: Blut und Ehre. Ein Kampf für deutsche Wiedergeburt. Reden und Aufsätze von 1919–1933. München 1934, S. 250. Vgl. auch E. Piper: Nationalsozialistische Kunstpolitik. Ernst Barlach und die „entartete Kunst". München 1983; P. Paret: An Artist against the Third Reich: Ernst Barlach, 1933–1938. Cambridge 2003. – „Wenn überhaupt, so bot sich doch den Nationalsozialisten in Barlachs Werk die Chance einer Akkommodation mit der Moderne. Sie fand nicht statt. Dabei war Barlachs Startposition gut gewesen. Im August 1924 notierte Goebbels in

sein Tagebuch, daß Barlachs ‚Berserker' ihn gepackt hatte. Doch im Spinnennetz der nazistischen Machtpolitik opferte Goebbels seine Vorlieben
stets der Pragmatik der Machtpolitik oder den Vorlieben Hitlers." (S. Klin-
genstein: Kunst im Spinnennetz der Politik. Peter Paret zeigt Ernst Barlach als Testfall der Nationalsozialisten. In: Frankfurter Allgemeine Zeitung, 21.6.2004.)

[399] P. Schultze-Naumburg: Kunst und Rasse. München (Neuausgabe) 1935,
S. 120 f.

[400] So die Anweisung Goebbels' vom 30.6.1937 (zit. nach Haus der Kunst,
München: Entartete Kunst. Bildersturm vor 25 Jahren. Katalog der Ausstellung 25.10.–16.12.1962, S. XXI.)

[401] Vgl. Vox populi – Geflüstertes. Die Hitlerei im Volksmund. Heidelberg
1946.

[402] Haus der Kunst, München: Entartete Kunst. Bildersturm vor 25 Jahren.
Katalog der Ausstellung 25.10.–16.12.1962, S. XXII.

[403] Zit. nach H. Brenner: Die Kunstpolitik des Nationalsozialismus. Reinbek
1963, S. 202 f.

[404] M. Domarus: Hitler. Reden und Proklamationen 1932–1945. Bd. 1. Würzburg 1962, S. 709.

[405] Vgl. H. Glaser: 1945. Beginn einer Zukunft. Bericht und Dokumentation.
Frankfurt a. M. 2005.

[406] W. Borchert: Draußen vor der Tür und ausgewählte Erzählungen. Hamburg 1956, S. 108 ff. („Generation ohne Abschied").

[407] Den Begriff „Inkompetenzkompensationskompetenz" benützt Odo Mar-
quard in anderem Zusammenhang. Vgl. H. Glaser: Kleine deutsche Kulturgeschichte. Eine west-östliche Erzählung vom Kriegsende bis heute.
Frankfurt a. M. 2004, S. 293 ff.

[408] Geheimrede vor der deutschen Presse am 10.11.1938. Zit. nach M. Domarus: Hitler. Reden und Proklamationen 1932–1945. Bd. 1. Würzburg 1962,
S. 975.

Literatur

Monographien Hermann Glaser

Glaser, H.: Das Dritte Reich. Anspruch und Wirklichkeit. Freiburg i. Br. 1961.
Japanische Übersetzung 1961. Bericht und Dokumente. 5. überarbeitete
und ergänzte Neuaufl. 1979

Glaser, H./Straube, H. (Hg.): Wohnungen des Todes. Jüdisches Schicksal im
Dritten Reich. Bamberg 1961

Glaser, H./Straube, H. (Hg.): Nationalsozialismus und Demokratie. München 1961

Glaser, H.: Spießer-Ideologie. Von der Zerstörung des deutschen Geistes im
19. und 20. Jahrhundert. Freiburg i. Br. 1964. (Neue, ergänzte Aufl. Köln
1974.) Spießer-Ideologie. Von der Zerstörung des deutschen Geistes im 19.
und 20. Jahrhundert und dem Aufstieg des Nationalsozialismus. Frankfurt
a. M. (u. a.) 1978; Frankfurt a. M. 1985

Glaser, H. (Hg.): Das Nürnberger Gespräch. Haltungen und Fehlhaltungen in
Deutschland. Freiburg i. Br. 1965

Glaser, H.: Eros in der Politik. Köln 1967. (Neuaufl.: Der sadistische Staat.
Sozialpathologische Aspekte der modernen Gesellschaft. Frankfurt a. M.
1985)

Glaser, H./Altrichter, H. (Hg.): Geschichtliches Werden. Bd. IV: Vom Zeitalter
des Imperialismus bis zur Gegenwart. Bamberg 1968

Glaser, H.: Kleinstadt-Ideologie. Zwischen Furchenglück und Sphärenflug.
Freiburg i. Br. 1969

Glaser, H./Silenius, A. (Hg.): Jugend im Dritten Reich. Frankfurt a. M. 1975

Glaser, H.: Sigmund Freuds zwanzigstes Jahrhundert. Seelenbilder einer Epoche. München 1976 (Frankfurt a. M. 1979)

Glaser, H.: Bildungsbürgertum und Nationalismus. Politik und Kultur im Wilhelminischen Deutschland. München 1993

Glaser, H.: 1945. Ein Lesebuch. Frankfurt a. M. 1995. (Neuaufl.: 1945. Beginn
einer Zukunft. Bericht und Dokumentation. Frankfurt a. M. 2005)

Glaser, H.: Kleine deutsche Kulturgeschichte des 20. Jahrhunderts. München 2002

Koch, H. J./Glaser, H.: Ganz Ohr. Eine Kulturgeschichte des Radios in
Deutschland. Köln (u. a.) 2005

Aufsätze Hermann Glaser

Glaser, H.: Die Ursachen der Machtergreifung. In: Bundeszentrale für Heimatdienst (Hg.): Politische Bildung in der Höheren Schule. Düsseldorf 1961

Glaser, H.: Massenbildung und Sündenbock-Fixierung. Sozialpsychologische Bemerkungen zum Entstehen von Vorurteilen. In: A. Silenius (Hg.): Vorurteile in der Gegenwart. Frankfurt a. M. 1966

Glaser, H.: Das deutsche Mädel und sein Held. In: D. Savramis (Hg.): Das sogenannte schwache Geschlecht. München 1972

Glaser, H.: Aspekte der Aggressivität. In: A. Silenius (Hg.): Antisemitismus. Antizionismus. Analyse, Funktionen, Wirkung. Schriften der Bundeszentrale für politische Bildung. Frankfurt a. M. 1973

Glaser, H.: Wie kam es dazu, daß es dazu kam? Stichworte zu den Ursachen der „Machtergreifung". In: W. Eschenhagen (Hg.): Die „Machtergreifung". Tagebuch einer Wende nach Presseberichten vom 1. Januar bis 6. März 1933. Darmstadt (u. a.) 1982

Glaser, H.: Das Exil fand nicht statt. Schulwirklichkeit im Deutschunterricht 1945–1965. In: U. Walberer (Hg.): 10. Mai 1933. Bücherverbrennung in Deutschland und die Folgen. Frankfurt a. M. 1983

Glaser, H.: Ab mit ihr. Ehe die toten Seelen töteten. Zur deutschen „Spießer-Ideologie". In: T. Krischke (Hg.): Horváths Geschichten aus dem Wiener Wald. Frankfurt a. M. 1983

Glaser, H.: Die Entstehung des „Volksgenossen". In: V. Rittberger (Hg.): 1933. Wie die Republik der Diktatur erlag. Stuttgart (u. a.) 1983

Glaser, H.: Die Weimarer Republik und die nationalsozialistische Machtergreifung. In: Herder-Buchgemeinde (Hg.): Siegreich bis zum Untergang. Anfang und Ende des Dritten Reiches in Augenzeugenberichten. Freiburg i. Br. (u. a.) 1983

Glaser, H.: Die „Goldenen Zwanziger". In: F. Grube/G. Richter (Hg.): Epochen deutscher Geschichte. Die Weimarer Republik. Hamburg 1983

Glaser, H.: Deutschunterricht in finsterer Zeit. Seine geistesgeschichtlichen Perspektiven im Zweiten und Dritten Reich. In: H. Claussen/N. Oellers (Hg.): Beschädigtes Erbe. Beiträge zur Klassikerrezeption in finsterer Zeit. Schriften des Arbeitskreises selbstständiger Kultur-Institute. Bonn 1984

Glaser, H.: Erziehung – „Hoch schießt empor die Saat". In: H. Hoffmann/H. Klotz (Hg.): Die Kultur unseres Jahrhunderts. 3. Bd.: 1933–1945. Düsseldorf (u. a.) 1991

Glaser, H.: Orientkomplex. In: G. Sievernich/H. Budde (Hg.): Europa und der Orient. 800–1900. Ein Lesebuch. Berlin 1989

Glaser, H.: Die Mehrheit hätte ohne Gefahr von Repressionen fernbleiben können. In: J. Wollenberg (Hg.): „Niemand war dabei und keiner hat's gewußt." Die deutsche Öffentlichkeit und die Judenverfolgung 1933–1945. München 1989

Glaser, H.: Nürnberg: eine Stadt wie jede andere? Die Last, als Symbol des Nationalsozialismus zu gelten. In: B. Ogan/W. W. Weiß (Hg.): Faszination und Gewalt. Zur politischen Ästhetik des Nationalsozialismus. Nürnberg 1992

Glaser, H.: Literatur und Theater. In: W. Benz/H. Graml/H. Weiß (Hg.): Enzyklopädie des Nationalsozialismus. Stuttgart 1997

Überblicks-Darstellung zum Themenbereich
(Aufgeführt sind jeweils die Neuauflagen bzw. -ausgaben)

Arendt, H.: Elemente und Ursprünge totalitärer Herrschaft. München 1986

Bedürftig, F.: Lexikon III. Reich. München (u. a.) Zürich 1998

Benz, W./Graml, H./Weiß, H. (Hg.): Enzyklopädie des Nationalsozialismus. Stuttgart 1997

Brenner, H.: Die Kunstpolitik des Nationalsozialismus. Reinbek 1963

Eikmeyer, R. (Hg.): Adolf Hitler. Reden zur Kunst- und Kulturpolitik 1933–1939. Frankfurt a. M. 2004

Entartete Kunst. Das Schicksal der Avantgarde im Nazi-Deutschland. Kat. zur Ausst. des Los Angeles County Museum of Art im Alten Museum, Berlin. Hg. Stephanie Barron. München 1992

Fest, J.: Hitler. Eine Biographie. Frankfurt a. M. (u. a.) 1973. (Neuauflage Ullstein Taschenbuch Verlag o. J.)

Hamann, B.: Hitlers Wien. Lehrjahre eines Diktators. München 2000

Hofer, W.: Der Nationalsozialismus. Dokumente 1933–1945. Frankfurt a. M. 1957 (überarbeitete Neuauflage 1982)

Hoffmann, H./Klotz, H. (Hg.): Die Kultur unseres Jahrhunderts. 3. Bd.: 1933–1945. Düsseldorf (u. a.) 1991

Kershaw, I.: Hitler 1936–1945. Stuttgart (u. a.) 2000

Pross, H.: Die Zerstörung der deutschen Politik. Dokumente 1871–1933. Frankfurt a. M. 1983

Reichel, P.: Der schöne Schein des Dritten Reiches. Faszination und Gewalt des Faschismus. München 1991

Sarkowicz, H. (Hg.): Hitlers Künstler. Die Kultur im Dienst des Nationalsozialismus. Frankfurt a. M. (u. a.) 2004

Sontheimer, K.: Antidemokratisches Denken in der Weimarer Republik. München 1983

Thamer, H.-U.: Verführung und Gewalt. Deutschland 1933–1945. Berlin 1986

Wistrich, R.: Wer war wer im Dritten Reich? Ein biographisches Lexikon. Frankfurt a. M. 1993

Wulf, J.: Presse und Funk im Dritten Reich. Eine Dokumentation. Frankfurt a. M. (u. a.) 1983

Wulf, J.: Literatur und Dichtung im Dritten Reich. Reinbek 1966

Wulf, J.: Theater und Film im Dritten Reich. Eine Dokumentation. Frankfurt a. M. (u. a.) 1983

Wulf, J.: Musik im Dritten Reich. Eine Dokumentation. Frankfurt a. M. (u. a.) 1989

Wulf, J.: Die bildenden Künste im Dritten Reich. Eine Dokumentation. Gütersloh 1963

Personenregister

Kriegsende in Hamburg
Eine Stadt erinnert sich
Herausgegeben von Ortwin Pelc

168 Seiten mit 139 Abbildungen
ISBN 3-8319-0221-6

Am 3. Mai 1945 besetzten britische
Truppen friedlich die Stadt Hamburg. Für die Hamburgerinnen und
Hamburger waren damit der Zweite
Weltkrieg und zwölf Jahre Verfol-
gung und Terror der Nationalsozia-
listen beendet.
Wie erlebten Soldaten, Hausfrauen,
Kinder, Flakhelfer, Flüchtlinge, Ver-
folgte und Gefangene das Kriegs-
ende in Hamburg? Das Museum für
Hamburgische Geschichte hat Zeit-
zeugenberichte in Interviews und
Briefen gesammelt.
Herausgeber Ortwin Pelc gibt
zugleich einen umfassenden Über-
blick über die Hamburger Ereignisse im Frühjahr 1945. Ein
Anhang mit einer Chronik und
Dokumenten ergänzt den mit historischen Fotos reich illustrierten
Band.

Kriegsende in Deutschland
Mit einer Einleitung von
Ralph Giordano

256 Seiten mit 153 Abbildungen
ISBN 3-8319-0195-3
In Zusammenarbeit mit GEO

Der Einmarsch der alliierten Truppen im Frühjahr 1945 bedeutete die
Befreiung vom nationalsozialistischen Terror, das Ende der Kämpfe
und Bombennächte, für viele aber
auch den Beginn von Flucht, Vertreibung und Gefangenschaft.
Historiker und Zeitzeugen schildern
in diesem Buch die politischen Entscheidungen, gesellschaftlichen
Entwicklungen und militärischen
Operationen der letzten Kriegs-
monate. Das Schicksal der Zivilbe-
völkerung in den bombardierten
Städten, der Schüler in der
„Kinderlandverschickung" und im
„Volkssturm", der KZ-Häftlinge, der
Kriegsgefangenen, der Flüchtlinge
und Vertriebenen ist ebenso Thema
wie die Legende von der „Stunde
Null" und die Erinnerung an das
Kriegsende im öffentlichen und pri-
vaten Gedächtnis seit 1945.

Flucht und Vertreibung
Europa zwischen 1939 und 1948
Mit einer Einleitung von
Arno Surminski

280 Seiten mit 204 Abbildungen
ISBN 3-8319-0173-2
In Zusammenarbeit mit GEO

Flucht und Vertreibung, Verschleppung und Zwangsarbeit – davon
waren infolge des Zweiten Weltkriegs Millionen Menschen in Ost-
und Mitteleuropa betroffen. Heute
tritt das Thema wieder vermehrt in
den Blick der deutschen Öffentlichkeit, die sich zwei Generationen
nach den unmittelbar Betroffenen
auf neue Weise mit der jüngeren
Geschichte auseinander setzt.
Der vorliegende Band vereint Beiträge von Zeitzeugen und Nachge-
borenen, von Historikern und
Schriftstellern zu einem umfassenden Überblick über aktuelle Debat-
ten und Erkenntnisse aus vielfältiger Perspektive. Es werden sowohl
die Vorgeschichte als auch die
Spätfolgen von Flucht, Vertreibung,
Verschleppung und Zwangsarbeit
berücksichtigt, Ereignisse ebenso
wie „Erinnerungspolitik", deutsche
ebenso wie polnische Betroffene.

Der Neubeginn
Deutschland zwischen 1945
und 1949
Mit einer Einleitung von
Arno Surminski

254 Seiten mit 155 Abbildungen
ISBN 3-8319-0226-7
In Zusammenarbeit mit GEO

Wie haben es die Deutschen
geschafft, ihr Land nach dem Zwei-
ten Weltkrieg wieder aufzubauen?
Historiker, Journalisten und Zeit-
zeugen schildern die politischen
Entscheidungen, gesellschaftlichen
Entwicklungen und das Leben und
Überleben in den Jahren nach dem
Krieg. Die Stunde Null und der
beginnende Kalte Krieg, das
Schicksal der Vertriebenen und der
Kriegsgefangenen, der Alltag in
Trümmern, die Schwarzmarktzeit
und die Währungsreform sind
ebenso Thema wie der mühsame
Weg von der Diktatur hin zur
Demokratie.

Christoph Kucklick
Feuersturm
Der Bombenkrieg gegen
Deutschland

152 Seiten mit 120 Abbildungen
ISBN 3-8319-0134-1
In Zusammenarbeit mit GEO

Mehr als 1000 deutsche Städte und
Dörfer wurden im Verlauf des
Zweiten Weltkriegs von alliierten
Bombern in Schutt und Asche
gelegt, rund 500 000 Menschen
starben. Im Juli 1943 erlebte Ham-
burg sein „Gomorrha" – so der
Deckname der britischen Royal Air
Force für ihren bis dahin verhee-
rendsten Bombenangriff auf eine
deutsche Stadt. Die Hansestadt ging
in einem Feuersturm unter, 35 000
Einwohner starben qualvoll.
Christoph Kucklick befasst sich 60
Jahre danach mit der Frage, ob das
in seinem Ausmaß einmalige
Flächenbombardement im Kampf
gegen Nazi-Deutschland militärisch
sinnvoll und moralisch legitimiert
war – oder ein Kriegsverbrechen. In
Auseinandersetzung mit neuesten
Erkenntnissen der Forschung
rekonstruiert er die historische Entwicklung des Bombenkriegs und
schildert den konkreten Ablauf der
Angriffe.

Matthias Gretzschel
Als Dresden im
Feuersturm versank

152 Seiten mit 110 Abbildungen
ISBN 3-8319-0175-9

In der Nacht vom 13. zum 14.
Februar 1945 zerstörte die anglo-
amerikanische Luftwaffe in einem
verheerenden Bombardement das
zuvor weitgehend verschonte
Dresden. Mindestens 35 000 Menschen starben, weltberühmte Bau-
werke, fast die gesamte Innenstadt
und zahlreiche Wohngebiete gingen
im Feuersturm unter.
Für die Dresdner ist der 13. Februar
bis heute das traumatische Datum
ihrer Stadtgeschichte geblieben. In
dem mit authentischem Bild-
material reich ausgestatteten Band
beschreibt der in Dresden auf-
gewachsene Autor Matthias
Gretzschel die Vorgeschichte des
Bombenkriegs, die britische Strategie des „moral bombing" und die
Situation in Dresden während der
NS-Zeit und nach 1945.

Ingo von Münch
Geschichte vor Gericht
Der Fall Engel

176 Seiten
ISBN 3-8319-0144-9

Im Mai 1944 wurden am Turchino-
Pass in der Nähe von Genua 59 ita-
lienische Gefangene von einem
deutschen Exekutionskommando
erschossen. Die Erschießung erfolgte als eine völkerrechtlich zulässige
Vergeltung auf einen Bombenan-
schlag, der von italienischen Parti-
sanen auf deutsche Soldaten in
einem Kino in Genua verübt worden war. Der für die Exekution verantwortlich gemachte deutsche
Sicherheitsdienstoffizier Dr. Friedrich Engel wurde 58 Jahre später
im Alter von 94 Jahren von einem
Strafgericht in Hamburg wegen
Mordes verurteilt.
Das Gerichtsverfahren gegen Friedrich Engel, das starke Beachtung im
In- und Ausland gefunden hat,
wirft zahlreiche Fragen auf, die
jeden, der sich mit der deutschen
Geschichte des Zweiten Weltkriegs
und danach beschäftigt, interessieren müssen. Der renommierte
Staatsrechtler Ingo von Münch
analysiert den Prozess und seine
Hintergründe.

Moses Goldschmidt
Mein Leben als Jude
in Deutschland 1873–1939

208 Seiten
ISBN 3-8319-0176-7

Moses Goldschmidts Leben von der
Zeit des Kaiserreichs bis zur Herrschaft der Nationalsozialisten
ähnelt der anderer gutbürgerlicher
Juden in Deutschland. 1873 als
Sohn einer jüdisch-orthodoxen
Familie in der Hamburger Neustadt
geboren, praktizierte er seit 1901
als angesehener Arzt. 1939 emi-
grierte er zu seinen Söhnen nach
Brasilien, wo er 1943 starb. In seinen Erinnerungen schildert er mit
viel Gespür für die Zeitströmungen
den Alltag in Hamburg.
Er beobachtet politische Entwicklungen, den zunehmenden Antisemitismus und schließlich die
nationalsozialistischen Verfolgungen. Am Beispiel dieser jüdischen
Familie wird der schleichende Antisemitismus in der deutschen
Geschichte deutlich, der in der
Katastrophe des Dritten Reiches
endete und dessen Auswirkungen
die folgenden Jahrzehnte nachhal-
tig geprägt haben.

Geschichte gewusst
Fragen und Antworten
zur europäischen Geschichte

220 Seiten
ISBN 3-8319-0188-0

Geschichte kurz gefasst – alle Epochen von der Antike über das Mittelalter, die Frühe und Späte Neuzeit bis zur Zeitgeschichte werden übersichtlich durch jeweils 45 Fragen mit unterschiedlichem Schwierigkeitsgrad abgedeckt. Wählen Sie zwischen vier möglichen Antworten, die richtige wird ausführlich erläutert, eine Zeitleiste erleichtert die Einordnung von Ereignissen und Sachverhalten. Testen und verbessern Sie Ihr Geschichtswissen quer durch alle Epochen!

Cay Rademacher
Wer war Jesus?
Der Mensch und der Mythos

168 Seiten mit 10 Abbildungen
ISBN 3-8319-0197-X
In Zusammenarbeit mit GEO

Jesus von Nazareth predigte vor zwei Jahrtausenden in einer entlegenen Randregion des römischen Weltreiches, die man zu Fuß in wenigen Stunden durchqueren konnte. Und doch hat seine Lehre die Weltgeschichte verändert. Heute berufen sich über eine Milliarde Menschen auf ihn.
Aber wer ist er gewesen? Der Journalist und Historiker Cay Rademacher hat auf der Grundlage der neuesten wissenschaftlichen Erkenntnisse eine moderne Biographie geschrieben über Jesus und die Welt, in der er wirkte.

Gert von Bassewitz
Christian Bunners
**Auf den Spuren
von Dietrich Bonhoeffer**

96 Seiten mit 70 Abbildungen
ISBN 3-8319-0099-X

Die Forderung des Theologen,
Widerstandskämpfers und Märty-
rers Dietrich Bonhoeffer
(1906–1945) nach Leben und Glauben in einer religionslos gewordenen Welt, seine Vision von einer
einladenden und menschennahen,
sozial und politisch verantwor-
tungsbewusst handelnden „Kirche
für andere" sind bis heute aktuell.
Bonhoeffers Lebensstationen werden in diesem mit zahlreichen
historischen Dokumenten versehe-
nen Band nachgezeichnet.
Die biographische Rückschau
kontrastiert mit den von Gert von
Bassewitz aufgenommenen Foto-
grafien vom heutigen Aussehen der
Lebensorte Bonhoeffers.

Wolfgang Tarnowski
Toma Babovic
**Auf den Spuren von
Ernst Barlach**

96 Seiten mit 88 Abb.
ISBN 3-8319-0194-5

Eine Reise auf den Spuren von
Ernst Barlach gehört zu den an-
regendsten Kulturreisen, die man
im norddeutschen Raum unternehmen kann. Wie bei kaum einem
anderen Künstler haben sich seine
Lebensstationen und Wirkungsstät-
ten in seltener Vollständigkeit
erhalten. Vier Museen – davon drei
an historischer Stätte in Wedel
(Geburtshaus), Ratzeburg („altes
Vaterhaus") und Güstrow (Atelier-
haus) – zeigen die vielfältigen
Facetten seines Werks.
Der vorliegende Band verbindet
einen umfassenden Überblick über
Barlachs Leben und Werk mit einer
eindrucksvollen Dokumentation
biographisch und wirkungsge-
schichtlich bedeutsamer Orte und
Landschaften. Zeitgenössische
Abbildungen, ausgewählte Werk-
fotos und großformatige Farbfoto-
grafien vom heutigen Erschei-
nungsbild des Lebensumfelds Barlachs und seiner berühmten Werke
bebildern den Band.

Impressum

Bibliographische Information der Deutschen Bibliothek
Die Deutsche Bibliothek verzeichnet diese Publikation in der Deutschen Nationalbibliographie; detaillierte bibliographische Daten sind im Internet über <http://dnb.ddb.de> abrufbar.

ISBN 3-8319-0227-5

© Ellert & Richter Verlag GmbH, Hamburg 2005

Bildnachweis:
akg-images, Berlin: S. 113, 223 (MARCO)
Archiv Hermann Glaser: S. 91, 123, 177 (© akg-images, Berlin)
Artothek, Weilheim: S. 225 (Foto: Blauel/Gnamm)
bpk, Berlin: S. 49, 127, 211, 221, 227
defd, Hamburg: S. 215, 219
DHM, Berlin: S. 143
Pädagogisches Institut der Stadt Nürnberg, Bildarchiv: S. 83
SV-Bilderdienst, München: S. 118
ullstein bild, Berlin: Titel, S. 17, 101, 107, 191, 205, 232
sowie aus:
Stefan Lorant: Sieg Heil!, Frankfurt a. M. 1979: S. 79

Text: Hermann Glaser, Roßtal
Lektorat: Annette Krüger, Hamburg
Gestaltung: Büro Brückner + Partner, Bremen
Lithographie: Griebel Repro, Hamburg
Gesamtherstellung: DZA Druckerei zu Altenburg, Altenburg